世界向何处去

WHERE IS THE WORLD HEADED

李忠杰 ◎ 著

红旗出版社

图书在版编目（CIP）数据

世界向何处去 / 李忠杰著. -- 北京：红旗出版社，2023.11

ISBN 978-7-5051-5356-1

Ⅰ.①世… Ⅱ.①李… Ⅲ.①对外政策—研究—中国②国际形势—研究 Ⅳ.①D820②D50

中国国家版本馆CIP数据核字（2023）第179866号

书　　名	世界向何处去			
著　　者	李忠杰			
责任编辑	刘云霞　赵　洁		内文设计	张　敏
责任校对	孙惊初		责任印务	金　硕
出　　版	红旗出版社			
地　　址	北京市沙滩北街2号		邮政编码	100727
	杭州市体育场路178号		邮政编码	310039
编辑部	0571-85310198			
E-mail	498416431@qq.com			
法律顾问	北京盈科（杭州）律师事务所		钱　航　董　晓	
发　　行	北京华景时代文化传媒有限公司		电　话	010-83626929
印　　刷	北京中科印刷有限公司			
开　　本	710毫米×1000毫米　1/16			
字　　数	312千字		印　张	22.5
版　　次	2023年11月第1版		印　次	2023年11月第1次印刷
ISBN 978-7-5051-5356-1			定　价	68.00元

版权所有　翻印必究·印装有误　负责调换

前 言

这是一本国际战略方面的著作。有的读者可能会奇怪，李忠杰是搞党史的，怎么跨界到国际政治领域啦？他懂国际政治吗？

所以，我首先要向读者朋友说明，2003年前，我在中央党校工作了将近20年，从1995年开始，我就是国际政治学博士研究生导师，从1996年开始招生到现在，一共带了27年的博士研究生。培养方向起初是两个，一个是社会主义国家改革的比较研究，一个是国际战略学，后来集中到国际战略学上。

除此之外，我还帮助龚育之老校长培养中国特色社会主义的博士研究生。这好像是跨界的，但实际也是我的本行。1982年初，我考进中央党校读研究生时，学的是国际共产主义运动史专业。随后留校，先后任国际工运史教研室副主任、主任，科学社会主义教研部副主任，政法教研部主任，1996年任中央党校校务委员会委员，1999年兼任科研部主任。2003年调任中央党史研究室副主任。这样的经历，作为一种客观因素，促使我的专业领域越来越宽。

有些不熟悉的人问我："你是干哪一行的？"我戏说："打工的。"有些会议或书籍要介绍我搞什么专业，我一般不说自己研究什么，只说我的著述涉及哪些领域。用实际成果来说明，就避免自夸之嫌了。

我的学生在我指导下确定的选题和撰写的论文，前瞻性都比较好。如胡联合的博士论文是《当代世界恐怖主义及对策研究》，在2001年"9·11"事件发生前，就已经完成和通过答辩。全文50多万字，回答了世界恐怖主义的几乎所有问题。后被评为"全国百篇优秀博士论文"，这是中央党校第一篇也是迄今唯一的一篇"全国百篇优秀博士论文"。于建荣在龚育之和我指导下，对"社会文明"问题进行研究，2007年完成和通过了《中国特色社会主义社会文明研究》的博士论文。2017年，党的十九大正式使用"社会文明"概念，前后相隔正好10年。

其他学生具有前瞻性的论文还有：1999年李清泉的《论区域协调发展战略》和熊云的《面向21世纪的国家发展战略比较研究》，2001年梁鹰的《WTO贸易争端解决机制》，2002年王亚栋的《能源与国际政治》和梁玉秋的《新形势下的劳动和劳动价值论研究》，2004年吴玉荣的《互联网与社会主义意识形态建设研究》，2005年李兵的《国际战略通道研究》，2006年缪开金的《中国文化外交研究》和游志斌的《当代国际救灾体系比较研究》，2007年邹健的《社会主义政治文明中的党政领导干部问责制研究》，2009年申琰的《互联网的国际博弈与合作研究》，

2010年梁琦的《国际环境合作机制研究》，2013年崔波的《中国低碳经济的国际合作与竞争》。我在其他高校曾经带过的博士生中，有钱和挥的《中国特色社会主义生态文明建设逻辑构想及其指标体系》、张鸣胜的《国际人道主义救援的理论与实践》、赵斌的《自媒体的时代意蕴及其应用和管理》等，都比社会关注这些问题早好多年。其他学生的博士论文，也都很有理论和实践价值。

我自己在国际政治领域，长期讲授"国际战略学"等研究生课程，独著或合作出版过《（世界）社会主义改革史》《国际共产主义运动史》《列宁主义论纲》《苏联的演变和解体》《世界社会主义共产主义运动》等著作。2012年出版了《与世界对话——对外交流演讲答问实录》《走向未来的中国与世界》。

特别是，我曾受中央派遣，到美国、加拿大、阿尔及利亚和叙利亚介绍中国党代会和改革开放的情况，与这些国家的政要、议员、顶尖的智库进行了广泛深入的对话。

在任时，我首先是全力做好本部门的工作，努力完成中央交给的各项任务，推动全国党史工作的发展。现在退下来了，可以集中精力从事一些研究和著述活动了。近年来，我已在党史党建方面出了不少著作，现在考虑也该把国际政治、国际共运方面的研究加强一下。其中一个计划，就是将以往发表的一些论文整理出版。

汇集这些论文并出版，主要还是现实的需要。这些年来，国际形势发生巨大变化，各种矛盾错综复杂，中国的外部环境日益恶化。特别是2022年北京冬奥会刚一结束，俄罗斯就采取"特别军事行动",进入昔日兄弟乌克兰境内,要求实现乌克兰"非军事化"。这已经不是冷战,而是热战了。使用核武器的威胁也已经发出,世界已经被绑上核战车。如果真的引发核大战,后果极为恐怖。

如何应对新的形势和矛盾?不仅需要党和国家领导人有清醒的头脑和卓越的智慧,需要有关部门理性科学地做好工作,而且需要国际政治学领域的专家发挥专业所长,基于良知和事实,科学分析国际形势,准确把握世界走势,提出积极有益的建议,努力为改善中国国际环境、维护世界和平发展发挥作用。

但遗憾的是,在很多国际问题上,我们从网络上看到和听到的,往往不是冷静的思考,而是情绪的宣泄;不是对事实的尊重,而是随心所欲的曲解;不是客观的研究,而是主观的臆想;不是尊重联合国宪章和国际法准则,而是以无知和愚昧来鼓噪所谓的谋略;不是以文明的方式对话,而是以粗鄙的言辞叫骂;使用的经常是我们在"文化大革命"中听惯了的某种语言;有的如大量扩充核武库并首先使用核武器的建议,已经没有了起码的理智和常识,纯粹是给党和国家添乱。

这种状况,损害了中国的国家形象,一定程度上破坏了改革开放以来我们好不容易争取来的比较好的国际环境。如果再不警惕和制止,必将进一步引发更多的矛盾和冲突,甚至将中国引向错误的方向。

因此,在新形势下,我们非常需要学习和贯彻以习近平同志为核心的党中央关于国际问题的一系列重大决策,非

前 言

常需要重温和坚持改革开放以来党和国家对国际形势的一系列重要判断和独立自主的和平外交政策，也非常需要国际政治学者们以科学的态度进行理性的思考研究。

此前，我在国际政治方面发表的论文，在这方面做了一些努力。我提出的观点和建议，看来都经受住了时间的检验，对于回答当今世界的一些问题仍然有一定的现实性和针对性。因此，特将它们汇集成书，以便比较系统地介绍一些国际政治的重要知识，进一步解读和阐释党和国家的方针政策，帮助读者更加理智地认识当今世界的复杂问题。

为尊重历史，这次汇编的文章均保持了当年的原貌，使用的是我自己保存的原稿，只在文字上作了一点梳理和补正。引文出处尽可能改用新的版本。对某些政治术语按现行出版要求作了统一规范。有些当年的政治术语不便改动，如"和谐""美丽"两个词，是中共十八大、中共十九大先后加进现代化目标的。如果补写进中共十八大前的文章中，就好像我有先见之明似的，无论政治上、事实上就都不合适了。

国际问题的发展变化很快，原先文章所说的具体案例不少已经是过去时。为了加强本书的时效性，我在每篇文章之前，都加写了一篇"纪事和说明"：一是简要介绍这篇文章的来龙去脉；二是介绍这篇文章的重要观点；三是根据当前国际形势的发展变化，说明站在今天的立场上应该如何看待这个问题。这样的做法或许是个创新，希望以此把历史与现实的关系处理好，能对读者认识当今世界的发展变化有所裨益。

目前先编的第一本定名为《世界向何处去》，这是我在第三届"读懂中国"国际会议上提出的问题，恐怕也是当今世界面临的关键问题。所以用本书作个提示，希望有更多的人注意它、研究它、思考它、正确地回答它。

目 录

一、世界正处在十字路口

◉ 世界向何处去
　　——在第三届"读懂中国"国际会议上的发言　／002

◉ 坚定不移维护人类的和平与安全
　　——牢牢记取中国人民抗日战争暨世界反法西斯战争的经验教训　／009

二、推动构建人类命运共同体

◉ 推动构建人类命运共同体　／022
◉ 人类命运共同体与新时代青年使命
　　——在国际青年人文对话大会上的主旨演讲　／030
◉ 责任和道路
　　——在第十八届万寿论坛上的主题演讲　／036
◉ 国际关系中的"西瓜"与"芝麻"　／040
◉ 散文：雪后岚山　／048

三、中国"在路上"

- 中国"在路上"
  ——在第二届"读懂中国"国际会议上的发言 / 056
- 中国的发展大势
  ——在外国政要研讨习近平治国理政思想会议上的发言 / 060

四、把握机遇，应对挑战

- 当前和未来中国面临的机遇和挑战 / 068
- 正确认识重要战略机遇期的新内涵 / 104
- 用制度威力应对风险挑战 / 107

五、对实行什么样国际战略的思考和建议

- 新世纪中国全球战略构想 / 118
- 积极争取和充分利用有利的国际环境 / 151
- 乱云飞渡，从容运筹 / 160
- 学习十九届六中全会精神，坚持对外开放不动摇 / 171

六、高举和平发展合作共赢的旗帜

- 坚定不移地走和平发展之路 /184
- 重温、坚持和发展邓小平的国际战略思想 /195
- 坚定高举和平发展合作共赢的旗帜 /213

七、从历史经验中汲取智慧

- 新中国外交的历史经验 /240
- 中国共产党对外工作的历程和贡献 /258
- 论我党在国际共运中处理党际关系的历史经验 /268

八、世界胸怀和全球眼光

- 世界，您好 /286
- 中国特色与世界胸怀 /292
- 领导干部要有环球大视野 /297

九、不能忘记的惨痛教训

电视专题片解说词：黑色恐怖
——法西斯主义的崛起和覆亡　/306

一 世界正处在十字路口

⦿ 世界向何处去

——在第三届"读懂中国"国际会议上的发言

纪事和说明:

这是我 2018 年 12 月 18 日在第三届"读懂中国"国际会议上的发言。

"读懂中国"国际会议是由中央党校原常务副校长郑必坚倡导,由国家创新与发展战略研究会、中国人民外交学会、北京市人民政府、国际知名智库 21 世纪理事会等联合举办的。第一、第二届会议分别于 2013 年、2015 年在北京举行。两届均有 40 多位各国前政要出席。

第三届会议于 2018 年 12 月 16 日至 18 日在北京举行。党和国家领导人作开幕演讲。习近平主席会见了出席会议的外方前政要。出席会议的外方主要贵宾有:墨西哥前总统塞迪略、蒙古国前总统奥其尔巴特、芬兰前总理万哈宁、巴基斯坦前总理阿齐兹、英国前首

一、世界正处在十字路口

相布朗、澳大利亚前总理陆克文、匈牙利前总理戈尔东、希腊前总理帕潘德里欧、丹麦前首相施密特、日本众议院前议长河野洋平、俄罗斯审计署署长库德林、新加坡前外交部长杨荣文、世贸组织前总干事拉米,还有其他一批部长、前部长,以及国际知名人士、企业家、学者等。

这次会议的主题是"中国发展新动能·全球合作新机遇"。我参加了大会的筹备工作和各项活动,并以中方代表身份在文化专场开幕式上致辞。

在大会的讨论阶段,代表们发表了很多意见。多数代表都对世界形势表示担忧,尤其对中美、美俄关系深感焦虑,甚至担心会不会有爆发第三次世界大战的可能。这些忧虑是可以理解的。但问题的本质在哪里?代表的发言都没有抓住要害。

我想自己应该说点什么,于是,立即拿上白纸,边听发言边草拟了一份发言稿。随后即席发言,阐发了我的意见。核心内容是提出了一个重大的问题——世界向何处去?我认为,当今世界正处在一个重大的十字路口,各种错综复杂的问题,归结起来,根本上是"世界向何处去"的问题。这是一个关系全人类命运的问题。历史上,人类已经多次遇到过"世界向何处去"的问题,至少100多年来,已经遇到过4次。中国处在世界的大背景下,也多次遇到过"中国向何处去"的问题。

我强调,在历史的十字路口,必须认真思考这个根本的问题,辨明方向,防止人类日益失去理性,防止文明成果被再次抛弃,防止基本规则被彻底破坏,防止丛林法则再次支配国际关系,防止人类再一次走错道路。

在发言中,我还指出,中国希望世界读懂中国,但也要读懂世界,更要读懂自己。世界要读懂中国,也要首先读懂世界自己。双懂、互懂,方为真懂。这个观点,我在筹备工作过程中,多次对国家创新与发展战略研究会会长等人讲过。要求世界读懂中国,但我们有没有首先读懂自己呢？有没有读懂世界呢？如果自己都还没有读懂，就很容易以其昏昏，使人昭昭。不能说我们一点不懂，但事实上还是有很多不懂。所以要努力做到双懂、互懂。

我的这篇发言，后来由报刊发表。我感谢这些报刊的支持，但他们发表时，将题目改成了"我们对世界的发展进步充满信心"，这使我哭笑不得。我在发言中确实说了这句话，但核心主旨是警示世界在十字路口到底往哪里去，这是沉甸甸的。改用"充满信心"这么一句轻飘飘的老话，实际上把一个重大的关系人类命运的问题悄悄消解了。

那么，世界是不是确实处在一个十字路口呢？

在2020年出版的《习近平谈治国理政》第三卷上，我读到了最权威的根据。2018年11月17日，习近平主席在亚太经合组织工商领导人峰会上明确指出："当今世界的变局百年未有，变革会催生新的机遇，但变革过程往往充满着风险挑战，人类又一次站在了十字路口。合作还是对抗？开放还是封闭？互利共赢还是零和博弈？如何回答这些问题，关乎各国利益，关乎人类前途命运。"[①]

是的，"十字路口"，清清楚楚。

既然是十字路口，当然就有一个往哪儿去的问题。往前、往后？往左、往右？都需要选择。如何选择，关系世界的前途命运，也关系中国的前途命运。

现在，时间过去了五年，世界局势更加复杂，也更加紧张。人类再一次面临对抗还是缓和、战争还是和平、侵略还是反侵略的问题，甚至核大战的声音都已出现。在这样的关键时刻，世界人民更需要明确回答"世界向何处去"的问题，那些掌握人类命运的政治家，更有责任回答"我要把世界带向何处去"的问题。希望所有人都能基于事实、良知、联合国宪章和国际法准则，也基于两次世界大战及第二次世界大战后战犯受到惩处的历史教训，作出正确的回答。

[①]《习近平谈治国理政》第三卷，外文出版社2020年版，第455页。

一、世界正处在十字路口

中共二十大明确指出:"世界又一次站在历史的十字路口,何去何从取决于各国人民的抉择。"①这是对全世界的重大警醒,也是对我们的重大警醒!

因此,这篇发言排在本书的第一篇。后面的文章大体上是从不同侧面对这个问题的回答。

女士们、先生们:

大家好!

今日世界,正处在大发展大变革大调整时期。许多前所未有的事件不断发生,世界面临的不稳定性不确定性更加突出,很多人对未来的预期越来越不确定。所有这些,都提出了一个根本的问题:世界向何处去?

在这两天的交流、讨论中,中外人士发表了许多很好的意见。但我认为,大家所有的讨论,提出的各种建议,最后都可以归结到"世界向何处去"的问题上来。**今日的世界正在向何处去?今日的世界应该向何处去?**这个问题似乎太大,但实在是一个非常关键的问题。

人类社会在自己的发展进程中,已经多次遇到过"世界向何处去"的问题,至少这100多年来,已经遇到过4次。19世纪末20世纪初,由于没有能正确回答这个问题,爆发了第一次世界大战。20世纪三四十年代,由于没有能正确回答这个问题,爆发了第二次世界大战。大战结束后,由于对这个问题有两种截然不同的回答,于是世界分裂成了两大阵营。80年代末90年代初,人类第四次遇到"世界向何处去"的问题,结果是柏林墙的倒塌,苏东剧变、冷战结束。对这一答案如何评价?至今仍然众说纷纭、莫衷一是。到现在,我们会不会第五次遇到这个问题呢?

---

① 《习近平著作选读》第一卷,人民出版社2023年版,第49页。

中国处在世界的大背景下，也多次遇到过"中国向何处去"的问题。100多年来，鸦片战争前后遇到过，戊戌变法前后遇到过，辛亥革命前后遇到过，20世纪三四十年代遇到过，50年代中期遇到过，70年代中后期遇到过。改革开放则是40年来对这个问题的最好最正确的回答。但在改革开放进程中，我们还是不断遇到这个问题。80年代末90年代初，在世界大变动的旋流中，中国曾处在十字路口，但邓小平的南方谈话，正确地回答了这个问题，使中国改革开放大踏步向前推进，到现在取得了极大成功。

今天的中国，仍然面临着向何处去的问题。世界上很多人读不懂中国，其中一个关键的疑问是：不知道或不理解中国下一步将向何处去。对这个问题，中国共产党已经多次明确宣告：既不走封闭僵化的老路，也不走改旗易帜的邪路，坚定不移走中国特色社会主义道路。对这一宣告，我们感到非常欣慰。当然，外国朋友更愿意看到实际行动，所以，我们也要做出更大的努力，确保中国不停滞、不僵化、不折腾、不倒退。

那么，为什么说今日世界正面临第五次"向何处去"的问题呢？

第一，信息化、智能化的加速发展对人类生命的存在形式、活动方式提出了严峻的挑战。 信息化、智能化扩张了人的头脑和器官，给人类带来了极大的便利，但也提出了一系列伦理和法律问题。在享受这些便利的同时，人类大脑思考和决策的方式将发生怎样的变化？人类的尊严、自由和人权还能不能受到保护？数亿、数十亿人会不会被一个超级强大而又不受控制的外在力量所控制？整个人类会不会被越来越高级的智能体系异化？

第二，特朗普上台、英国"脱欧"、法国动荡、默克尔辞去党主席职务，都表明民粹主义思潮正快速发展。 基层民众越来越看重自己的实际利益，这自有其合理之处，但令人不安的是，人类的共同命运和基本规则却越来越被忽视。社会的裂痕越来越大，草根对精英的不信任程度愈益加强。狂热和暴戾之风日益滋长，而一些政治家正在迎合这股风气，新的草根精英上台更加任性。在文明长期发展基础上积淀的人类理性正在不断地被抛弃，民主、自由、博爱的价值观正在褪去色彩。世界一旦失去理性，将会走向何方？前车之鉴令人忧虑。

第三，世界范围的民族主义思潮正日益与全球化趋势和人类命运共同体的目标背道而驰。人类千辛万苦、长期形成的许多理念和共识，如生态文明、环境保护、和平共处、互利共赢、多边主义等等，都正在被侵蚀，甚至被抛弃。《联合国宪章》、世界贸易组织、《巴黎协定》等都遇到更大的挑战。丛林法则又在死灰复燃。如果越来越多的国家都只考虑自身利益而抛弃共同规则，初现雏形的全球治理体系受到冲击，世界将走向何方？

第四，跃跃欲试、摩拳擦掌的贸易战，不仅表现在中美之间，而且表现在美欧之间，表现在其他不少国家之间。一般的贸易摩擦难以避免，经济全球化更是不可抗拒的历史潮流。但如果摩擦失控而成为贸易大战，那就将不仅破坏世界贸易组织的整个体系，破坏长久艰辛建立起来的贸易规则，而且不可避免会造成大范围的经济衰退，造成不少国家的经济灾难。如果世界陷入严重的经济衰退，由此带来严重的经济、社会、政治动荡，各国将如何应对？中东、非洲、欧洲、南美的难民潮已不堪重负，如果爆发更大的难民潮，谁又能独善其身？面对可能的动荡局面，人类一定能够驾驭和控制吗？

第五，许多热点地区战乱不止，大国之间的博弈又在加剧，很多国家的互不信任和相互猜疑日益增强，因此，世界的军备竞赛又如火如荼。当年德国、日本的扩军备战，美国、苏联的军备竞赛，不仅消耗了大量的人类资源，而且给世界带来了极大的不稳定性甚至灾难。今天，不少国家都力图掌握超越对手的军备力量，都力图重新扩张自己的势力范围，甚至希图用武力解决彼此争端。如果这样的军备竞赛不加制止，世界会更加安全还是更不稳定？无节制的军备竞赛能够保证自身安全吗？恐怖平衡还能当法宝重新捡起吗？如果再发生1914年萨拉热窝那样的偶发事件，人类会不会再次被拖进世界大战的灾难？

所以，今日世界，固然有许多令人惊喜的发展和进步，但面临的诸多问题又使许多人感到茫然。越来越多的人担忧中美关系的前景、担忧美俄关系的前景、担忧欧洲安全的前景，甚至已经担心互相较劲的大国会不会由于第三方因素而爆发大战。

所有这些都说明，今日世界，正再一次处在十字路口，再一次面临"世界向何处去"的问题。 到底是增强理性，还是转为任性？是发展文明，还是转向蒙昧？是坚持和平，还是扩大冲突？是发展民主，还是实行霸凌？是促进共同发展，还是恢复狼性竞争？是坚持合作对话，还是重新扩军备战？是推进全球化，还是逆转全球化？是打造人类命运共同体，还是制造新的世界乱局？归根到底，世界是向前进步，还是向后倒退？

我们对世界的发展进步依然充满信心，我们相信和平发展依然是世界最大多数人的追求，世界的理性、文明、良知、秩序仍然占据上风，因此，我并不认为这些问题已经到了十分尖锐、无法控制、无法解决的地步。但是，面对当前一系列让人迷茫的复杂问题，未雨绸缪，及早从根本上明确回答人类向何处去的问题，防止人类日益失去理性，防止文明成果被再次抛弃，防止基本规则被彻底破坏，防止丛林法则再次支配国际关系，防止人类再一次走错道路，是非常必要的。

中国希望世界读懂中国，但也要读懂世界，更要读懂自己。世界要读懂中国，也要首先读懂世界自己。 双懂、互懂，方为真懂。需要读懂的问题很多，但根本上，是要明白中国向何处去？世界向何处去？这两天我们讨论的内容都是在不同层面上实际回答着这个问题。如果进一步上升和考虑"世界向何处去"的问题，我们的思路将更能抓住本质，我们的对策将更加集中聚焦。希望我们不仅在这次会议，而且在其他更多的场合，认真思考、研究和回答"世界向何处去"的问题。更希望人类在雾霾重重之际，能够始终保持清醒和理性，坚持正确方向，避免误入歧途！

⦿ 坚定不移维护人类的和平与安全

—— 牢牢记取中国人民抗日战争暨世界反法西斯战争的经验教训

纪事和说明：

  我在担任中央党史研究室副主任时，曾经参与筹备和组织过党和国家纪念中国人民抗日战争暨世界反法西斯战争胜利60周年、65周年、70周年等活动，组织起草过关于抗日战争的宣传口径。我还直接负责组织全国60多万人，用先后10多年的时间，开展了一场大规模的"抗战时期中国人口伤亡和财产损失"的调研，编成了将近200本调研报告和有关资料。这套丛书，已经按中央部署，配送给全国各大图书馆和"985"高校的图书馆。2015年8月24日，全国政协文史和学习委员会主办"海峡两岸纪念中国人民抗日战争暨世界反法西斯战争胜利70周年学术研讨会"，海峡两岸各有一批代表出席。我作为大陆方面代表在会上作《中华民族团结抗战的伟大胜利》的主旨发言。多年来，我曾在人民大会堂作报告，以不同方式给领导干部讲课，总结抗日战争的历史经验和教训。

这些工作，使我对抗日战争和世界反法西斯战争的经验教训刻骨铭心。在一些文章和讲课中，我把应该从这场战争中吸取的经验教训归结为以下几个方面：

一、深入研究和揭露日本军国主义侵略的性质和危害，坚定不移维护国家的主权和独立，促进人类的和平与安全。

二、深入研究和铭记落后就要挨打的惨痛教训，坚定不移抓好发展这个第一要务，不断增强国家的综合国力。

三、深入研究和展示中国共产党的中流砥柱作用，坚定不移加强党的建设，确保党始终走在时代和人民的前列。

四、深入研究和汲取全民族抗战的宝贵经验，坚定不移维护中华民族大团结，推进祖国和平统一大业。

五、深入研究和挖掘中国盛衰演变的深层次规律，坚定不移全面深化改革，努力建设和发展新型的中华文明。

六、深入研究和厘清中国抗战背后的全球博弈，坚定不移走和平发展道路，推动建设一个和平发展文明进步的世界。

近年来，世界形势更加错综复杂。新的世界大战的阴影正在出现和飘荡。但许多人对此还严重缺乏警觉和认识。有些网络言论甚至鼓吹发动战争，鼓吹"先发制人"灭掉几个国家，完全不知道联合国宪章精神，完全不知道国际法准则，完全不知道世界上有个"非战原则"，完全不知道当年的德国、意大利和日本的战犯们正是被国际法庭判定为犯了破坏和平罪（策划、准备、发动或进行侵略战争的行为）、破坏战争法规罪（违反战争法规和惯例的犯罪行为）和反人道罪（对平民进行杀害、灭种、奴役和放逐，或以政治、种族和宗教为理由对平民进行迫害的行为）而受到应有惩处的。

因此，在 2020 年中国人民抗日战争暨世界反法西斯战争胜利 75 周年之际，我又依据已经总结过的经验教训，撰写了一篇文章，题为

一、世界正处在十字路口

《坚定不移维护人类的和平与安全——牢牢记取中国人民抗日战争暨世界反法西斯战争的经验教训》,应约发表在湖南的《新湘评论》上。

目前,文章所说的内容更是一个紧迫的现实问题了。所以,本书将这篇文章列在《世界向何处去》一文的后面,作为对"世界向何处去"问题的第一个回答,也是向世界发出的一个紧急呼吁。

我特别提请读者在阅读此文时,注意文章第二部分介绍的"非战原则"和联合国关于"侵略"的定义。中国曾经遭受过多次被侵略的苦难,对于侵略之罪大恶极,有切身的体会。所以,对待任何国际争端,都要首先判明这一最基本的事实和性质。

今年(2020年)是中国人民抗日战争暨世界反法西斯战争胜利75周年。当年的那场战争,不仅为中华民族、中国共产党,也为整个人类,提供了极为丰富的经验教训。其中十分重要而且在当前最具现实意义的一条,就是要坚定不移维护人类的和平与安全。

一、挑起战争者必将受到历史和法律的惩罚

由德意日法西斯挑起的第二次世界大战,是人类文明的一次浩劫。这场战争,把世界60多个国家和地区、20亿以上的人口卷入其中(有的说80多个国家,是按现在的国家数目计算的)。战火遍及亚洲、欧洲、非洲、大洋洲四个大洲以及广阔的海洋,将无数人类文明的成果毁于一旦。仅苏联、英国、法国和美国,就死亡3600多万人。

在东方,日本侵略者不仅占领了中国,还占领了朝鲜半岛、东南亚、南亚、大洋洲许多国家的领土,使源远流长的亚洲文明遭受了一次惨重的破坏。

这场战争,将中国置于亡国灭种的边缘。日本侵略者占领了东

北、华北、华中、华南等大片中国最重要的经济政治文化战略地区，犯下了种种令人发指的罪行，使中华民族蒙受了巨大损失。中国是受战争摧残和伤害最为严重的国家。战争期间，中国军民伤亡3500多万人。按1937年的比值计算，中国直接经济损失1000亿美元，间接经济损失5000亿美元。

这场战争的性质，决不是一般的利益冲突问题，而是逆时代潮流而动的势力，以极端野蛮的方式向人类文明挑战，对其他民族进行侵略、掠夺、杀戮、奴役的问题。

抗日战争和世界反法西斯战争的最终结局告诉所有人，任何国家和势力企图通过发动侵略战争来谋取自己利益、欺负其他国家，是不能允许的，也是不可能得逞的。

第二次世界大战结束后，根据《波茨坦公告》的规定，由在日本投降书上签字的国家（中、苏、美、英、法、加、澳、新、荷）及印度、菲律宾11国委派的法官组成远东国际军事法庭，在东京以**破坏和平罪**（策划、准备、发动或进行侵略战争的行为）、**破坏战争法规罪**（违反战争法规和惯例的犯罪行为）和**反人道罪**（对平民进行杀害、灭种、奴役和放逐，或以政治、种族和宗教为理由对平民进行迫害的行为）对日本首要战犯进行国际审判，确认侵略战争为国际法上的犯罪，策划、准备、发动或进行侵略战争者为甲级战犯。

法庭最后宣判25名甲级战犯有罪（另2名病死，1名因生病中止审理）。其中判处东条英机、广田弘毅、土肥原贤二、坂垣征四郎、松井石根、武藤章、木村兵太郎绞刑，木户幸一等16人无期徒刑，东乡茂德20年徒刑，重光葵7年徒刑。7人绞刑于1948年12月23日在东京巢鸭监狱执行。由于美国庇护，审判没有追究所有战犯的责任。

审判确认侵略战争为国际法上的犯罪，策划、准备、发动或进行侵略战争者为甲级战犯，并对发动侵略战争的罪犯进行了应有的惩处。这一判决无论从法理上还是从事实上，都伸张了正义，代表了全

世界一切爱好和平人民的共同愿望。

除东京审判外，盟国还在马尼拉、新加坡、仰光、西贡、伯力等地，对日本的乙、丙级战犯进行了审判。

中国也对日本的有关战犯进行了审判。1945年11月6日，南京国民政府成立战争罪犯处理委员会。12月中旬以后，分别在南京、上海、北平、汉口、广州、沈阳、徐州、济南、太原、台北等10地成立审判战犯军事法庭。除南京法庭直属国防部外，其余隶属各绥靖区，分别审判各地战犯。

中华人民共和国成立后，全国人大常委会于1956年4月25日通过了《关于处理在押日本侵略中国战争中犯罪分子的决定》。据此，全国最高人民法院特别军事法庭分别在沈阳、太原开庭，对在押日本战犯进行了公开审判。

这些审判，与欧洲的纽伦堡审判一起，使发动侵略战争的罪犯受到了应有的惩处，代表了全世界一切爱好和平人民的共同愿望。这是历史的审判！这些审判的正义性质是不可动摇、不容挑战的！

战犯受到的惩处以及战争造成的惨烈破坏，都给世界以刻骨铭心的教训。用发动战争、侵略别国的办法来谋取自己的利益，从根本上违反人类文明的本质和要求，是世界人民决不能容忍的。即使一时得逞，最终还是要遭到失败。世界一切国家和人民都应该珍惜和平，维护和平。

二、不能用战争手段解决相互之间的冲突

总结两次世界大战的经验教训，反对任何侵略战争、反对用战争手段解决相互之间的冲突，已经成为国际法的重要原则。

战争，从法理上来说，是一种集体、集团、组织、民族、派别、国家、政府互相使用暴力、攻击、杀戮等行为，是敌对双方为了达到一定的政治、经济、领土的完整性等目的而进行的武装战斗。战争是

一种极端的行为，是解决纠纷的最暴力手段。

战争是在原始社会后期出现的。据考古资料证明，最早的战争出现于公元前21世纪初中石器时代的初期。到20世纪80年代，在有文字记载的3500多年的时间里，世界上共发生过14500多次战争。

引发战争的因素是多种多样的。历史上特别是近现代，引发国家之间战争的直接动因主要有争夺势力范围、领土争端、边界纠纷、掠夺战略资源、争夺市场、意识形态斗争、宗教矛盾、民族矛盾，等等。国家内部的战争有争夺政权、反抗压迫、争夺控制区域和势力范围、利益纠纷，等等。

战争可分为正义战争和非正义战争。基于自卫、保卫和平、保卫国家主权和领土完整、为了自由和尊严进行的战争，是正义战争。侵略战争、征服战争、出自压迫掠夺目的的战争，是非正义战争。

战争有侵略与被侵略之分。侵略战争指缺乏自卫理由的军事冲突，是某一国家为了自身利益对其他国家进行武装挑衅、政治奴役、经济掠夺和占领的非正义战争。

而**所谓侵略**，广义指对他国领土、主权的侵犯，以及进行经济掠夺和文化奴役等行为。狭义指对他国的武装侵犯。

历史上，曾经认为战争是获取自身利益的必要手段，甚至是强盛和力量的表现。但到**1899年和1907年的两次海牙和平会议**，开始对**国家的战争权加以限制**。第一次世界大战以后成立的国际联盟，进一步限制成员国进行战争的权力，规定应以和平方式解决争端，成员国之间发生争端后，应提交仲裁或国际常设法院、国际联盟行政院解决，只有在仲裁裁决、法院判决3个月后，方可进行战争。

1928年签订的《巴黎非战公约》，进一步宣布废弃战争作为国家政策工具，规定签约国之间可能发生的一切争端和冲突，不论性质及起因如何，只能用和平方法解决。这是第一次以法律文件的形式规定"非战原则"。这一原则虽然实行起来非常困难，但这一原则的确立在国际法和国际关系史上具有重要的意义。九一八事变后，中国曾诉诸国际联盟。国联前来中国进行了调查,后来也谴责了日本。但日本以退出国联来对付,从而使非战原则没有得到实现,致使日本后来大规模侵华。战争期间,中国人民也没有能得到这类国际法的保护,这是非常遗憾的。但随着第二次世界大战的胜利,日本战犯最终还是受到了惩治。

总结历史的经验教训,人类社会应该更加热爱和平。1945年,由联合国所有发起国签订的《联合国宪章》等文件,最终确立了不得进行侵略战争、禁止使用武力和武力相威胁的原则。同时,吸取国联软弱的教训,联合国设立安理会,赋予它可以使用武装部队来制止侵略、维护和平的权力。

第二次世界大战后,《欧洲国际军事法庭宪章》第6条和《远东国际军事法庭宪章》第5条规定,战争犯罪包括3类:破坏和平罪;破坏战争法规罪;反人道罪。据此,通过纽伦堡审判、东京审判等,惩处了一批第二次世界大战中的战犯。

国际上普遍承认侵略是非法的。但什么是"侵略",一直有不小的争论。要制止侵略,就必须对"侵略"一词作出准确的定义。20世纪30年代,苏联曾几次提出"侵略"的定义。1953年和1956年,联合国大会两次设立侵略定义问题特别委员会研究侵略定义问题。

1974年12月,联合国大会通过《关于侵略定义的决议》,确认:"侵略是指一个国家使用武力侵犯另一个国家的主权、领土完整或政治独立,或以本定义所宣示的与联合国宪章不符的任何其他方式使用武力。"该决议列举了构成侵略的各种行为,并指出:"国家违反联合国宪章的规定首先使用武力,构成侵略行为的明显证据。"

定义规定,任何下列行为,不论是否经过宣战都构成侵略行为:

(1)一个国家的武装部队侵入或攻击另一国家的领土;或因此种侵入或攻击而造成的任何军事占领,不论时间如何短暂,或使用武力吞并另一国家的领土或其一部分。

（2）一个国家的武装部队轰炸另一国家的领土，或一国家对另一国家的领土使用任何武器。

（3）一个国家的武装部队封锁另一国家的港口或海岸。

（4）一个国家的武装部队攻击另一国家的陆、海、空军，或商船和民航机。

（5）一个国家违反其与另一国家订立的协定所规定的条件，使用其根据协定在接受国领土内驻扎的武装部队，或在协定终止后，延长该项武装部队在该国领土内的驻扎期间。

（6）一个国家以其领土供另一国家使用让该国用来对第三国进行侵略行为。

（7）一个国家或以其名义派遣武装小队、武装团体、非正规军或雇佣兵对另一国家进行武力行为，其严重性相当于上述所列各项行为，或该国实际卷入了这些行为。

所有这些规定，都是人类文明的进步，是人类社会经过漫长的历史之途，承受了战争造成的无数灾难后，终于逐步形成的国际法准则。虽然完全和严格地执行这些国际法，还非常困难，但毕竟是以文明代替野蛮、以和平代替战争的重大历史性进步。

第二次世界大战结束以来，各种战争或武装冲突仍不断发生，这说明，真正执行非战原则、实现人类和平还是一件非常困难的事情。但这决不是说人类就应该回到过去，继续用武力和战争来解决国家之间的矛盾和冲突。在国际法上宣布侵略战争构成国际犯罪，这是人类文明的一个重大进步。当代世界的每一个国家和组织，都应该促进这一文明的实现，而不能故意违背人类文明和国际法准则，随意诉诸武力，甚至发动侵略战争。

三、用和平方式解决国际关系中的矛盾和冲突

面对法西斯主义挑起世界战争的共同威胁，世界一切爱好和平正

义的国家和人民奋起抵抗。虽然当时也存在着社会制度、意识形态以及国家利益的差异,但共同的敌人、共同的任务、共同的目标,促使各个国家和人民求同存异,建立起世界反法西斯统一战线。

中国人民抗日战争正是在这样的背景下进行的,也是在这样的进程中逐步走向胜利的。回顾中国人民抗日战争和世界反法西斯战争的历史时,要把两者紧密联系起来,从中国与世界内在统一的高度把握当年那场战争的全局,揭示蕴含于其中的人类历史发展规律,牢记应该记取的经验和教训。

中国人民抗日战争得到了世界所有爱好和平与正义的国家和人民、国际组织及各种反法西斯力量的同情和支持。

抗战期间,按参战国计算,站在反法西斯同盟一边的先后有51个国家;与中国共同抗日的有5个国家;向中国捐物、捐款的有11个国家;派出技术人员帮助中国抗战、建设的有12个国家;同中国订立友好条约的有9个国家;新建外交关系的有15个国家;公使级升大使级的有8个国家。

由于中国共产党是共产国际领导下的一个支部,所以共产国际对中国的抗战也给予了很大的支持。全世界各国共产党都以不同方式声援和支持中国抗战,支持中国共产党,向中国派出了医疗队和其他人员,参加抗战,充分表现了国际主义的精神。白求恩就是共产党员。日本很多反战战士也是共产党员。

与此同时,我们要强调,中国战场是世界反法西斯战场的重要组成部分,也是世界反法西斯战争的东方主战场。**中国人民以奋斗和牺牲为世界反法西斯战争作出了不可磨灭的贡献。**

第一,中国战场开始最早、时间最长,抗击和牵制了日军主要兵力。

第二,中国战场协助和配合了盟军的作战,给予盟军以战略上和资源上、情报上的巨大支持。

第三,中国积极倡导建立世界反法西斯同盟,实际参与了世界反法西斯战争的谋划和指挥。

第四，中国参与了联合国的创建和战后国际秩序的安排，并担任了安理会五个常任理事国之一。

回顾历史，总结经验，我们当然也要注意到，第二次世界大战期间的国际关系并不像我们想的那么简单。世界反法西斯各国最终形成同盟关系，结成统一战线，这是主流和大局。但各个国家之间的纵横捭阖和各种交易非常复杂，很多国家对中国也并非慷慨无私，有的实际上也造成了伤害。

比如，欧洲国家在第二次世界大战爆发前实行绥靖政策，将祸水引向苏联。苏联则在1939年8月与法西斯德国签订《苏德互不侵犯条约》及其秘密附属议定书，放任德国发起第二次世界大战。七七事变前后，苏联给予了中国很多援助。但到1939年，苏联对中国的援助迅速锐减，到1941年则完全中止。

特别是1941年4月，苏联与日本签订《苏日中立条约》，庄严声明：苏联承认"满洲国"，日本承认外蒙古独立。严重侵害了中国的主权和领土完整。斯大林还亲自到车站为签约的日本外相松冈洋右送行，三次拥抱松冈洋右。苏德战争爆发前，斯大林对希特勒的保证过于信任，对中国以及其他方面提供的德国将要入侵苏联的准确情报视而不见，贻误了战机。

共产国际的政策则随着苏联的利益和政策而变化。九一八事变后，共产国际认为日本的主要企图是通过占领中国东北而侵略苏联，因而要求中国共产党在民族危机日益严重的情况下，居然还提出"保卫苏联"的口号。《苏德互不侵犯条约》签订后，共产国际停止了反法西斯斗争，把英美国家作为最主要的敌人进行打击，甚至套用列宁在一次大战中的口号，要求各国共产党努力使本国政府在战争中失败。直到1941年德国对苏联发动闪电战，才又重新举起反法西斯的旗帜。这种政策使各国共产党一度处于非常尴尬的地位。

英国在滇缅战场上主要考虑自己的利益，在战略上与中国有很大分歧，没有能给中国远征军以必要的支持。

美国在 1941 年底之前一直持孤立主义态度，不愿介入这场战争，直到珍珠港事件爆发，才真正对日宣战。

在 1945 年 2 月的雅尔塔会议上，苏联、美国、英国背着中国拿中国的主权和领土作交易，将中国在外蒙古和东北的权益交给苏联。1945 年 7—8 月中苏谈判时，斯大林明确把中国承认外蒙古独立作为苏军对日作战的条件。

日本投降后，美国没有对日本侵略的罪行进行彻底清算，留下了直到今天都难以解决的后患。

所有这些，都可以认为是世界反法西斯斗争中的插曲，不能以此否认全世界反法西斯统一战线的伟大意义和历史作用。但这些事实也是历史的教科书，能够给我们以很多深层次的思考和启发，告诉我们国际关系的合作和博弈是多么错综复杂。任何清醒的政治家、外交家都不能不从中获取教益。

总结国际关系领域的经验教训，最重要的，就是要坚定不移走和平发展道路，推动建设一个和平发展、文明进步的世界，构建人类命运共同体。习近平总书记指出："近代以后，中华民族遭到了列强长期侵略和欺凌，但中国人民从中学到的不是弱肉强食的强盗逻辑，而是更加坚定了维护和平的决心。中国人民抗日战争和世界反法西斯战争的胜利给我们留下的最宝贵的启示，就是必须毫不动摇走和平发展道路。"①

当今世界，各种矛盾错综复杂，各种鼓吹战争的鼓噪不绝于耳且愈演愈烈。在这种情况下，我们更应保持清醒的头脑。回顾、总结历史的经验教训，任何试图以战争手段来解决国家之间的矛盾都是不可能的。世界一切国家和人民都应该珍惜来之不易的和平，坚决维护人

---

① 习近平：《在纪念中国人民抗日战争暨世界反法西斯战争胜利 69 周年座谈会上的讲话》，《人民日报》2014 年 9 月 4 日。

类的和平与安全，坚决反对任何形式的侵略战争，不能允许也不要试图用战争手段来解决国与国之间的争端。这是人类文明的要求、当代国际法的要求，也是维护各国利益和整个人类利益的要求。

二 推动构建人类命运共同体

⦿ 推动构建人类命运共同体

纪事和说明：

构建人类命运共同体是习近平总书记提出的重要思想理念，对于认识和处理当代世界的各种复杂关系具有重要的指导意义。

要正确回答"世界向何处去"的问题，首先就要充分认识到，今日世界，已经是一个利益共同体、命运共同体。每个国家的命运都与世界其他国家紧紧联系在一起。只有确立"人类命运共同体"的理念，才能正确认识本国与他国的关系，才能以正确方式处理各种复杂的国家关系，才能真正坚持和平发展、互利共赢的原则，才能真正摒弃冷战思维和侵略手段，才能免于世界重演两次世界大战的悲剧。

在很多著作和文章里，我认真学习和阐释了人类命运共同体的思想，研究了如何推动人类命运共同体的问题。本书选摘了写于2018年3月24日的一篇，侧重于介绍人类命运共同体的思想来历，介绍中共十八大至十九大间中国外交在推动构建人类命运共同体上所做的工作，介绍了中共十九大报告的相关内容。十九大后，中国政府继续

二、推动构建人类命运共同体

在推动构建人类命运共同体上发力,这里就不作补充了。

中共十九大报告第十二部分的标题是"坚持和平发展道路,推动构建人类命运共同体"。把"推动构建人类命运共同体"放在如此重要的位置,说明了这一命题和主张的重要性。

十九大修改后的党章,在国际部分,增写了4句话:

"**坚持正确义利观**";

"**推动构建人类命运共同体**";

"**遵循共商共建共享原则**";

"**推进'一带一路'建设**"。

这4句话,都是中共十八大以来习近平总书记在国际战略问题上提出的重要思想、重要理念、重要主张。而"**推动构建人类命运共同体**"则是一个核心的理念。

中国共产党的初心是宽广的,使命是巨大的。它们并不仅仅限于中国,而是立足于中国,又胸怀世界,努力创造一个良好的外部环境;实现中国自身的发展,又努力在首先办好中国事情的同时,争取为人类作出较大的贡献。

改革开放以来,中国在国际上的地位迅速提高。随着中国前所未有地走近世界舞台中央,中国同世界的关系发生深刻变化,中华民族进入伟大复兴的关键阶段,中国特色社会主义进入新时代。

在这样一个大发展大变革大调整的时代,以习近平同志为核心的党中央深入思考"建设一个什么样的世界、如何建设这个世界"等重大课题,科学把握世界大势,积极推进外交理论和实践创新,提供中国方案,贡献中国力量,成功走出了一条中国特色大国外交之路。

我们可以梳理并看一看众多的大事、要事。

第一,坚持合作共赢,构建人类命运共同体。

——2013年3月23日,习近平主席在俄罗斯莫斯科国际关系学院发表演讲，提出命运共同体理念，呼吁各国共同推动建立以合作共赢为核心的新型国际关系。

——2015年9月26日，习近平主席出席联合国发展峰会，提出共同走出公平、开放、全面、创新的发展之路。28日，出席第70届联合国大会一般性辩论，强调要继承和弘扬联合国宪章宗旨和原则，构建以合作共赢为核心的新型国际关系，打造人类命运共同体。

——2016年9月，习近平主席在G20杭州峰会上提出，共同维护和平稳定的国际环境，共同构建合作共赢的全球伙伴关系，共同完善全球经济治理。

——2017年1月18日，习近平主席访问联合国日内瓦总部并出席"共商共筑人类命运共同体"高级别会议，强调要建设一个持久和平、普遍安全、共同繁荣、开放包容、绿色低碳的世界。

在中共十九大报告中，"人类命运共同体"被摆在非常突出和鲜明的位置。报告第十二部分的标题就是"坚持和平发展道路，推动构建人类命运共同体"，这充分说明了这一命题和主张的重要性。

构建人类命运共同体的理念，直面当今世界最重要的问题，解决了人们心中最大的困惑，为世界发展和人类未来指明了正确方向。所以，受到国际社会高度评价和热烈响应，产生了广泛而深远的国际影响。

此后，"构建人类命运共同体"理念被载入联合国多项决议。

2017年2月10日，联合国社会发展委员会第55届会议协商一致通过"非洲发展新伙伴关系的社会层面"决议。作为联合国决议，首次写入了"构建人类命运共同体"理念。

2017年11月1日，"构建人类命运共同体"理念再次载入两份联合国决议，也是首次纳入联合国安全决议。联合国副秘书长、裁军事务高级代表说，"构建人类命运共同体"理念与联合国的共同安全的和平理念高度契合，给充满不确定的世界指明了方向，提供了中国方案，符合各国共同利益。

第二，深度参与全球治理，为解决全球课题贡献中国力量。

——发起成立亚洲基础设施投资银行、金砖国家新开发银行，促成国际货币基金组织完成份额改革和治理机制改革。

——设立中国—联合国和平与发展基金和"南南合作援助基金"，推动达成应对气候变化的《巴黎协定》。

——作为联合国安理会常任理事国，积极参与联合国维和行动，已成为维和行动主要出兵国和出资国。

——推动朝鲜半岛核问题、伊朗核问题、阿富汗问题、叙利亚问题等地区热点问题的政治解决。

第三，积极构建全方位、多层次和立体化的全球伙伴关系网。

——习近平主席28次踏出国门，出访足迹遍及五大洲的50多个国家；中国同100个左右的国家和国际组织建立了不同形式的伙伴关系，实现了对世界各个地区、不同类型国家的全覆盖。

——努力构建总体稳定、均衡发展的大国关系框架。

从"庄园会晤""瀛台夜话""白宫秋叙""西湖长谈"，到海湖庄园会晤和汉堡会晤，中美元首间举行多次会晤，推动两国关系健康稳定发展。

习近平主席6次到访俄罗斯，中俄元首在不同场合会晤20多次，中俄全面战略协作伙伴关系达到前所未有的高水平。

习近平主席对欧盟总部进行历史性访问，倡导打造和平、增长、改革、文明四大伙伴关系，赋予中欧全面战略伙伴关系新内涵。

——同周边国家深化互利合作，打造周边命运共同体。深化区域合作，引领上海合作组织、亚洲相互协作与信任措施会议（亚信）、中国—东盟、东盟与中日韩、东亚峰会、中日韩合作、澜沧江—湄公河合作。

——做发展中国家的好朋友。提出真实亲诚对非工作方针和中非"十大合作计划"；同拉美和加勒比国家共同体创立中拉论坛，共同打造中拉关系"五位一体"新格局；同阿拉伯国家构建"1+2+3"合作新格局。

第四，坚定维护国家主权、安全和发展利益。

——推进近百个境外经贸合作区建设，便利中国企业、装备、技术"走出去"，破解各类贸易争端，探索构建区域合作新模式。

——在钓鱼岛问题、南海问题上，捍卫国家主权，维护核心利益。在涉及核心利益问题上亮明立场，划出红线，捍卫底线。

——坚持以人为本，保障公民权益。成功组织也门撤侨等9次海外公民撤离行动，处理100多起中国公民境外遭绑架或袭击案件，受理各类领事保护救助案件近30万起。

第五，提出新的全球治理理念，为世界提供中国方案和中国智慧。

——积极倡导并践行新型全球治理观，提出共同、综合、合作、可持续的新安全观，公平、开放、全面、创新的新发展观，共商共建共享的全球经济治理理念。

——提出引导好经济全球化走向，推动实现经济全球化进程的再平衡，打造世界经济增长、合作、治理、发展新模式。

——提出正确义利观，强调要找到利益的共同点和交汇点，坚持有原则、讲情谊、讲道义，多向发展中国家提供力所能及的帮助。

——提出坚持与邻为善、以邻为伴，突出体现亲、诚、惠、容的理念，为中国发展争取良好周边环境。

——提出"发展和安全并重、权利和义务并重、自主和协作并重、治标和治本并重"的核安全观。

——提出中国的文明观，提炼概括文明的三个本质特征，说明文明是多彩的、文明是平等的、文明是包容的。三大特征最终落脚点放在包容上，包容是文化多元、利益多样的前提，是人类社会平等共处的保障。

第六，举办主场外交，引领世界潮流。

——2014年11月，在北京举行亚太经合组织第二十二次领导人非正式会议。倡导深入推进区域经济一体化，共建互信、包容、合作、共赢的亚太伙伴关系。发表《北京纲领：构建融合、创新、互联的亚太——亚太经合组织领导人宣言》和《共建面向未来的亚太伙伴关系——亚太经合组织成立25周年声明》，决定启动亚太自由贸易区进程。

此前，11月8日举行的亚太经合组织第二十六届部长级会议还通过《北京反腐败宣言》，这是第一个由中国主导起草的国际性的反腐败宣言。

——2014年11月，在浙江乌镇举行首届世界互联网大会。习近平主席致贺词，强调共同构建和平、安全、开放、合作的网络空间，建立多边、民主、透明的国际互联网治理体系。

——2016年9月，在浙江杭州举行二十国集团领导人第十一次峰会。习近平主席主持并致开幕辞、闭幕辞，强调二十国集团要与时俱进、知行合一、共建共享、同舟共济，为世界经济繁荣把握好大方向，推动世界经济强劲、可持续、平衡、包容增长。会议通过《二十国集团领导人杭州峰会公报》。杭州峰会向世界展示了中国继续推动改革开放的诚意和积极融入世界的新形象，也向世界提供中国特色的全球经济治理方案，为全球经济增长注入"中国动力"。

——2017年9月，在福建厦门举行金砖国家领导人第九次会晤。习近平主席发表题为《共同开创金砖合作第二个"金色十年"》的主旨演讲、《深化金砖伙伴关系 开辟更加光明未来》和《深化互利合作 促进共同发展》的讲话，强调要开启金砖合作第二个"金色十年"，使金砖合作造福五国人民，惠及各国人民。

第七，提出"一带一路"倡议，举办国际合作高峰论坛。

2013年9月和10月，习近平主席在出访中亚和东南亚国家期间，先后提出共建"丝绸之路经济带"和"21世纪海上丝绸之路"的重大倡议，得到国际社会高度关注和有关国家积极响应。

2017年5月，在北京举行"一带一路"国际合作高峰论坛。这是新中国成立以来由中国首倡、中国主办的层级最高、规模最大的多边外交活动。来自29个国家的国家元首、政府首脑与会，来自130多个国家和70多个国际组织的1500多名代表参会，覆盖了五大洲各大区域。

习近平主席出席开幕式并发表题为《携手推进"一带一路"建设》的主旨演讲，强调要坚持以和平合作、开放包容、互学互鉴、互利共赢为核心的丝路精神，将"一带一路"建成和平、繁荣、开放、创新、文明之路。会议通过《"一带一路"国际合作高峰论坛圆桌峰会联合公报》，并发表"一带一路"国际合作高峰论坛成果清单。

中共十九大总结五年来的外交工作，充分肯定"全方位外交布局深入展开"，"我国国际影响力、感召力、塑造力进一步提高，为世界和平与发展作出新的重大贡献"。

大会同意报告对国际形势的分析和提出的对外工作方针，强调中国将坚持和平发展道路，高举和平、发展、合作、共赢的旗帜，恪守维护世界和平、促进共同发展的外交政策宗旨，坚定不移在和平共处五项原则基础上发展同各国的友好合作，积极促进"一带一路"国际合作，继续积极参与全球治理体系改革和建设，推动建设相互尊重、公平正义、合作共赢的新型国际关系，推动构建人类命运共同体，同世界各国人民一道建设持久和平、普遍安全、共同繁荣、开放包容、清洁美丽的世界。

中共十九大报告将"坚持推动构建人类命运共同体"列入基本方略，强调，"中国人民的梦想同各国人民的梦想息息相通，实现中国梦离不开和平的国际环境和稳定的国际秩序。必须统筹国内国际两个大局，始终不渝走和平发展道路、奉行互利共赢的开放战略，坚持正确义利观，树立共同、综合、合作、可持续的新安全观，谋求开放创新、包容互惠的发展前景,促进和而不同、兼收并蓄的文明交流,构筑尊崇自然、绿色发展的生态体系,始终做世界和平的建设者、全球发展的贡献者、国际秩序的维护者"①。

---

① 习近平:《决胜全面建成小康社会 夺取新时代中国特色社会主义伟大胜利——在中国共产党第十九次全国代表大会上的报告》,人民出版社2017年版,第25页。

人类命运共同体与新时代青年使命

——在国际青年人文对话大会上的主旨演讲

纪事和说明：

2019年11月15日至17日，第三届国际青年人文对话大会在对外经济贸易大学举行。大会主题是"人类命运共同体与青年全球领导力"。来自10余个国家和国内的知名学者、专家、青年，共同探讨了青年一代在人类命运共同体建设和青年引领世界中的责任与担当。

我应邀在大会开幕式上作了主旨演讲，题目就是《人类命运共同体与新时代青年使命》。

为了促进全球开放发展条件下国际经济合作与人文交流研究，推进智库在新时代开放发展和国际经贸合作中的研究性作用，加强"一带一路"区域国家间的学术往来和人文交流，推动丝路沿线国家和地区的文明互鉴，在这次大会上，还揭牌成立了人文丝路智库联盟。

二、推动构建人类命运共同体

女士们、先生们；老师们、同学们：

很高兴参加今天的国际青年人文对话大会。利用这个机会，我想围绕"人类命运共同体与新时代青年使命"，与大家分享几点认识。

第一，老年人与青年人的差别。

今天的会议多数是不同国家青年人之间的对话，而我则和在座的其他一些学者一样，是老年人与青年人进行对话。老年人与青年人有什么差别呢？我记得当年学习《新概念英语》时，里面有一句话："There is only one difference between an old man and a young one: the young man has a glorious future before him and the old has a splendid future behind him."意思是，老年人与青年人之间只有一个差别：青年人的辉煌在他的前面，而老年人的辉煌在他的后面。一个"before"，一个"behind"，很准确，也很深刻。

我们老年人无论辉煌不辉煌，都已经留在身后。而年轻人的辉煌正在前方向你们招手。这种辉煌是令人鼓舞的，当然，这种辉煌不会从天上掉下来，而必须靠大家的共同创造。所以，像在座的青年菁英和领袖就有着巨大的责任。这种责任，要求大家紧紧把握世界发展的方向，站在时代潮流的前列，领导广大青年团结合作，努力奋斗，推动人类社会向着更加美好的未来前进。

那么，时代和世界发展的方向是什么呢？这是一个很大的问题，也是一个很难的问题，但却是一个至关重要的问题。

第二，今天的世界再一次面临"向何处去"的问题。

今天的世界，正处在一个大发展大变革大调整的时期。许多前所未有的事件不断发生，世界面临的不稳定性不确定性更加突出，很多人对未来的预期越来越不确定。所有这些，都提出了一个根本的问题：世界向何处去？

（此部分内容与前文《世界向何处去》相同，为避免重复，故删除。）

第三，全球化是不可逆转的大趋势。

作为各国青年的菁英和领袖，负有更大的责任，认清历史发展的方向，坚持走全球化之路，走和平发展之路，走互利共赢之路，走构建人类命运共同体之路。经济全球化是社会生产力发展的客观要求和科技进步的必然结果。全球化不会一帆风顺，但全球化有着客观的世界历史基础，是不可逆转的。

我们身边有许多数字可以随时提醒我们，世界是怎样联系在一起的。

比如，从旅游来看，2018年，中国入境旅游人次达到14120万，出境旅游人次达到14972万。其中，按年龄分，14岁以下人数占3.1%，15—24岁占13.9%，25—44岁占50.3%，45—64岁占28.3%，65岁以上占4.4%；按性别分，男占60.1%，女占39.9%。上半年外国人在华花费354亿美元。

上半年，按入境人数排序，我国主要客源市场前17位国家为：缅甸、越南、韩国、日本、美国、俄罗斯、蒙古国、马来西亚、菲律宾、新加坡、加拿大、印度、泰国、澳大利亚、印度尼西亚、德国、英国。

从留学生来看，1978年到2018年底，中国各类出国留学人员累计达585.71万人。2018年，中国出国留学人员总数为66.21万人，较2017年增长8.83%。

美国国际教育协会2018年公布的《门户开放报告》显示，中国是美国最大的国际学生生源国，2017/2018学年在美国高校注册的中国留学生为36.33万人，占全部国际学生数量的33.2%。

与此同时，也有大批外国青年到中国来留学。2018年，中国高等学校留学生毕业人数130539人，招生人数163835人，在校生人数为307501人。

从文化交流来看，截至2017年底，我国已与157个国家签署了文化合作协定，累计签署文化交流执行计划近800个，初步形成了覆盖世界主要国家和地区的政府间文化交流与合作网络。2018年，以文化和旅游双多边交流机制及高级别人文交流机制为抓手，又与18个国家签署了文化协定或执行计划，推动深化与世界各国的文化和旅游交流与合作。

当然，还有其他很多很多的数据。它们都说明，人类只有一个地球，各国共处一个世界，不论人们身处何国、信仰如何、是否愿意，实际上已经处在一个命运共同体中。经济全球化让"地球村"越来越小，社会信息化让世界越来越平。不同国家和地区已是你中有我、我中有你，一荣俱荣、一损俱损。

互联网的迅猛发展、恐怖主义的蔓延、全球气候变暖等等，都使全球的相互依存具有了更加深刻的内涵。面对这些危机、机遇和挑战，国际社会只能用"同舟共济""互利共赢"来应对。

第四，根本出路是构建人类命运共同体。

2011年，《中国的和平发展》白皮书提出，要以"命运共同体"的新视角，寻求人类共同利益和共同价值的新内涵。

2013年3月，习近平主席在俄罗斯莫斯科国际关系学院首次向国际社会提出命运共同体理念。

2015年9月，习近平主席在联合国发表题为《携手构建合作共赢新伙伴 同心打造人类命运共同体》的演讲，向国际社会全面阐述了人类命运共同体"五位一体"的内涵，呼吁国际社会继承和弘扬联合国宪章宗旨和原则，构建以合作共赢为核心的新型国际关系，打造人类命运共同体。

2017年1月，习近平主席在联合国日内瓦总部发表题为《共同构建人类命运共同体》的演讲，指出构建人类命运共同体，关键在行动，国际社会要从伙伴关系、安全格局、经济发展、文明交流、生态建设等方面作出努力。

2017年10月，"人类命运共同体"的概念被写进了中共十九大报告和新修改的党章。

2018年3月11日，十三届全国人大一次会议通过的宪法修正案，在宪法序言第十二自然段中加写了"推动构建人类命运共同体"。

人类命运共同体内涵丰富，涉及政治、安全、经济、环境等诸多领域。政治上，它提倡各国之间应形成平等相待、互商互谅的伙伴关系。安全上，提倡各国应不断为共同安全而努力。经济上，积极推动共同发展与合作共赢。文化上，坚持相互尊重、兼收并蓄和开放包容。

人类命运共同体意识超越种族、文化、国家与意识形态的界限，为思考人类未来提供了全新的视角，为推动世界和平发展给出了一个理性可行的行动方案。

按照"推动构建人类命运共同体"的战略思想，中国积极构建全方位、多层次和立体化的全球伙伴关系网。从国与国双边的命运共同体，到区域内的命运共同体，到人类命运共同体，中国同100个左右的国家和国际组织建立了不同形式的伙伴关系，从亲、诚、惠、容的周边外交理念到真实亲诚的对非工作方针，再到共建"一带一路"倡议……中国不仅坚持走和平发展道路，更以互利共赢的实际行动为构建人类命运共同体注入了中国智慧，贡献了中国力量。

人类命运共同体作为一份思考人类未来的"中国方略"，获得了广泛的国际认同。在中国政府和领导人的积极努力下，人类命运共同体理念得到了国际社会越来越多的认可与赞扬。

第五，青年的时代使命。

推动构建人类命运共同体，既是中国的愿望和责任，也关系到世界的利益、前途和方向。

青年是世界的未来，也是世界的现在。世界向何处发展，不仅关系到我们中年、老年，更关系到现在的青年、少年。所以，青年人在推动世界进步发展、推动构建人类命运共同体的历史进程中，负有重大的使命。

面对这一使命，我们青年人应该做些什么呢？应该倡导些什么呢？应该具有什么样的精神呢？

我想，一是应该有责任精神。青年是世界的未来，就要为未来承担责任；青年是世界的现在，就应该承担现在的责任。为创造美好的生活承担责任，为自己的国家、民族和社会承担责任，为世界的和平发展承担责任。用责任来激励自己，用责任来约束自己。

二是应该有理性精神。理性是人类文明长期发展而不断积累的知识构成、思维方式、科学态度和价值观念。青年人的情绪，亢奋、偏激、叛逆是难以避免的正常现象。但是，万事万物，最终还得归于理性。用理性的目光观察世界，用理性的态度来辨明方向，用理性的精神来解决复杂的问题。

三是应该有创新精神。邓小平 73 岁第三次复出时，仍然具有无所畏惧的创新精神。与他相比，我们真是自惭形秽。老年人的辉煌已经留在身后，创新精神也在消退，而年轻人却大不一样。互联网、云计算、智能化……诸如此类的科学技术，都要靠年轻人开发和发展。世界的未来要由年轻人创造，只有创新，才有未来。只有创新，才能让世界充满活力。

四是应该有法治精神。法治是世界的规则，是公平正义的天平，是保护世界也保护自己的武器。没有法治，就没有世界的秩序和稳定，也没有年轻人的未来。任何情绪的宣泄不能以破坏法治为代价。

五是应该有包容精神。世界文明是多样的。世界是由全世界的各个民族和国家组成的，是由不同肤色、不同种族、不同信仰、不同政治观点、不同价值取向的人们共同构成的。每一个人都有生存和发展的权利，人人都要相互尊重、相互包容。包容互鉴、互利共赢才有世界的未来，也才有青年的未来。

所以，如果通过国际青年人文对话大会这样的交流，我们大家都能够多一点责任、多一点理性、多一点创新、多一点法治、多一点包容，那我们就对建设一个美好的世界作出了一点积极的贡献！

谢谢大家！

⦿ 责任和道路

——在第十八届万寿论坛上的主题演讲

纪事和说明：

  2018 年 5 月 11 日，第十八届万寿论坛在中国人民大学举行。这次论坛由中共中央对外联络部和中国人民大学共同主办，主题是"21 世纪马克思主义与习近平新时代中国特色社会主义思想"。出席论坛的外方代表是以南非共产党总书记布莱德·恩齐曼迪为首的南非共产党代表团，所以，这次论坛也是"中国—南非两国共产党论坛"。

  这次论坛的开幕式由中联部研究室主任栾建章主持，中国人民大学党委书记靳诺致辞。随后由南非共产党总书记布莱德·恩齐曼迪和南非共产党政治局委员尤纳斯·卡里姆分别发表主旨演讲。我在论坛第二节"新型中非合作与政党责任"作了一个简短的主旨发言，题目是《责任和道路》。考虑是与南非共产党的多位领导人共同讨论，所以讲了一些南非共产党的情况。主要就"责任"和"道路"两个关键词，阐发了一些观点和主张。

由于时间限制，这次发言比较简单，与南非共产党的交流也是我多年来对外交流中比较简单的一次，但"责任"和"道路"两个词值得我们经常思考，不能忘记。

女士们、先生们：

大家好！

19年前，也就是1999年，我曾经与南非前外交部长恩佐率领的南非非国大干部代表团进行过会谈，介绍过中国改革开放和干部培训的情况。我不知道恩佐先生后来的情况怎样了，但对今天能够与南非的朋友和同志们再次进行交流，感到非常荣幸和愉快。

据我所知，南非共产党成立于1921年7月，正好与中国共产党同年同月出生。真是太巧了，名副其实的兄弟。两个党都走过了97年的道路，再过几年，就要共同迎接100岁的生日了。

将近100年来，南非共产党为领导南非人民摆脱殖民主义统治、赢得民族独立、促进国家发展承担了巨大的历史责任。

将近100年来，中国共产党也"为中国人民谋幸福、为中华民族谋复兴"承担了巨大的历史责任。

中国共产党认识到，实现自己的责任和使命要有现实的途径，用中国的话，就是一个很平常但很关键的字——"路"；或者两个字，叫"道路"。

中国老百姓很熟悉一句话，叫作"要想富，先修路"。事实证明，很多地方富裕起来，都是与路联系在一起的。

用更宽广的眼界来看，人类文明在很大程度上也是与路联系在一起的。从最初的小路、阡陌之路，到后来的大路、马路；从曾经的石子路、石板路，到后来的水泥路、沥青路；从通汽车的公路，到开火车的铁路；从高速公路，到高速铁路；从地上的车路，到水上的海路,再到天上的航路……路的每一种形式的出现和演化,都意味着生产力的发展和人类文明的进步。

这是有形的路,还有一种无形的路,即每个国家发展的方向和途径,甚至世界的发展方向和途径。这也是一种路,而且是更重要的路。

无论革命、建设还是改革,都要有一条正确的道路。中国共产党将近100年的历史,从一定意义上,就是一部探路史、开路史。经过长期探索,终于找到了适合中国国情的革命、建设和改革道路。当今中国取得所有成就的原因,就是找到了中国特色社会主义道路。

世界各国之间,也需要有交流合作之路。这条路,可能是战争与掠夺之路,也可能是合作与友好之路。中国与世界联通的,是和平发展之路,是对外开放、互利共赢之路,是推动构建人类命运共同体之路。

中国和南非共产党都为寻求本国的发展道路承担了重要的历史责任,也为构筑中南两国友好合作之路、世界和平发展之路承担了重要的历史责任。

在南非共产党和非国大等力量的推动下,南非的经济社会建设和各方面事业不断发展,南非在非洲和世界上发挥的作用也越来越大。

中国与南非,远隔千山万水,但早就架起了友谊和合作的彩虹之桥,并已建立了全面战略伙伴关系。面向未来,我们还要继续努力,把两党两国的友谊合作推向一个新的更高阶段。

南非拥有非洲最完善的交通系统,但到中国来,也可以坐一坐中国的高铁。中国的发展,如同列车一样,从普通列车到动车,再到高铁,一次又一次提速。这种有形之路和无形之路的结合,给中国人民带来了很多愉悦和幸福。当然,我们的路还要发展,还要延伸,还要完善。所以,以习近平同志为核心的党中央正带领中国党和人民为实现"两个一百年"奋斗目标而不懈努力。

中国和南非两党两国友谊合作的道路,也要发展和延伸,也要像高铁一样不断提速。中国高铁里程已达2.5万公里,时速已达350公里，在高铁上往杯子里倒满水，即使开行上千公里，也不会洒出一滴水来。今年，中南两国元首将在北京共同主持中非合作论坛，南非将在约翰内斯堡主办金砖国家峰会。我们希望两党继续承担责任，发挥作用，推动双边关系像高铁一样开行，载着两国人民的友谊和合作驶向更加美好的远方！

谢谢！

⦿ 国际关系中的"西瓜"与"芝麻"

纪事和说明：

2001年1月16日至23日，我以中央党校校委委员、科研部主任的身份，率中共中央党校学术代表团访问日本，与日方举行了一系列会谈和研讨活动。发表的主题报告及与日方的讨论，受到日方的高度评价，他们认为这"代表了中国一流专家的最高水平"。

这次访问后，除了提交一份详细的出访报告外，还准备写一点系列杂感，以一种特殊的文体表达对国际政治问题的看法。但只写了两篇就没有时间再写了。本书收录了其中一篇《国际关系中的"西瓜"与"芝麻"》。该文曾发表于2003年的《人民论坛》杂志。

在全球化发展和推动构建人类命运共同体的过程中，每个国家都应该仔细权衡"西瓜"与"芝麻"的关系，求大同存小异，甚至求大同存大异，只有这样，才能实现互利共赢，才能避免零和博弈，才能防止在"世界向何处去"的问题面前作出错误的选择。

下午 3 点 30 分，在北京首都国际机场起飞。不到 3 小时，就降落在东京成田国际机场。我们中央党校学术代表团一行四人，在新世纪刚刚举步的第一个月中，就这样开始了对日本的访问。

一、日本经团联与 21 世纪政策研究所

日方接待单位是 21 世纪政策研究所。该所是由日本经团联建立的一个研究机构。近年来，日本社会发生很多变化。以经团联为代表的经济界很多人认为，一直保持上升趋势的日本社会经济模式已走到尽头。为了恢复日本健全、活泼的经济，有必要在"政府"主导变为"国民"起先导作用的潮流中，由民间的力量带头谋求政治、经济、社会体系的改革，通过研究政策措施勾勒发展前景，拟定具体的政策。基于这一观点，1997 年 4 月 1 日，在纪念经团联成立 50 周年之际，成立了 21 世纪政策研究所。该所的宗旨是：站在长远且保持中立的立场上，从事公共政策领域的研究，提交客观、具长期性观点又有说服力的新型政策，力求为创造一个富有魅力的日本迎接 21 世纪，并为世界的和平和发展作出贡献。

1999 年，该所研究人员在日本丰田集团公司原董事长、日本经团联前会长丰田章一郎先生率领下访问中央党校，与中央党校建立了定期进行学术交流的关系。我们这次访问，就是作为上次访问的回访而进行的。

二、一脚跨过了世纪和大海

日本对于我们来说，似乎很远，但又好像很近。说它远，不仅因为我从来没有到过日本，而且由于人所共知的原因，近年来两国关系似乎在拉远。说它近，是两国相隔真是只有一衣带水的距离，飞机一抬头，不用多少时间，就到了东瀛。而我们的这种访问和交流，目的

又确实是希望不断缩小两国人民之间的距离。

正因为如此，在日方为我们举行的欢迎宴会上，我作为代表团团长，即席发表祝酒词，开头就说了这样几句话：

"时间很长又很短，地球很大又很小。说时间很长又很短，因为就在400个小时之前，我们还生活在20世纪，而今天，已经进入到新的世纪了。说地球很大又很小，是因为刚刚昨天，我还脚踏在北京，而仅仅两三个小时，一脚就跨过大海，到了东京。"

"现代科学技术，缩短了人类在时间和空间上的距离。我希望，我们两国人民不同形式的交流，也能够加深彼此心灵上的沟通和联系。"

加深沟通和联系，无疑是非常需要我们去努力的事情。怎样才能加深沟通和联系，从而促进两国友好合作关系的发展呢？在与日本学者进行交流时，我们一直在关注和探讨着这个问题。其中，在与横滨大学教授矢吹晋进行交流时，我讲到了一个关于"西瓜"与"芝麻"的问题。

矢吹晋教授是研究中国问题的著名学者，发表过很多研究中国及中日关系的著作、论文。多次访问过中国。当年，何新发表与日本S教授的谈话，此教授即矢吹晋。但矢吹晋教授对何新颇有点不满意。尽管如此，我们感觉，矢吹晋教授对中国仍然是比较友好的。

矢吹晋教授以"日中关系的问题和展望"为题，介绍了有关情况和他的研究成果。

他首先指出，自去年朱镕基总理访问日本后，两国的关系趋于缓和。朱镕基总理来时讲了两句话："以史为鉴，面向未来。"反响很好。现在中日两国经济发展中有很多问题需要解决。面向未来是非常重要的。回顾历史，一定要以客观的态度来回顾。面向未来，要以向前看的态度来进行交流。

随后，他举了一些例子，来说明怎样消除影响中日关系的一些因素。总的来说，他很希望两国人民能够彼此理解，发展友好合作关系。

三、关于"西瓜"与"芝麻"的交谈

我们很认真地听完了矢吹晋教授的讲话。随后，我即席致辞。除了表达对主人、对教授的谢意外，当然主要谈到了对中日关系的看法。

我说："处理两国关系，一定要从大处着眼，从全局着想。中国有句俗话，叫作'不要抓住芝麻，丢了西瓜'。就是说，两样东西放在面前，一样是西瓜，一样是芝麻。西瓜很大，而芝麻很小。首先抓哪样呢？当然应该首先抓西瓜。但生活中有些人总是在小事情上精心算计，斤斤计较，好像特别精明，但却往往忽略了最重要的东西，把最重要的东西丢了。我们把这种做法称作是'抓了芝麻，丢了西瓜'。以此告诫人们，要善于权衡大的利弊，不要因为过于看重小问题、小利益而丢了大事情、大利益。"

"在中日关系问题上，也有一个'西瓜'与'芝麻'的问题。那么，在中日关系中，什么是西瓜，什么是芝麻呢？我想，和平、友好、共同发展就是最大的西瓜。保持长久和平，发展友好关系，不仅对于两国，而且对于亚太乃至世界的和平与稳定，都有着非常重要的关系。至于共同发展，更是利益攸关的大事。中日两国，在经济贸易上早就建立了密切的联系。随着经济全球化的发展，双方的合作还会日益加深。这对两国的根本利益来说，是大有益处的。"

我指出："由于种种原因，任何国家之间免不了会有一些磕磕碰碰的事情。但到底选择'西瓜'还是选择'芝麻'呢？选择'西瓜'，对大家都有利，对世界也有利，而且是根本之利。但如果眼睛只看到'芝麻'上，说不定就会抓住'芝麻'丢了'西瓜'。这是很可惜的。"

这番关于"西瓜"与"芝麻"的言论，其实我是第三次讲了。此前在先后会见日本驻华使馆、美国驻华使馆的官员时，我已经讲过这个意思。借助于"西瓜"与"芝麻"的形象，我是想表达一种处理国

际关系的思维方式和重要原则，也表达我们真诚的观点和愿望。

四、国际关系中的同和异

国家，作为特定的人类共同体，是一种客观的存在。现在参加联合国的，已经有180多个国家。应该承认，每个国家制定对外政策，都是从自己的国家利益出发的。在处理国际关系问题时，都要最大限度地谋求和维护自己的国家利益。这是情理之中之事。当然，与此同时，随着人类文明的发展和国际联系的加强，每个国家在维护自己的利益时，也越来越必须遵守两条成文和不成文的规则：一是要符合人类文明的要求，遵守国际准则，不容许以野蛮的手段谋取自己的利益；二是要尊重别国的利益和国家之间的共同利益，不能以损害别人的利益为代价来获取自己的利益。

当今世界，随着科学技术的发展，经济交往的扩大，特别是随着经济全球化的推进，各个国家之间的联系越来越紧密，世界几乎成了小小的"地球村"。在这个"村庄"里，所有的"住户"有了更多的共同利益，"住户"之间也有了更多的交叉利益。因此，当处理相互关系时，就不能不更多地、更加周全地进行利益分析，准确地判定什么是自己的最大利益，什么是国与国之间的最大利益。毫无疑问，不同国家之间会有利益矛盾发生，但作为一个文明国家，无论如何都不能以一己之利损害别人的利益或大家的共同利益。如果硬要这样，其结果，实际上也会损害自己的根本利益。

所以，在处理国际关系问题时，各个国家都要善于求同存异。可以是求大同存小异，也可以求大同存大异。大家都在"同"上做文章，"同"就会越来越多，越来越大，"异"就会越来越少，越来越淡。大家这样去努力，整个世界的和平、安全与共同发展就有了更大的保证。

五、权衡"西瓜"与"芝麻"的关系

所谓"西瓜"与"芝麻",就是我们在进行利益分析、异同比较时应该掌握的一个重要原则。每个国家,在处理双边关系或国际关系时,都要善于权衡"西瓜"与"芝麻"的关系。什么是"西瓜"?什么是"芝麻"?孰重孰轻,孰大孰小,必须准确判断,仔细衡量。两个都得,当然最好。但如果选择,就应该首先抓住"西瓜",可别"抓住芝麻丢了西瓜"。如果搞乱了,弄错了,甚至颠倒了,其结果可就糟糕了。

1989年10月,邓小平在会见美国前总统尼克松时,曾经坦率地表示:"考虑国与国之间的关系主要应该从国家自身的战略利益出发。着眼于自身长远的战略利益,同时也尊重对方的利益,而不去计较历史的恩怨,不去计较社会制度和意识形态的差别,并且国家不分大小强弱都相互尊重,平等相待。这样,什么问题都可以妥善解决。"他还说:"我们都是以自己的国家利益为最高准则来谈问题和处理问题的。在这样的大问题上,我们都是现实的,尊重对方的,胸襟开阔的。"①

邓小平说的是大实话。这就是战略家的眼光。国际舞台,要有战略家;处理国际关系问题,要有大家风范。

"西瓜"与"芝麻"的道理,是能够被人们理解的。在交流中,矢吹晋教授也表达了他的观点:日中关系现在处于不太理想的状态,因为双方都没有掌握大局。不是哪一方面的责任,是双方都拘泥于细小的方面。

说双方都有责任,我不好贸然苟同。说双方都应该掌握大局,不要拘泥于细小的方面,这我同意。我说的"西瓜"与"芝麻",就是这种意思。在这方面,大家都要有责任感。

---

① 《邓小平文选》第三卷,人民出版社1993年版,第330页。

六、中日之间的"西瓜"

中日之间,"西瓜"是随处可见的。

比如说,我们在日本的短短几天,切身感受到,中日两国的文化联系是多么源远流长。日本的文字,源于中国,又加以改造。直到今天,在日本的街道上,看到那些颇与汉字相通的文字,即使不懂日文,连估带猜,也能知道个大概。京都,自 794 年至 1868 年,曾经是日本的首都,有"千年古都"之称。京都整个城市,都是以中国唐朝的长安为蓝本设计的,佛教寺院多达 1500 多个,文化底蕴息息相通,是中日文化交流和融合的典型。近代,中国许多名人大家,如梁启超、孙中山、周恩来、鲁迅等,都曾在日本留学或生活、工作过。今天,继续加强两国文化的交流和合作,不仅对于两国文化,而且对于世界文明,是多么有意义的事情!

比如说,经济上,两国有着紧密的联系。早自 20 世纪 50 年代以来,两国民间贸易就冲破重重障碍不断发展。两国建交,特别是中国实行改革开放政策以来,经济上的交往越来越多。且不说那些枯燥的数字,就说中国老百姓家里使用的电器产品,松下、日立、索尼、夏普、三洋,等等,不都是家喻户晓的品牌吗?我在日方举行的宴会上,列举了我自己家里最先使用的电器产品,提到了很多名牌,但忘了松下。来自松下公司的一位先生随后发言时,立即不无"嫉妒"地说:"我注意到李先生刚才没有提到松下。希望李先生以后也能使用松下的产品。"他介绍,目前由于日本经济不景气,松下公司给职员发奖金,只好用家用电器来替代。后来,我们在参观松下公司时,感到松下在电子产品的开发上,仍然走在中国的前面。我对他们建议,如果贵公司更能注意中国今天消费水平已经大大提高的特点,松下产品在中国仍然是大有前途的。扩而大之,我想,中日两国的经济有着很大的互补性。如果我们始终抓住这个"大西瓜",该有多大的收益!

其实,"西瓜",不仅在中日两国之间有,在中美两国之间同样有,在中俄两国之间同样有,在中国与欧盟之间也同样有。但愿我们所有国家都能抓住这些"西瓜",不要让它们轻易从我们的手边滑走。

◉ 散文：雪后岚山

写于出访日本归国次日，2001年1月24日，春节

纪事和说明：

2001年1月16日至23日访问日本期间，我们中央党校学术代表团曾到京都考察。其中一站是去岚山。

1919年，周恩来曾去过岚山，并写了《雨中岚山》等几首诗。我们去岚山的前一天，京都下大雪。去岚山时，正好雪后放晴。踏着岚山的积雪，思考着人类的过去和未来，不禁百感交集，顿时产生了写一篇散文的念头，而且灵感迸发，跳出了一个题目："雪后岚山"。一个"雨中"、一个"雪后"，时隔82年，无论用词还是历史，都正好与周恩来的"雨中岚山"相对应。

第二天访问回国，正是春节，抑制不住脑中思绪，立即于当天一气呵成，写就了《雪后岚山》一文。不久后，在《人民日报》发表。

文章有一点意境，语言抑扬顿挫，可以朗诵。每次重温，我都忍

不住要再读一遍。

虽然是散文，但其中包含着历史，更蕴涵着哲理。我读一次，也是品味一次。

到日本京都，不能不去岚山。

从昨天上午开始，京都，也许整个关西地区，都飘起了大雪。纷纷扬扬下了快一天。好在气温不算很低，加以人工措施，所以，到今天早上，主要道路上的积雪已经不多。但路旁、屋宇、丛林、山野都还披在银装里，显得格外素雅和清新。远望岚山，嵯峨屹立在京都西侧。由于雪后的空气分外洁净，能见度很高，所以山上的树木、巨石、积雪，清晰可见。

车到岚山，先在大堰川边停下。日语中的"川"，即河流的意思。大堰川倚岚山流下，顺着山脚舒展成一条墨绿色的飘带。川中行驶着几条船只，划出粼粼波光。川上，横跨着一座长桥，名曰渡月桥，是观月的好景点。桥名的意思就是：人在桥上，即如渡月。山、水、船、桥，融汇于皑皑白雪之中，构成了一幅"山下有水，水中有山，船在水中游，人在桥上过"的绝妙景色。

导游告诉我们，每年8月15日（差不多即中国阴历的七月十五）的夜晚，京都的人们都要在这条川边纪念祖先，放漂一只只点燃蜡烛的小船。我想起，中国电视也曾经介绍过这种习俗。朦胧的夜色之中，无数摇摆跳动的星火，顺水漂流，送走了早已故去而又回家探望的祖先，也带去了人们对于先人的无限深情和祝愿。历史与未来、灵境与现实就这样奇妙地联结起来，不禁使我感觉到，岚山，在它俊美的外表之下，似乎还隐藏着一种深沉的内涵。

踏着积雪，我们步上一座小山岗。这就是周恩来总理诗碑纪念地，也是我们今天主要的参观点。周恩来，在中国和日本人民的心中，始终是一座高耸的丰碑。1917年9月至1919年4月，周恩来曾留学日本，接触到马克思主义。1919年4月，他决定"返国图他兴"。归国途中，在京都停留。4月5日，游岚山，正是雨中。用日文写下三首自由体诗。分别是《雨中岚山——日本京都》《雨后岚山》《游日本京都圆山公园》。四天后，又写下一首《四次游圆山公园》。为纪念周恩来总理，日本一些友好团体和人士，在岚山专门建起一座诗碑，刻上了《雨中岚山》这首诗。故此，凡到岚山的中国人，很多都会来寻访这座诗碑。

现在，这座诗碑就矗立在我们眼前。碑是立在基座上的一块石头。天然形状。两面各凿出一个平面。背面是立碑的日本各团体名单。正面则刻着《雨中岚山》的诗文：

雨中二次游岚山，
两岸苍松，夹着几株樱。
到近处突见一山高，
流出泉水绿如许，绕石照人。
潇潇雨，雾雾浓；
一线阳光穿云出，愈见娇妍。
人间的万象真理，愈求愈模糊；
——模糊中偶然见到一点光明，真愈觉娇妍。

诗文是由廖承志题写的。笔法凝重、流畅。正是雪后初霁时刻，片片阳光透过诗碑周围的树木，洒在诗文上，恰如"一线阳光穿云出，愈见娇妍"，真是意境深远。

碑中碑外，相隔82年。同是游岚山，情境却不同。一个是雨中，一个是雪后。一个是风雨如晦，一个是雪融放晴。世事沧桑，82年来，中日两国及其相互关系在经历艰难的曲折之后，都发生了翻天覆地的变化。周恩来总理为改造和建设中国、为发展中日友好关系作出了巨大的贡献，深受两国人民的敬重。在前天的报告会上，日本三菱综合研究所的团野广一顾问就很动情地对我说，当年，三菱重工集团率先与中国发展经济合作关系，到中国访问时，受到周总理的接见。按计划，只有三位主要负责人入内与周总理见面。但周总理却走到外间，请年轻的随员们都进去，并且说："中日友好关系要一代代发展下去，年轻人很重要。希望你们多做促进工作。"团野先生说："周总理这样伟大的人物，对年轻人这样亲切，使我深受感动。从此之后，我就一直牢记着周恩来总理的教诲，致力于发展中日友好合作关系。"

回想历史，品味现实，凝望诗碑，吟读诗句。呼吸着清凉而又湿润的空气，感受着宁静而又祥和的气氛，我们不再有雨潇潇、雾浓浓的感觉，但正如同行的孙仲涛教授所说，更加理解了周恩来当时的心情。以诗碑为背景，我们一行四人，加上日本方面陪同的安川先生，都在这里留影，记录下了这难忘的时刻。

在历史与现实相观照的思绪之中，我们继续前行，到了天龙寺。天龙寺建于1339年，是世界文化遗产之一。寺庙正在修理。透过窗棂，看到顶壁上画着的一条大龙。这就是称"天龙寺"的由来。绕过大殿，寺内庭阁方正，池泉环游。均是仿造岚山和龟山的景色建成，玲珑精致。被称为"曹源池"的一座水池，颇有名气。池边各处及池后的山林，都还披着白雪。但池中一个个龟形石块，积雪初融，似刚刚浮出水面。清澈的水底，还能够见到一条条金色的鲤鱼在缓缓游动。

资料记载，京都的寺庙有1500多所。其风格，与中国有着密切的渊源关系。其差别，则反映了日本民族对外来文化融合改造的理念。比如，中国的寺庙建筑，大都色彩鲜艳。而日本的寺庙建筑，木材都保持着原有的本色。观赏这些寺庙，不难解读出中日两国文化交流、吸收和创造的历史。

再到大河内山庄，我们更领略到了雪后岚山的情趣。该山庄系由日本著名的电影演员大河内传次郎建造。大河内生于1898年。34岁时，开始设计建造这座山庄。前后共用了30年，到他去世之时，终于为后人留下了这座独特的建筑。

在山庄内，我们时而穿行于竹林之中，享受着那清幽宁静的环境，荡漾着一种陶醉之感；时而又踩着林间小道，聆听脚底积雪那"嚓、嚓、嚓"的声响，似乎在体验原始音乐的节拍。此时此刻，阳光是那样柔媚，恰在不骄不阴之间；气温是那样适宜，恰在不寒不暖之中。正因如此，整个岚山的白雪，也都在似化非化之间留恋徘徊。没有消融，保留着雪的本色，踩在脚下，很有质感；但也没有结冰，所以并不打滑，不必顾虑摔倒的危险。在山庄的萦回曲折之中，我们一路踏雪、观雪、照雪，仿佛与雪的自然融为了一体。

不知不觉中，到了一座山间小亭，忽然，听到"哇"的一声赞叹。原来，从亭中望去，京都城景尽现眼底。东西北三面群山，将整个京都抱在怀中。鳞次栉比的房屋，披上积雪，宛如盖着一条条棉被，在阳光照射之下，反射出道道银光。城市建筑平整舒缓，依稀可见规则的轮廓。自然之景与人文之景，在这里融为了一体。

京都自794年至1868年，曾经是日本的首都，是中日文化交流和融合的典型。城市面貌至今保存完好。而且不能不提到的一点是，在第二次世界大战的后期，京都是日本没有遭到轰炸的少数几座城市之一。原因是，梁思成先生在为盟军圈定的一份必须保护的城市名单中，首先包括了京都。所以，京都那么多文物古迹经历了那样残酷的战争而能保存下来，梁思成先生功不可没。

由此，我们又不能不想到，人类历史上，发生过多少次战争！毁灭了多少条生命！破坏过多少种文明！20世纪日本对中国的那场战争，不就是人类文明的一次巨大浩劫，不就是对世代中日友好关系的一次巨大破坏吗！

好在，风雪已经过去，天空已经放晴。虽然偶尔还会飘过一些乌云，但我相信，时代在进步，文明在升华，中日两国人民是不会再让那样的悲剧重演的。

我感叹，雪后岚山，是自然万物献给我们的锦缎，也是风雪沧桑留给我们的沉思。岚山，就是岚山，当然不会有生命者的理性和情感。但踏着一路的积雪，我却仿佛听到自然与人文、历史与现实在不停地对话。是对话，毋宁更是对真的哲理、善的心灵、美的情感的探寻和追求。

此时此刻，我真想与岚山探讨：自然与人类怎样和谐共存？人类怎样提升文明水准？世界上的各种文明之间怎样相处和交流？岚山，当然不会回答。这样的问题，与其问岚山，不如问人类自己。但雪后岚山，如果是漫漫时空中的一首短诗或者一幅小品，它是否蕴涵着某种深邃的意境，能给我们以某种启迪呢？

岚山无语。也许，无语胜有语。

徜徉在雪后的岚山，默念着周总理的《雨中岚山》，我的灵感突然迸发，将所有的思绪集中到了"雪后岚山"四个字上。从"雨中岚山"到"雪后岚山"，是不是有着某种内在的联系呢？

雪后岚山，真值得细细品味。

三 中国"在路上"

⊙ 中国"在路上"

——在第二届"读懂中国"国际会议上的发言

纪事和说明：

  2015年11月1日至3日，第二届"读懂中国"国际会议在北京举行。会议围绕中共十八届五中全会关于"十四五"规划的建议、中国的发展前景、中国与世界的关系和未来秩序等重点热点议题展开讨论。党和国家领导人发表开幕演讲，习近平总书记会见了与会的外国前政要。中方作主旨演讲的有杨洁篪、郑必坚、刘鹤，作各专题发言的有楼继伟、万钢、姜大明、黄树贤、何毅亭、王毅、徐绍史、黄奇帆、金立群、高虎城、陈吉宁、何立峰、马兴瑞、乙晓光等。

  外方出席会议的政要有：墨西哥前总统塞迪略、智利前总统拉戈斯、巴西前总统卡多佐、印度尼西亚前总统苏西洛、土耳其前总统居尔、德国前总理施罗德、巴基斯坦前总理阿齐兹、意大利前总理蒙蒂、澳大利亚前总理陆克文、瑞典前总理比尔特、新加坡前总理吴作

三、中国"在路上"

栋、日本众议院前议长河野洋平等。

我在会议讨论中,作了题为《中国"在路上"》的发言,着重提示中外人士,历史的演进、中国的发展、世界的进步都是一个过程。要读懂中国,需要记住一个关键词:"在路上"。中国的发展进步在"在路上"。中国的所有一切,都是"在路上"。有成绩,是"在路上";有不足,也是"在路上"。过去"在路上",现在"在路上",将来仍然"在路上"。当然,世界也是"在路上"。

明白了"在路上"的道理,对中国发展进步的一切过程、一切成绩、一切不足、一切努力,就都好理解了。

今天的中国和世界依然"在路上"。

女士们、先生们:

借讨论的机会我表达一个意思:要读懂中国。无论外国朋友,还是我们自己,都要记住一个关键词:"在路上"。习近平总书记说,作风建设永远在路上。同样,中国的发展进步也是在"在路上"。中国的所有一切,都是"在路上"。

回顾历史,**我们可以发现,人类文明的发展,在很大程度上是与路联系在一起的。从阡陌小路,到柏油马路;从高速铁路,到电子网路**(注:这些意思和语言,与前文《责任和道路》有重复。但该发言在先,且为了保持发言的完整性,未予删除)……人类社会始终前进在物质和精神、有形和无形的漫长道路上。中国,无论过去和现在,也同样前进在这样的道路上。中国改革开放的最大成绩或最大原因,是走出了一条通向现代化的正确道路,这就是中国特色社会主义道路。

找到一条正确的道路不容易。即使道路正确,也需要继续跋涉、继续探索、继续创新。所以,在我们面前,只有不断前进的过程,而没有可以就此停步的终点。因此,中国始终都是"在路上"。

中国的现代化建设在路上。从1953年到现在，中国已经编制和实行了10个五年计划和两个五年规划。有的很成功，有的有不足，甚至没有完成。但改革开放后，我们对这种计划方式进行了重大改革，把它从计划经济的模式改造为把计划与市场结合起来、发挥市场对资源配置的决定性作用的战略蓝图。刚刚召开的中共十八届五中全会，就是通过关于"十三五"规划的建议。"十三五"规划是前面12个五年规划的延续，又是中国经济进入新常态后的第一个五年规划。这个规划，要确保到2020年如期实现全面建成小康社会的目标，又为到2050年实现现代化打下坚实的基础。

同样，中国治理体系和治理能力的现代化也是在路上。从1978年开始，中国的改革开放已经进行了37年，中国的治理体系发生了很大变化，治理水平有了很大提高。但中国还面临很多问题。所以2013年中共十八届三中全会确定了336项新的改革举措。两年来，已经实施了100多项。现在还有一大批正在实施中。2014年中共十八届四中全会又在依法治国方面确定了一大批举措，现在也在继续实施中。随着改革开放、依法治国和"十三五"规划的相继实施，中国治理体系和治理能力现代化水平必将有更大的提高，中国也必将有更多的发展、更多的变化、更多的进步。

当然，中国发展进步的道路从来都不是一帆风顺的。在这条路上，既有喜庆，也有艰辛；既有顽强奋斗，也有不懈探索；既有康庄大道，也会迂回曲折。如果单单选取其中某个节点，有时会觉得秋风萧瑟，有时又喜见满眼春光。因此，不要说让外国人读懂中国很难，即使中国人自己，也会有读不懂的时候。

但这不要紧，只要把中国的发展进步看作一个过程就行了。不为个别的节点所迷惑，始终注意发展的方向和目标，始终注意总体路径的科学性和正确性。有成绩，是"在路上"；有不足，也是"在路上"。无论其中每一个节点怎样，归根结底，都是"在路上"。过去"在路上"，现在"在路上"，将来仍然"在路上"。

三、中国"在路上"

刚刚召开的中共十八届五中全会,就是中国"在路上"的一个最新节点,是规划中国未来五年发展战略和发展蓝图的最新举措,也是中国提高治理现代化水平的一个最新努力。

懂得中国"在路上",我们就可以更加沉着,也应该更加淡定。

对于外国人来说,可以赞扬中国,也可以批评中国,但没有必要横加指责,也不要失去耐心。建设性的意见,对中国更有好处;互利共赢的合作,对世界更有帮助。

对于中国自己来说,我们既要看到成绩,又要看到不足;既要看到现在,又要面向未来;既要充满自信,又要跟上时代。坚持正确道路,尽量少走弯路,坚定不移向着现代化目标前进,不动摇、不懈怠、不折腾、不停滞!

中国,永远"在路上"!

希望中国"一路"顺利!也祝大家"一路"平安!

这就是我所提的一点小建议。谢谢各位。

中国的发展大势

——在外国政要研讨习近平治国理政思想会议上的发言

纪事和说明：

2016年11月26日，人民日报社指导，人民日报社人民论坛杂志社、中国中医科学院、江西省国资委共同在江西省南昌市江中药谷主办"外国政要谈习近平治国理政思想研讨会暨习近平中医药发展思想座谈会"。

会议主要从国际国内两个方面、理论与实践两个维度，深入学习研究宣传习近平总书记治国理政方略以及关于中医药发展思想，以便增进国际国内对习近平治国理政思想的理解和把握，加强中国发展理念、发展道路与内外政策的对外传播，有力促进江西建设中医药大省强省，有力推进中医药现代化，推动中医药走向世界。

出席会议的外国政要有爱尔兰前总理、欧盟理事会原主席、时任国际行动理事会联席主席埃亨，玻利维亚前总统、时任马德里俱乐部副主席基罗加，哥伦比亚前总统、拉丁美洲政党联盟秘书长帕斯特拉纳，约旦前首相萨拉姆，加拿大前总理、国际行动理事会秘书长奥克斯沃西，伊斯兰世界科学院总干事组比等。

会议首先沿着习近平总书记视察路线参观江中药谷制造基地，然后举行主题演讲，再进行高端研讨。在爱尔兰前总理、玻利维亚前总统、哥伦比亚前总统、约旦前首相发表主题演讲后，我代表中方发表主题演讲。演讲的题目是《中国的发展大势》。内容是从六个方面向国外嘉宾介绍了习近平总书记治国理政思想，以此说明中国发展的基本趋势和基本战略。

这些内容在一定程度上回答了"中国向何处去"的问题。

中共十九大概括了习近平新时代中国特色社会主义思想，包括基本方略。十九届六中全会通过的《历史决议》又进一步系统概括了习近平新时代中国特色社会主义思想的"十个明确"，总结了党的百年征程的10条宝贵经验，对党的未来发展提出了一系列要求。所有这些，都是对"中国向何处去"问题的最权威回答。

（该发言系2016年所作，为尊重历史，某些术语收入本书时未作改动。）

女士们、先生们：

大家好！

很高兴与各国政要和朋友们共同研讨习近平治国理政思想。刚才几位朋友作了很好的发言。中国有两句古诗叫："欲穷千里目，更上一层楼。"习近平主席治国理政的思想很丰富，要把握精髓，最好紧紧抓住"国"和"政"两个字，也就是从战略层面，梳理他的思想，从理论和实践两个维度，考察中国发展的大势。所以，我发言的题目是：《中国的发展大势》，准备讲六层意思。

第一，中国发展的主题是中国特色社会主义。

如果读一下中国共产党从十三大到十八大六次党代会的报告，可以发现，每次报告的标题中，都有一个共同的范畴——中国特色社会主义。这就告诉我们，改革开放以来的每一次党代会，都是把中国特色社会主义作为主题和主线的。我想，明年即将召开的十九大，大概也不会例外。

邓小平是中国特色社会主义的创立者。中国特色社会主义是改革开放以来中国最根本的发展战略和发展大势。

中共十八大以来，习近平总书记把建设中国特色社会主义形象地比喻为一篇"大文章"，他说："邓小平同志为它确定了基本思路和基本原则，以江泽民同志为核心的党的第三代中央领导集体、以胡锦涛同志为总书记的党中央在这篇大文章上都写下了精彩的篇章。现在，我们这一代共产党人的任务，就是继续把这篇大文章写下去。"①

第二，中国发展的战略目标是实现中国梦。

美国人可以有美国梦，中国人能不能有中国梦呢？中共十八大之后，习近平总书记使用了一个词——中国梦。

中国梦是形象的比喻。它的内涵，就是实现国家富强、民族振兴、人民幸福；就是全面建成小康社会、建成富强民主文明和谐的社会主义现代化国家；就是实现中华民族的伟大复兴。

怎样实现中国梦？习近平总书记强调，实现中国梦，必须走中国道路。必须弘扬中国精神；必须凝聚中国力量；必须紧紧依靠人民来实现，不断为人民造福。

在实现中华民族伟大复兴过程中，有两个阶段性目标。第一个是到中国共产党成立100周年，即2020年左右，全面建成小康社会；第二个是到中华人民共和国成立100周年，即2050年左右，建成富强民主文明和谐美丽（注：十九大增加了"美丽"一词）的社会主义

---

① 《习近平谈治国理政》第一卷，外文出版社2018年版，第23页。

现代化国家。这就是"两个一百年"奋斗目标。在此基础上,将继续努力,进一步实现中华民族伟大复兴的中国梦。

第三,中国发展的总体布局和战略布局是"五位一体"和"四个全面"。

改革开放以来,中国党和国家先后从不同角度对中国特色社会主义事业的总体布局作出规划和部署。到中共十八大时,形成了包括经济、政治、文化、社会和生态文明建设在内的"五位一体"总体布局。

中共十八大后,习近平总书记又提出了"四个全面"战略布局,即协调推进全面建成小康社会、全面深化改革、全面依法治国、全面从严治党。

这个战略布局,既有战略目标,也有战略举措。全面建成小康社会是战略目标,全面深化改革、全面依法治国、全面从严治党是三大战略举措。

"四个全面"集中展现了习近平总书记对于治国理政的谋划、思路、理念和蓝图,是推动改革开放和现代化建设迈上新台阶、开创新局面的顶层设计和战略导引。中共十八大以来的三中、四中、五中、六中四次中央全会,分别对每一个"全面"作了专题研究和部署。中国现在干什么?未来干什么?还会有新的方针政策出台,但基本都会建立在"四个全面"战略布局的基础上。

第四,中国经济、政治、社会、文化等各方面的战略和政策。

首先,是作为战略指导思想的新发展理念。

任何国家的发展都有阶段性。不同阶段的发展,会有不同的挑战。在贫穷阶段,如何发展起来,是最大的挑战;发展起来以后,又遇到了资源能源、生态环境、利益关系、国际环境等一系列新的挑战。在新的历史起点上,习近平总书记提出了创新、协调、绿色、开放、共享的新发展理念,以此作为迎接新挑战的思路、对策和要求。中共十八大以来,中国政府的各项政策,都是在这些理念指导下制定的。把握了这些理念,就能把握中国发展和政策的基本走向。

其次，是经济、政治、社会、文化等各方面的重要战略。

改革开放以来，中国在经济社会发展的各个领域都提出了很多重要的战略。中共十八大以来，习近平总书记坚持了这些战略，又适应新的形势，提出了新的战略要求，采取了新的战略举措。

比如，在依法治国方面，明确提出全面依法治国的战略要求，中共十八届四中全会作出部署，会后各方面的措施都在落实中，出台的改革方案已经不少。最新的一项，是在北京、山西、浙江三省市试点设立检察委员会。

在科教兴国方面，明确提出创新驱动发展战略。随着一个个五年规划（计划）及专项计划的实施，中国的科学技术取得丰硕成果，如载人航天、深海探测、量子通信、超级计算机、500米口径球面射电望远镜等等。

在区域协调方面，深入实施西部大开发、东北振兴、中部崛起和东部率先发展的区域发展总体战略，又明确提出"一带一路"建设倡议、京津冀协同发展战略、长江经济带发展战略，努力塑造区域协调发展新格局。

在扶贫开发方面，明确提出精准扶贫、精准脱贫，要求形成强大合力，打赢脱贫攻坚战，一个都不能少，确保贫困地区人民同全国人民一道进入全面小康社会。

在社会民生方面，明确提出一系列重要战略。包括强调"没有全民健康，就没有全面小康"。就在2016年10月25日，中共中央、国务院印发《"健康中国2030"规划纲要》，组织实施全民健康国家战略。此前的2月3日，习近平总书记考察江中集团江中药谷制造基地，指出："中医药是中华民族的瑰宝，一定要保护好、发掘好、发展好、传承好。所有制药企业都要增强质量意识、社会责任意识，努力研制和生产质优价廉疗效好的药品，坚决杜绝假冒伪劣，为推进全民健康多作贡献。"① 这些指示都是习近平总书记治国理政思想的体现和组成部分。

第五，把改革开放作为中国发展进步的活力之源。

习近平总书记强调："改革开放是当代中国发展进步的活力之源"②。"没有改革开放，就没有中国的今天，也就没有中国的明天。"③ 所以，中共十八大提出"全面深化改革开放"的目标。中共十八届三中全会作出重要决定，提出了全面深化改革的指导思想、目标任务、重大原则，描绘了全面深化改革的新蓝图、新愿景、新目标。

十八届三中全会之后，中共中央把决定的重要举措梳理为336项，制定了专门的分工方案。每年都有推进。其中，2015年一共完成了153项改革任务，出台了415条改革措施。

当前和今后一个时期，我们的一项重要任务，就是齐心协力贯彻落实好中央作出的各项决策部署，继续把改革开放推向深入。

第六，通过全面从严治党加强党对各方面事业的领导。

邓小平说，办好中国的事情，关键在党。习近平总书记进一步强调，关键在党要管党、全面从严治党。中共十八大以来，习近平总书记提出全面从严治党的要求，并就党要管党、全面从严治党作出一系列部署，坚持抓思想从严，抓治党从严，抓管党从严，抓执纪从严，抓治吏从严，抓作风从严，抓反腐从严。

中共十八届六中全会又专题研究全面从严治党重大问题，听取了习近平总书记的一个报告、一个说明、一个讲话，审议通过了一个准则、一个条例、一个决议。其中《关于新形势下党内政治生活的若干准则》，对如何加强和规范党内政治生活作出了全面部署，目的是加

---

① 《祝全国各族人民健康快乐吉祥 祝改革发展人民生活蒸蒸日上》，《人民日报》2016年2月4日。
② 《增强改革的系统性整体性协同性 做到改革不停顿开放不止步》，《人民日报》2012年12月12日。
③ 《习近平谈治国理政》第一卷，外文出版社2018年版，第69页。

大管党治党力度，正风肃纪、标本兼治，净化党内政治生态，确保党始终成为中国特色社会主义事业的坚强领导核心。

女士们、先生们，中国的发展战略具有长远性、战略性、稳定性的特点。中共十八大以来，习近平总书记提出的治国理政思想，已经渗透到所有各方面工作中，对国家发展发挥着明确的导向和规范作用。中国共产党和国家政权机关有严密的组织系统，也有一整套党纪政纪法纪，能够确保习近平总书记治国理政思想得到认真贯彻执行。在实践中，当然也会遇到各种风险、困难和挑战。习近平总书记告诫全党，要时刻准备应对重大挑战、抵御重大风险、克服重大阻力、解决重大矛盾。所以，我们相信，中国的发展大势，在总体上必定是按照上述这些基本的战略方向发展，中国的未来是可期的。

谢谢大家！

四 把握机遇，应对挑战

⦿ 当前和未来中国面临的机遇和挑战

纪事和说明：

如何看待中国的机遇和挑战，一直是改革开放以来需要回答的基本问题。党和国家对此作过许多分析和论述。中共十九届六中全会通过的《中共中央关于党的百年奋斗重大成就和历史经验的决议》仍然强调："只要我们把握新的伟大斗争的历史特点，抓住和用好历史机遇，下好先手棋、打好主动仗，发扬斗争精神，增强斗争本领，凝聚起全党全国人民的意志和力量，就一定能够战胜一切可以预见和难以预见的风险挑战。"[①]

在不同的时期，我按照党中央精神，认真研究机遇和挑战问题，发表过不少文章，也讲过不少课。这里选录了一篇写于2012年中共十八大之前的文章。

这篇文章分析了当时和未来我国面临的十大机遇和十大挑战，并

---

① 《中共中央关于党的百年奋斗重大成就和历史经验的决议》，人民出版社2021年版，第69—70页。

四、把握机遇，应对挑战

说明了机遇和挑战的辩证关系，内容比较系统全面。

10年过去，世界形势发生了很大的变化。但事实证明当时的分析和概括是正确的。文中概括的10个机遇和10个挑战，与现在的表现方式和特点有一定的变化，如果现在提炼，用语和角度会有一些不同，但总体上的精神仍然是现实的、客观存在的，对我们认识现在的机遇和挑战仍然有启迪作用。正确认识和把握机遇和挑战，对于在复杂的形势下保持清醒头脑、作出科学决策，仍然具有十分重要的意义。

近年来，中国的国际环境有向好的一面，也有逐渐恶化的一面，原因很复杂。最严峻的问题之一是，我们的战略机遇期还存在吗？现在的挑战、风险是不是已经大大超过机遇了？这需要我们全面、科学、辩证地加以分析和判断。只要正确认识、科学决策，仍然可以化"危"为"机"。否则危险就会很大，机遇说不定会更快地溜走。

所以，要清醒、清醒、再清醒！

21世纪的第一个10年已经过去，第二个10年已经开始。

在中国发展的漫漫长路上，常常以10年为一个时间段，制定规划，提出任务，明确方向，采取措施。因此，准确分析和判断该10年期所处的环境和条件，就成为制定这10年发展规划和发展战略的前提。

2002年的中共十六大，曾经对中国所处的历史方位作出一个界定，并且确认：21世纪头20年是我国必须紧紧抓住并且可以大有作为的重要战略机遇期。

现在，10年过去了，新的10年又在开始。中国是不是还处在这样一个重要的战略机遇期呢？当前和未来一个时期，中国到底存在着哪些机遇？又面临着哪些挑战？机遇和挑战之间存在着什么样的关系？未来10年，我们能不能继续抓住和用好重要战略机遇期？我们怎样才能继续抓住和用好重要战略机遇期？

这个问题，事关党和国家事业发展的全局，是正确制定和有效实施未来 10 年发展战略的重要前提。

一、中国面临的十大机遇

全面考察梳理中国所处的国际国内环境尤其是国际环境，当前和未来一段时间，中国发展所面临的机遇，可以概括为以下十个方面：

第一，和平发展合作潮流没有改变，有利于我继续一心一意谋发展。

20 世纪 80 年代中期，邓小平敏锐把握时代变化的脉搏，提出了和平与发展是当今世界两大问题的著名论断。随后，历次党代会都强调和重申：和平与发展是当今时代的主题。2007 年，中共十七大再次强调："当今世界正处在大变革大调整之中。和平与发展仍然是时代主题，求和平、谋发展、促合作已经成为不可阻挡的时代潮流。"

对这个主题，长期以来，一直有不同意见，说：世界上一会儿这儿出事，一会儿那儿打仗，哪是什么和平与发展？

对此，要有全面、辩证的眼光。首先要认识到，所谓"主题"，包含两重含义：一重含义，是指"发展中的趋势"；一重含义，是指"有待解决的课题"。

最根本的，是看事实、看趋势。从邓小平提出这一重要论断以来将近 30 年世界形势的变化，已经充分证明，和平与发展，既是趋势，又是课题。

从当前国际形势发展的基本趋势来看，虽然和平与发展面临诸多难题和挑战，但和平与发展的主题仍然没有改变，仍然是这种趋势与课题并存。

特别是，随着经济全球化和科学技术的发展，各国相互联系、相互依存、利益交融达到前所未有的程度，共同利益变得越来越广，需要携手应对的问题越来越多。戴秉国国务委员在发表的文章里说,从某种意义上讲,世界已是一种"利益共同体"。任何国家哪怕是最强大的国家也不可能独善其身、单打独斗,任何国家的行为不仅事关自己,也会对其他国家产生重要影响。各国唯有同舟共济而不是同舟共"挤",同舟共渡而不是同舟共"斗",才有出路。①

事实上,整个世界,虽然仍有种种矛盾、冲突乃至一定范围的军事冲突,但和平发展合作的潮流仍然是不可阻挡的。

例如,作为这种潮流的某种反映,当今世界,对话的方式越来越多地被使用。双方或多方坐下来,阐述自己的见解和观点,减少误会,增加理解。对于发展友好合作关系,大有帮助。如亚欧之间的对话,南北之间的对话,中美对话、中俄对话、中欧对话,以及其他各种各样的论坛、会晤,等等。

还有各种各样的峰会,也越来越多。1975年,法、美、德、日、英、意六国首脑会第一次被冠以"峰会"之名。现在,美国总统、德国总理这样的领导人几乎每周或几周就要参加一个峰会。峰会不仅是解决重大问题、协调立场的重要场所,它自身也成为显示国与国关系的重要风向标,元首在峰会上见不见面常被当作两国关系是否正常的判断标准之一。

时代主题没有根本改变,要和平、谋发展、促合作仍是时代潮流,那么,中国在未来10年和更长时间的发展就有了最重要的机遇、最重要的环境。我们也就可以继续聚精会神搞建设、一心一意谋发展,按照新世纪"三步走"的战略规划,干好新的5年、10年,实现全面建成小康社会的奋斗目标了。

---

① 本书编写组编著:《〈中共中央关于制定国民经济和社会发展第十二个五年规划的建议〉辅导读本》,人民出版社2010年版,第73页。

第二，大国关系总体稳定，有利于我稳定在国际上的战略环境。

大国关系和联合国等国际组织在国际舞台上起着重要的作用。大国关系的稳定成了世界稳定的支柱。在争取和维护和平中，大国占据着重要的分量。很多问题可能由大国的态度及其在幕后的讨价还价决定。

伴随着国际金融危机的进程，不同国家的实力对比发生不同程度的变化。世界多极化出现新的特点。西方传统优势地位相对削弱，国际权力从跨大西洋向跨太平洋、从发达国家向发展中国家、从大国向中小国家转移和扩散的趋势持续发展。但美国同时大力发展和利用"巧实力"与这种趋势抗衡，竭力维持自己的"领导"地位。

由于美国是世界最大的发达国家，所以，在世界战略格局中，中国与美国的关系是最重要的国际关系。

杨洁篪说，建交32年来，在双方共同努力下，中美关系总体保持良好发展。两国广泛领域合作成果丰硕，在重大国际和地区事务中的沟通和协调富有成效，给两国人民带来实实在在的利益，为促进亚太地区乃至世界和平、稳定、繁荣发挥了重要作用。①

当然，与美国的关系始终是在摩擦和曲折中发展的。美国对台军售、谷歌事件、国会在人民币问题上对中国施压、保护主义势力挑起贸易摩擦、介入南海问题并挑动争端、总统竞选中对中国肆意攻击，等等，都不同程度地影响了中美关系。

但中美双方都认识到，一个良好的中美关系符合两国和两国人民的根本利益，有利于亚太地区乃至世界的和平、稳定与发展。胡锦涛主席在出席二十国集团峰会和亚太经济合作组织领导人非正式会议期间与美国总统奥巴马多次会晤，达成诸多共识。2011年1月，胡锦涛主席对美国进行国事访问，同奥巴马总统举行会谈，就中美关系及共同关心的重大国际和地区问题坦诚深入地交换意见，就两国关系未

---

① 《胡锦涛主席2011年对美国进行国事访问时的讲话》，人民出版社2011年版，第30页。

来发展提出了 5 点建议。中美两国高层的往来和会谈不断进行。因此，中美关系的主流仍是合作。

可以预计，中国与美国之间，今后还会有很多矛盾、斗争。但总的仍然是有斗争、有合作。好不到哪里，也坏不到哪里。从中国来说，要努力避免把中美矛盾推到主要矛盾的位置上；要坚持斗而不破，努力促进中美关系长期稳定健康发展。

俄罗斯，由于 20 世纪 80 年代末 90 年代初的剧变，经济遭受空前破坏，无论总量还是增长速度，都大幅度下滑。但近年来，随着制度转型开始完成，政策方向力求恢复大国强国地位，加上丰富的资源优势，其经济发展出现了明显回升的势头。中国与俄罗斯的关系一直平稳地向前发展，互利合作的广度和深度都在发展。在未来可以预见的时间内，发展中俄关系对于保持中国比较稳定的国际环境具有非常重要的意义。

与欧盟的关系。在政治领域，仍然会有各种各样的矛盾和冲突，但经济上的合作趋势是任何人都难以阻挡的。欧盟的发展离不开中国，中国的发展也离不开欧盟。

第三，世界经济结构加快调整，有利于我加快转变发展方式。

纵览历史，我们可以看到，每次重大的经济危机之后，都会出现经济结构的大调整。近年来的国际金融危机和欧债危机同样如此。

在国际金融危机冲击和全球气候变化双重压力下，世界主要国家纷纷把发展新能源、新材料、信息网络、生物医药、节能环保、低碳技术、绿色经济等作为新一轮产业发展的重点。世界经济结构正进入调整期。

发达国家被迫改变负债消费模式，试图通过扩大投资和出口拉动经济增长，新兴经济体开始更多转向通过扩大内需拉动经济增长。资源输出国试图调整单纯依赖资源出口的发展模式，谋求依托资源优势延伸产业链，实现产业多元化。

欧洲的福利水平是世界上最高的。普通德国人的典型生活是：每天早上要花将近半小时时间泡澡或淋浴。每周在公司上班4天到5天，每天工作8小时中，有两小时午休，两个半小时咖啡时间。德国人平均每年休假时间长达173天，几乎相当于工作1天休息1天。如此悠哉悠哉，曾经令多少人惬意或羡慕。

但如今，这样的欧式生活方式遭受着越来越多的嘲弄。他们忽然发现，欧洲负担不了如此舒适的"退休生活"。英国财政部前首席秘书利亚姆·伯恩留给继任者大卫·劳斯的一张有关英国财政状况的便条写道："亲爱的大卫，我不得不告诉你，我们没给你们留下钱，祝你好运吧。"最近一段时间，"空空如也"的国库成了欧洲大多数国家最头痛的问题。许多欧洲国家领导人开始频频劝国民改变原有的生活方式。

为应对经济危机，美国制定了《复苏法》（2009—2013年）。提供183亿美元的研发资助，创下美国历史上研发投资最多的纪录。2011年伊始，奥巴马总统就签署了《美国竞争法》，承诺继续加大对科技、教育和商业化计划的投资。

《复苏法》把清洁能源技术作为重点支持的四大领域之一。北美最大的光伏太阳能发电设施以及世界最大的太阳能供热设施已在美国落户。到2012年，美国生产先进汽车电池的厂家要达到30家，产能要占世界产能的20%以上。《复苏法》对先进电池和电力驱动系统部件的投资超过20亿美元。为高速铁路的发展提供了80亿美元的资金。加利福尼亚高铁大项目等建设计划将带动相关产业发展。

2010年，美国出台了为期10年的《国家宽带计划》。提出要让每一个美国人都能用上宽带网络，并用宽带网络确保美国在一些领域中的世界领先地位。

第四，科技革命孕育新的突破，有利于我抢占新的战略制高点。

科学技术是第一生产力，也是发展的第一推动力。科学技术的一个重大突破，有可能形成一个新的产业。随着物质科学的研究，生物工程技术、信息技术、宇宙科学、地球科学等的发展，科技知识空前快速地生产、传播和转化，人类正在孕育着一场全球性的科学技术革命。特别是人类面临的巨大资源环境压力，正在转化为科技创新的强大动力。

美国巴特尔研究所预测，随着世界经济的复苏，2011年，按购买力平价计算，全球研发投资有望达到1.2万亿美元，比2010年增加3.6%。全球研发仍将持续美、欧、亚三足鼎立的局面，美国占34%，欧洲占23%，亚洲占35%。这种投入有无实现，尚难断定。但至少从其认识和意愿来说，加强研发，创新推动，无疑是必然的趋势。

美国政府2009年9月出台的《美国创新战略》报告，提出要恢复美国基础研究的国际领先地位，在清洁能源、先进汽车、卫生保健等国家优先领域催生重大突破。欧盟2010年3月出台《欧洲2020战略》，提出未来经济发展三大重点：发展基于知识和创新的智能经济；提高资源利用效率和发展绿色技术，实现可持续增长；加大技能培训投入，实现经济、社会和地区融合的包容性增长。

中国每年的研发开支几乎都按10%的速度递增。巴特尔研究所甚至预测，中国研发支出将在2011年超过日本成为世界第二。当然，即使中美维持当前各自增速，中国在研发投资总额上也需要20年才能赶上美国。

由于IPv4地址已经用完，互联网很快将转到下一代互联网IPv6上。原有的IPv4只能提供43亿个地址。而IPv6将会提供340万万万亿个可能的IP地址。很多大型科技公司都在2011年转换到IPv6。互联网正在出现很多新的变化。

俄罗斯航天署副署长达维多夫宣布，俄正计划组建太空互联网。太空互联网将由48颗卫星构成，可为全球提供语音通话、宽带上网、视频会议等服务。它的优点在于不会完全依托地球上的某个设施，即便地面发生严重灾害或其他意外，该互联网仍会稳定运行。

美国海军花费了28年的时间和32亿美元的经费，研制出了航母电磁弹射器。成功弹射了 1 架 F/A-18E 型战斗机。这在技术上是一个重大的进步，可以大大节省航母内部的空间，扩大航母的作战半径，减少补给的频度。

第五，全球治理体系逐步变革，有利于我增强国际话语权。

联合国是当代世界协调国际关系、解决国际争端的最重要国际组织。随着国际形势的变化和发展，联合国所担负的责任越来越重要，国际社会期望它在和平解决国际争端中发挥更大的作用。

许多国家发生的内乱、动荡和外部干涉，都提出了一个人道主义救援问题，进而是一个更复杂的国际治理乃至全球治理问题。现在，所谓的人道主义救援越来越多。从趋势上，我国已经逐步参与人道主义救援活动，对全球治理的概念，也开始接受和使用。这对在世界上发挥更重要的作用是有益的。

但人道主义救援和国际治理、全球治理，是一个非常复杂的问题。迄今实施的结果，有一定效果，但带来的问题也很多。关键是如何确定人道主义救援和国际治理的必要性，如何界定人道主义救援和国际治理的权限和手段？在人道主义救援和国际治理中如何尊重对象国的主权和领土完整？如何处理好人权与主权的关系？等等。

在经济领域，最重要的国际组织是世界贸易组织以及世界银行、国际货币基金组织等。随着世界政治经济格局发生深刻复杂的变化，原来由少数几个发达国家所垄断的传统国际经济协调平台，已难以应对现今复杂多变的世界经济形势，所以全球经济治理机制改革已成为国际社会的重要议题。国际社会希望通过改进和完善已有架构，推动形成一个有利于兼顾公平和效率的全球治理体系。在某种意义上，全球经济治理机制正在进入变革期。

国际金融组织体系改革出现实质性成果。新兴经济体的经济增长率已经远高于全球平均增长率，因此发展中国家在世界经济格局中的地位进一步上升，国际治理结构出现新的调整。2010 年 4 月，世界银行进行改革，使发展中国家整体投票权从 44.06% 提高到 47.19%；

中国成为仅次于美国和日本的世界银行第三大股东国；国际货币基金组织也向包括新兴国家在内的代表性不足的国家转移一定的份额。

国际金融监管改革逐步推进，全球金融监管新规则应运而生。

二十国集团峰会开始在国际宏观经济政策协调方面发挥重要的平台作用。

国际体系新旧并存，博弈加剧，转型加深，不安全与不确定因素也在增多。发达国家仍处于国际规则制定的主导地位。

第六，各种文化交流更加活跃，有利于我增强文化软实力。

目前，全世界有60多亿人口，1万个不同文化背景的民族或部落，200个左右依据不同的政治理念而建立的国家政权，数百个为不同利益而结合的国际组织，5000多种语言，5000多种宗教信仰。如此众多、不同形式的人类共同体之间，文化的交流已经越来越广泛，越来越深入。

世界文明的多样性不仅是一个客观存在的事实，而且是促进世界文明进步发展的一个积极和重要的因素。比如，东方民族的许多重要发明，如阿拉伯数字、指南针、火药和纸等，曾经给西方文明以决定性的影响。伊斯兰文明与西方长达数世纪的交流，给中世纪欧洲在数学、科学、医药和农业方面的发展打下了基础。到近现代，迅速崛起的西方文明给东方国家以很大影响，而东方文明也仍然以不同方式给西方以一定影响。例如，中医中药这一纯粹中国的东西，如今已受到西方许多人的欢迎。

随着中国的发展，中国与外部世界的文化交流也不断发展。

2010年上海世博会历时184天。246个国家和国际组织参加了这次展会。累计参观人数超过7300万人次，是历届世博会参观人数最多的一次。2010年中国广州成功举办亚运会和亚残运会。中国城市的发展吸引了周边国家和世界的目光。

改革开放以来，中国官员大量前往美国等国培训。现在也有美国官员前来中国培训。比如，17名来自美国国防部、航空航天局

(NASA)、商务部等部门的"局长",就在清华大学接受了中方的培训。这些学员向中方主讲人提出了一个个直率问题。"台湾问题是否已经不是中美之间最困难的问题?""解放军认为谁是中国最大的威胁?"甚至希望多讲解共产党"一党执政"这种"独特的政党模式"。来自 NASA 航天飞机项目办公室的主管唐纳德·诺亚对《环球时报》说:"我们来参加这次培训就是为了更多了解中国。"这些局长级的行政官员是美国政府的基础,他们往往为最高层决策提供各种备选方案。如果能长期坚持下去,可能会对中美关系产生重要影响。

各国越来越多的政治和外交人员喜欢取中国名字,以此展现对中国人民的友好、对中国文化的尊重。中美建交之后美国的第二任驻华大使取名恒安石,后来还有芮效俭、李洁明。澳大利亚总理 Kevin Rudd 取名陆克文。前美国国务院副发言人 Alen Romburg 的中国名字就叫容安澜。法国驻华大使苏和、意大利驻华大使谢飒。各国大使馆的旅游参赞或旅游局驻华首席代表们也多有中文名,像菲律宾的柯茉莉、泰国的郑璧文,等等。

第七,互利共赢初见成效,有利于我加强国际友好合作。

根据唐家璇的介绍,进入新世纪以后,中国平均每年进口 6870 亿美元的商品,为相关国家和地区创造 1400 多万个就业岗位。在应对国际金融危机的过程中,中国率先实现经济回升向好,并向国际货币基金组织增资 500 亿美元,推动成立 1200 亿美元的亚洲外汇储备库,对外签署 6500 亿元人民币的国际货币互换协议,为推动世界经济尽快企稳复苏发挥了重要作用。

据商务部发布的数据:"十一五"期间,中国非金融类对外直接投资流量合计 2166 亿美元,是规划确定发展目标的 3.6 倍;对外承包工程新签合同额 4944 亿美元,是"十五"期间的 4.2 倍,完成营业额 2850 亿美元,是规划目标的 2.2 倍;累计派出各类劳务人员 192 万人,是规划目标的 1.5 倍。对外投资合作全面完成"十一五"规划既定目标和任务。

2011年1月，中国国家主席胡锦涛对美进行国事访问期间，两国政府间签署协议14项左右，包括中国从美国采购200架波音客机，价值190亿美元。清洁能源领域的签约超过200亿美元。中国商务部组织了2个贸易投资促进团，分为7个分团赴美国西海岸、东海岸以及南部地区开展活动。企业之间签署了大量合同，涉及电子、家电、能源、高新技术、农产品等领域。初步统计，中美共签贸易大单近600亿美元。这样的大单不只是给美国人送去了惊喜，有法国媒体评论说，中国是给全球送了一份"大礼"。

2010年12月，中国国务院总理温家宝对印度和巴基斯坦进行正式访问，随同访问的有400多名中国商界人士，双方大约签署了45项总价值超过200亿美元的协议，涉及电力和医药等领域。

2011年1月4日至12日，中国国务院副总理李克强对西班牙、德国、英国进行正式访问，其间中国与三国分别签署了75亿美元、87亿美元、47亿美元的经贸协议。

中国的大笔采购，有利于构建互利双赢的经济合作新格局，建立相互尊重、相互信任的政治外交氛围。

继过去的"乒乓外交""熊猫外交""借款外交"之后，有人说中国又启动了新的引人注目的外交形式——高铁外交。

中国公司22个月内在沙特建起一条专供朝觐用的高铁，大受欢迎。朝觐者兴奋地说："列车设计得非常好，感觉安全舒服。"自2011年开始，一条从中国出发，经过老挝、泰国、马来西亚，最终到达新加坡的高铁线路开始建设。据美国《国际铁路杂志》报道，中国铁道部官员曾勘察了加利福尼亚州高铁首期工程路线。通过与美国公司合作，中国高铁技术有望首次进入发达国家市场。报道评论说，中国的"高铁外交"正在向外延伸。《印度斯坦时报》称，中国要把高速铁路网扩展到17个国家，其中可能包括印度，"中国将用钢铁铺设新的丝绸之路"。德国《柏林日报》则为这番景象给出具体数字称,中国高铁公司将在境外占领世界铁路10%的市场。哈萨克斯坦总统纳扎尔巴耶夫说,"哈萨克斯坦希望与中国深化合作,首先是在高科技、铁路等领域,阿斯塔纳—阿拉木图高速铁路就是其中的一个项目"。

第八,中国模式引发世界热议,有利于我增强国际影响力。

中国的发展及其成就,引起了世界很多人的关注。世界上越来越多的政治家实业家,越来越多的专家学者,纷纷加强了对中国的研究,试图找到中国在30年间迅速崛起的真正原因。

其中,具有代表性的,是美国乔舒亚·库珀·雷默提出的"北京共识"。雷默先生认为,中国通过艰苦努力、主动创新和大胆实践,摸索出了一个适合本国国情的发展模式,正在对世界很多国家产生影响。雷默先生把这种"新的动力和发展物理学"称为"北京共识"。

雷默先生的"北京共识",其实并没有真正概括出中国改革发展的基本经验。"北京共识"的真正价值,在于它代表了当今世界某种试图寻找中国经验、中国模式、中国道路的努力和趋势。"北京共识",进一步推动了中国和世界对于中国经验、中国模式、中国道路的研究。

2008年,我受命去西亚北非国家介绍中国改革开放的经验。在报告会上,与会者提了很多问题,如:中国特色社会主义道路成功的秘诀是什么?中国经济快速增长和国际地位不断提高,是社会主义思想产生的作用,还是别的什么原因?东亚其他国家与中国的政治体制不一样,也有成功的,是否因为东亚人特别聪明?中国到底实行的是社会主义经济,还是自由资本主义经济?你们是否担心社会主义和资本主义最终没有了区别、融为一体?别的国家能学习中国的模式吗?怎样从自己的国情出发?

这些国家的领导人和官员都表示,中共领导人民改革开放,取得了举世瞩目的成功,积累了丰富的经验。中国特色社会主义的成功实践为发展中国家探索出了一条具有重要借鉴价值的发展道路,是对全人类的一大贡献。阿尔及利亚民族解放阵线党总书记贝勒卡迪姆总理说:"你们所做的一切是一个奇迹,希望向你们借鉴更多。""我想知道中国到底走的是一条什么样的道路?我和阿尔及利亚官员达成共识,即中国的实践值得研究。我们想在借鉴他国经验的基础上,找到适合我们的繁荣富强之路。"

瑞典斯德哥尔摩大学教授安德斯·鲍威尔说,近些年全世界都热衷探讨中国模式,而经济特区无疑是中国模式中最闪亮的一环。

印度、菲律宾甚至日本等多个国家都把特区作为研究、学习的对象。2005年,印度正式颁布经济特区法,并从2006年开始建立数百个经济特区。印度总理辛格说,建设经济特区已成为印度的国策,"这是印度赶超中国的最后一班车,印度不能再错过"。目前,印度已累计批准了576个经济特区建设提案,投入使用的经济特区有114个。不过印度经济特区的效果并不理想。摩根士丹利此前一份研究报告表示,印度办经济特区的效果不明显,主要原因在于:规模太小,无法形成规模经济;基础设施严重不足;选择的地点没有竞争力;跟国内市场结合不紧密;劳工法令过于严厉;等等。

第九,我国综合国力显著增强,外部影响难以中断我和平发展进程。

在改革开放的推动下,中国这样一个人口众多的发展中大国,以世界上少有的速度发展起来,经济实力、综合国力不断增强,基础设施和城乡面貌发生巨大变化,人民生活总体上达到小康水平。中国在世界上的地位日益提高。

中国所办的一些大事、难事,如抗震救灾、举办奥运会等,显示了强大的实力。

尤其是在国际金融危机席卷全球的情况下,中国仍然保持了一定的发展速度,令世界刮目相看。中国GDP世界位次一步步由第10位上升到第4位,又上升到第3位、第2位。按照世界银行标准,中国已由低收入国家跃升至世界中等偏下收入国家行列。

中国的国际影响力也越来越大。如广州以及它所在的广东省，作为"世界工厂"和"对外橱窗"，受到世界关注。在德语版谷歌搜索上，输入"广州""广东"两词，可以搜索到2000多万条信息。有记者通过网络社交工具询问了10名德国网友，结果6人知道中国有广州这个城市，3人从没听说过，1人把广州理解为广东。其中一名工程师曾出差到广州，有一人去旅游过。还有一名网友表示，她给孩子买的玩具不少来自广东。

香港《亚洲时报》以深圳为例报道说，世界上人口超过1000万人的城市名单并不长，而且大多数城市都是人们耳熟能详的名字，比如东京、纽约等。但是如果问在这些大城市中，有哪一个城市在30年前还只有两万人，那么答案只能有一个，就是中国的深圳。1980年以来，深圳年均经济增长率超过20%，在世界上还找不出第二个城市。

利比亚连日的动荡让世界众多国家展开了一场撤侨大竞赛。有超过12个国家向利比亚派出飞机撤出本国公民。但表现最好的，无疑是中国。中国在短短几天内就撤出了3.5万人。中国不仅通过希腊、埃及、突尼斯等国协助撤侨，且派出正在护航的军舰参与保护，还首次派出空军运输机从新疆直飞利比亚，单程航距超过9500公里。

一名从利比亚撤回韩国的工人在韩国门户网站上写道："中国驻利比亚以及突尼斯、埃及、希腊等所有使馆职员都是24小时值勤，一天也不休息地全力保护本国国民。而韩国驻利比亚大使居然在非常时期回韩国'出差'。而且政府让冒着生命危险撤到埃及的那些人自己找住处、自己花钱坐飞机回韩国，但我们身上没有钱，许多人至今还在埃及漂泊。"加拿大的撤侨行动被媒体称为"完全失败"。由于加派往利比亚的撤侨飞机迟迟不到，加侨民不得不搭乘其他国家交通工具逃离，而迟到的加撤侨飞机竟空机返航，引发舆论强烈不满。许多政客、民众在媒体上将之和中国、土耳其等国相比，指责政府失职。

中国发展的势头是难以阻挡的。即使外部有什么干预、干扰，只要方向正确，内部稳定，中国奇迹应该能够延续。

第十，改革开放成就辉煌，奠定了内部稳定和长期发展的坚实基础。

经过 30 多年的改革开放，我们从"以阶级斗争为纲"到以经济建设为中心，全面推进社会主义现代化事业；从搞计划经济到推进各方面改革，建立起社会主义市场经济体制；从封闭状态和片面强调自力更生，到实行对外开放、发展国际合作；从以意识形态划线到主张各种社会制度和发展模式和谐并存，全方位发展对外关系，中国的变化可谓翻天覆地。

改革开放提高了人们的收入水平和消费水平，改善了人们衣、食、住、行、用等方面的状况，居民生活明显改善，拥有的财富迅速增加。扣除价格因素，从 1978 年到 2007 年，全国城镇居民人均可支配收入由 343 元增加到 13786 元，实际增长 6.5 倍；农民人均纯收入由 134 元增加到 4140 元，实际增长 6.3 倍。城乡居民消费水平实际提高 7.2 倍，居民人均储蓄存款从 21.9 元增加到 1.3 万元。城乡居民生活实现从温饱不足到总体小康的历史性跨越。居民预期寿命由 1981 年的 67.8 岁提高到 2005 年的 73 岁。

随着收入水平的提高，居民的消费水平、消费结构和消费方式发生了很大的变化。1978 年，全国城镇居民人均居住面积是 6.7 平方米。2006 年底，全国城市居民人均住房面积达到 27 平方米。

中国人对国家和社会的满意度总体上比其他国家要高。皮尤研究中心在 2008 年六七月间开展的一项调查显示，86% 的中国人对国家的发展方向感到满意，中国在全球满意度排名中比位居第二的澳大利亚高出 25 个百分点。

二、中国面临的十大挑战

机遇要充分认识,挑战也不可忽视。当前和未来一段时间,中国面临的挑战也可以概括为10个方面:

第一,中国崛起已成事实,矛盾、摩擦在所难免。

中国崛起的概念在国内有一些不同意见。但在国际上,普遍认为这已经是一个客观存在的事实。

2008年6月,我出访西亚北非路过马德里时,专门看了一下当地的中国贸易城。浙江人在那里办了几百个公司,专门从中国批发各种商品。其规模之大,令人惊叹。浙江人到哪里,中国的商品就到哪里。当地的经济可以很快繁荣。但是,相应的是,当地的企业也很可能被挤垮。于是,这就产生了摩擦、矛盾,甚至发生了火烧中国鞋子的事件。这种事件现在已经不是孤立的事件。当我们还没有发展起来时,国际上希望我们打开大门,通过投资中国获得更大的回报,并从中国获得更多的廉价产品。但当中国发展起来以后,他们便越来越害怕中国的竞争,出现了一种担忧、恐惧的心理。近年来针对中国的反倾销案件越来越多,就是这种心理变化的一个表现。

奥巴马说,在新能源技术创新领域,美国正面临来自中国的挑战。他直言:"时隔50年,我们这一代的人造地球卫星时刻已经到来。"

什么叫"卫星时刻"?1957年10月4日,苏联将第一颗人造地球卫星送入太空,这一爆炸性新闻令美国人大惊失色。在科技霸权旁落的刺激下,美国在科技创新领域奋起直追,直至率先将宇航员送上月球。如今,"卫星时刻"这个危机与希望交织在一起的词被美国总统和政府高官加在了中国头上。

美国一方面从中美贸易中大获其利,享受着廉价商品,另一方面却以逆差为由指责人民币汇率。一些美国议员指责"中国偷走美国人的工作"。

四、把握机遇，应对挑战

美国加州大学的研究人员调查发现：一个在中国组装生产的苹果 iPod 播放器在美国市场上卖 299 美元，苹果总部会得到 163 美元的利润，中国方面只得到 4 美元的劳工费，但却产生了 150 美元的"对美贸易顺差"。这项调查反映了中美贸易中的一个怪现象：加工贸易使中国贸易顺差大增，而真正获得利益的却是美国。

美国一家名为 istockanalyst 的网站报道，虽然中国对美顺差挺大，但大部分是在华外资公司创造的，如 2009 年，在华外资公司创造了中国出口总额的 56%，贸易顺差的 65%。以芭比娃娃为例，中国企业每生产一只芭比娃娃挣 0.35 美元，而美国公司却赚了近 8 美元。

美国在对华贸易上设置了重重壁垒，特别是对中国进口高科技产品的限制是造成中美贸易不平衡的重要原因。2008 年，中国从美国进口的高科技产品只占中国高科技产品进口额的 6.9%，比 2001 年的 18.3% 还低。《亚洲时报》评论说，美国政客们不断借汇率指责中国，但他们把背后的真相忽略了，他们愿意做的就是"唱出引人关注的调子，与选民共鸣"。

英国《金融时报》发表题为《中国走捷径迈向实力增长之路》的文章，诬称中国高铁建设实力快速发展是靠抄袭手段、"消化"别国的知识产权得来的。在中国企业准备竞标从佛罗里达州至加利福尼亚州的高速铁路项目前，这样的声音无疑是想拆中国的台。

第二，金融欧债危机相连，各国自保竞争加剧。

当前，国际金融危机导致的急剧动荡逐渐缓解，世界经济有望缓慢恢复增长。但受政治、经济、安全等多种因素影响，不稳定不确定因素仍然较多，复苏进程仍将艰难曲折。

国际货币基金组织 2011 年 1 月发布的《2011 年世界经济展望》报告指出，按购买力平价计算，2009 年全球产出下降 0.6%，2010 年全球产出增长 5%。这两个数字表明：2009 年，全球经济遇到百年一遇的国际金融危机后，在 2009 年出现了第二次世界大战后的首次负增长，而 2010 年则开始复苏，但复苏的速度仍比较缓慢。

联合国经济和社会事务部 2010 年 12 月发布的《2011 年世界经济形势与展望》预测：2011 年世界生产总值将增长 3.1%，低于 2010 年的 3.6%，主要发达经济体的增长速度都低于 2.3%。世界银行、国际货币基金组织的估计也大致相同。

但值得注意的是，在逐步走出危机之后，国际经济合作和竞争却进入了新的摩擦期。各国为求自保，保护主义趋势增强，彼此间竞争进一步加剧。各方"同舟共济"精神减弱，战略博弈和利益争夺上升。美国从自身利益出发，实施新一轮量化宽松政策，放任美元贬值，加剧了全球流动性泛滥，引发主要货币汇率持续较大波动和金融市场动荡，持续推高石油、粮食等大宗商品价格，埋下全球性通货膨胀隐患。诺贝尔经济学奖得主、美国哥伦比亚大学教授约瑟夫·斯蒂格利茨将美联储的量化宽松政策斥为"以邻为壑"的策略。

欧洲一些国家财政赤字和公共债务激增引发内部和外部风险，企图把国内压力向外转嫁。投资者对发达国家经济复苏信心不足，资本加速向新兴经济体流动，如果应对不当会对新兴经济体造成较大负面影响。泰国 INN 新闻社还报道说，"大量热钱涌入亚洲等新兴经济体推高资产价格，让我们想起了 10 多年前的亚洲金融危机"。同时，由于各国经济周期不同步，经济政策主张差异明显，国际合作和政策协调难度增加。

欧债危机继国际金融危机之后不断发展。希腊、冰岛、意大利、西班牙等国接连面临破产危机。欧洲经济几年来一直处于疲软状态，导致中国对欧洲的出口大幅度下降。国内很多企业减产、停产，经济增长幅度显著下降。

国际权力再分配交锋激烈。发达国家主导议题设置和规则制定权，借多边机构寻求解决国内经济问题，压新兴经济体承担更多责任并转嫁风险。各国围绕资源、市场、技术、人才的竞争更加激烈，各种贸易摩擦不断发生。

第三，资源环境成为瓶颈，未来发展受到制约。

过去 30 多年，中国生产力迅速发展。但以往我们的发展方式，比较多地体现在量的扩张上：包括人力资源的扩张、资本投资的扩张、市场体系的扩张、从国内向国外的扩张等。当这种量的扩张到一定阶段和一定程度后，不可避免地遇到了许多新的环境条件的制约。在新的历史起点上，再靠量的扩张来发展已经越来越困难了。

从能源资源来看，量的扩张，必然需要更多的能源和资源。如钢材，中国的产量多年居世界第一。但中国国内的矿石有限，大量的矿石需要从国外进口，因此在原料和价格上必然受到很大制约。

从生态环境来看，在一定的技术条件下，生产的规模越大，所产生的废弃物和污染也越大。中国目前实际上已成为世界二氧化碳排放第一大国，人均排放也迅速上升。种种环境污染，与人类生存的终极要求是背离的，与我们发展的根本宗旨也是背离的。当温饱问题最为紧迫时，自然要加快生产更多的物质产品。但当健康受到损害时，就更要强调生活质量。因此，不仅要把保护环境放在更加突出的位置上，而且要从深层次上重新审视人与自然的关系，调整发展的指导思想。

从人口压力来看，1677 年，制造出当时最精密的显微镜并开创微生物学的荷兰人列文虎克突发奇想，地球上到底活着多少人。他认为整个地球的人口密度像荷兰一样，于是，利用地图和几何知识计算出地球人口约为 133.85 亿，这是人类第一次尝试计算世界人口。实际上，当时地球人口只有 5 亿左右。经过 100 多年后，世界人口于 1804 年达到 10 亿。现在已经达到 70 亿大关。中国人口数字则为 13.4 亿。

"我们拿什么养活这么多的人口？"即使最乐观的经济学家如今也不得不承认，人口持续膨胀和资源供应不足的矛盾将持续扩大。第二次世界大战后，全球已发生 7 次粮荒。近几年，人口增长带来食品价格飞涨，导致 30 多个国家发生抗议和骚乱。按照国际通行的评价标准，粮食库存量大体上应等于一个国家一年消费量的17%—18%。冷战后美国放弃战略眼光，现在的库存小麦"还不够每个美国人吃一小块饼干"。好在有数据显示，现在中国的粮食库存达到40%。

日本地震引发的福岛核电站危机，促使人们更加注意核安全问题。目前，全球有超过30个国家拥有核电站，总数近500座。美国、法国、日本、俄罗斯和英国是拥有核电站最多的5个国家，其中美国超过了100座。这几个国家的核电已占它们总发电量的20%到30%。日本的核电站在亚洲名列第一。日本一国年进口铀的数量比世界主要产铀国哈萨克斯坦全年的产量还要多。

1979年，美国三里岛核电站泄漏事故让20万居民被迫搬离，而在这之后，美国没有再建新的核电站。苏联时期切尔诺贝利核泄漏曾造成数百万人受到核辐射侵害，至今让俄罗斯人和欧洲人心有余悸。

美国反战网站主编在题为《日本的核诅咒》的文章中说，"昔日的广岛、长崎，今天的福岛"，日本的核诅咒"如同从坟墓中腾起的幽灵，在这个无所畏惧的国家徘徊不散"。《爱尔兰时报》评论说，核电站事故动摇了日本人征服自然的信念。

第四，世界热点此伏彼起，对我利益造成损害。

总体上的和平、缓和、稳定，与局部性的战乱、紧张、动荡，同时存在，相互交织。世界已不是两极对峙，大国之间也无意大动干戈，因而不存在爆发世界性大规模战争的客观要件。但局部性的民族矛盾、宗教纠纷、边界争端、领土争议、利益冲突大量发生。这种战乱、紧张和动荡，虽然是局部的，但始终如杂草丛生，呈纷乱之势，影响着世界的和平与安全，给许多国家和人民带来深重的灾难。

西方大国的军事干预越来越经常地发挥着世界宪兵的作用。世界各国都希望建立国际政治经济新秩序，但对于新秩序的内容却有着不同的认识和主张。西方大国主张建立以西方价值观为基础、由它们所主导的所谓新秩序，并以强制性的力量作为维持秩序的手段。所以，凡遇不符合他们意愿的情况，就以世界领导者、宪兵、警察自居，随便加以干预。这种类型的军事行动，已经成为一个突出的现象，给世界局势带来了非常复杂的影响。

恐怖主义事件成为易发、常见的冲突形式。由于世界贫富差距的拉大、霸权主义的横行，以及种种民族、宗教、利益上的矛盾，一些极端势力，包括一些无力以正当方式反抗的弱者，便动辄采取恐怖主义的方法，制造动乱，扩大影响。这种恐怖主义行为，无论出于什么样的原因和动机，由于它伤及无辜，因而已成了人类公害，也成为威胁不少地区和平与安全的不稳定因素。

高技术条件下的局部战争成为主要的战争样式。各种高新技术在战争中广泛应用，其地位也更加突出。战争的直接交战空间缩小而相关空间扩大。战争的节奏大大加快，进程大为缩短。作战方式往往是陆、海、空、天、电一体化的协同作战。美国在阿富汗战争中，动用的是世界上最先进的武器，打的是太空（卫星）、天空（飞机）、海洋（军舰）、海下（潜艇）、陆地（特种部队）五维一体化的战争。战争的目的不是造成尽量多的人员伤亡和财产损失，而是要从政治上压倒、摧垮和控制对方。

无序冲突潜藏着引发突发性大规模战争的危险。在世界失序和陷入真空的情况下，各种冲突大量发生。本身的规模往往不大，但受控的程度也很低，突发性、失范性、随意性很强。很可能在漫无目标和计划的激化过程中，将众多的国家和力量卷入进来，突然间造成战争规模的急速扩大。在这种意义上，世界爆发较大规模战争的可能性仍然是有的。

第五，非传统安全威胁增加，确保安全难度很大。

中国信息化的速度令人瞩目，但信息安全的问题也相伴而来。信息安全是物理安全、网络安全、数据安全、信息内容安全、信息基础设施安全与公共信息安全的总和。信息安全与国家的安危紧紧联系在一起。没有信息安全，就没有真正的政治安全、军事安全和经济安全，也没有完全意义上的国家安全。

世界向何处去

2010年5月6日下午2时42分,道琼斯指数忽然"自由落体",不到5分钟就跌了近1000点,许多股票一度跌了近100%,有一只基金居然在眨眼间从59美元跌至9美分。随着调查的深入,不少美国专家倾向于认为,华尔街证券交易系统的"系统性缺陷",是造成这场股灾的罪魁祸首。

这场道指惨剧令一些美国人产生了对"网络控制人类"的严重担忧。"人类制造的电脑越来越快,能够处理越来越多的任务,最终电脑拥有了自己的生命,比人类还要聪明,它们接管了一切,最终愚蠢的人类不得不为生存挣扎。"美国《投资日报》更担忧地表示,"电脑正在摧毁整个世界"。

英国《经济学家》日前的一篇文章称,现在对于西方来说,最担心的不是核武器,而是网络威胁。网络科技的开发成本便宜得难以想象,更可怕的是,这些"新式武器"可不像美苏时代留下来的核弹头一样可以数得清楚,件件都是隐形的,你甚至都不知道究竟是谁在研发它们。网络袭击已经让超音速飞机或是洲际导弹显得逊色了。

维基解密网站2010年成为美国政府的最大"敌人"之一。该网站当年7月公布约9万份美国阿富汗战争的机密文件;10月曝光40万份伊拉克战争秘密文件,揭露美军在伊拉克滥杀平民的事件;11月公布20万份美国驻世界各地外交机构的密电。这些机密文件的曝光让美国形象广受质疑。这一事件被称为美国的"外交9·11",维基解密网站负责人阿桑奇被捕也在世界范围内引发了激烈争论。

网络政治化突成世界话题,也成国际渗透工具。

"在互联网王国里,美国是绝对的霸主。"资料显示,支撑互联网运转的根服务器共有13个,其中一个是设在美国的主根服务器,另有12个副根服务器(9个设在美国,英国、瑞典和日本各有1个)。此外,各国都要由美国政府授权的互联网域名与号码分配机构来统一管理全球互联网根域名服务器、域名体系和IP地址。而且,包括电子器件、高端商用芯片、基础软件产品的核心技术也多掌握在美国手中。

早在2000年，包括中情局在内的美国政府机构就十分重视互联网的作用。最初阶段，主要是借互联网进入全世界各大公司、银行以及政府机构电脑系统搜集情报。后来，发现互联网也可以对他国的政治形态产生影响。所以，国务卿希拉里最近全力推行"互联网外交"战略，鼓励美国公民与外国人通过互联网进行互动，实现美国的部分外交战略。希拉里的外交创意顾问亚力克·罗斯盛赞这是"21世纪的外交创新"，将传统的"政府对政府的外交"变成了"人对人的外交"。其他国家也有类似行为。

第六，制度差异影响深远，一有气候就会显露。

未来中国会遇到各种各样的安全问题，也需要应对各种各样的风险。但比较起来，政治安全始终是最大的安全，政治风险始终是最大的风险。这方面的难关我们还没有渡过，考验还在后头。

中华民族，从来不怕外来的侵略和压力。如果有什么军事上的威胁，反而能促使中国人民团结起来进行抗争。但如果在内外各种因素的作用下，政治安全发生问题，带给中国的变化、冲击，甚至灾难，将是巨大的。政治安全是深层次的安全问题。所以，在各种安全中，政治安全是应该关注的最大的安全问题。我们所要努力减轻的最大压力，是政治安全上的压力。

政治上，与外部世界，特别是西方发达国家之间，主要是制度的差异。这种差异，是基础性的。与西方的分歧也是根本性的。这种差异、矛盾会随时随地以各种方式表现出来。如何权衡利弊与这种差异的关系，是西方发达国家最挠头的问题，也是影响我国外部环境的一个最深层次的大课题。

比如，我在对外交流中，经常有人提出带有对中国政治制度质疑的问题。在美国的一次交流会上，有人接连向我提了三个问题："你在这儿和我们讲话是不是由政府同意的？你在世界各个地方说的跟政府不一致的话，或者反对政府的政策的话，你回去以后会不会受到政府的处理或司法机构的处理？在下一个千年，中国会不会跟美国一样，有完全完美的、自由的、真正意义上的选举？"

面对这一挑战，我先是很客气地表示："首先感谢您对我的关心。"全场大笑。然后，我回答第一个问题："中国和美国之间，中国和其他国家之间，需要不同层面的交流。既可以有政府的交流，也可以有学者之间的交流，还可以有银行家之间的交流。只要交流，都能加深了解和沟通。所以，没有必要一定要区分它是政府的，还是学者的。"对第二个问题，我回答："至于我，可以告诉您：我很安全。"全场又是一阵大笑。

接着，我着重回答第三个问题："至于未来的中国会不会同美国一个样？一千年、一万年，我们也可以预测一下。很可惜，今天房间里没有摆上一盆花。但不要紧，大家不妨看看窗外，是什么样的颜色？是一种颜色吗？还是赤橙黄绿青蓝紫？如果外面只有一种颜色，您会感到愉悦吗？这其实是一个深刻的哲学问题。世界是丰富多彩的，每个国家都有自己的国情，都有自己的选择，也有自己的发展道路。美国有它光荣的一面，但是有没有它不光彩的一面呢？比如说，美国的种族歧视延续了多少年？我们来到美国的时候，刚刚遇上美国的马丁·路德·金的纪念日。如果我没有记错的话，直到1964年签署了《民权法案》，才最后消除了种族歧视。我发现今天这里有历史学家、法学家，你们可以查一查中国的历史，近百年来特别是1949年以来，中国有没有一部法律说可以搞种族歧视？所以，每个国家都要充分看到自己的长处，也要看到自己的短处。相互之间不要互相指责，而要互相学习和借鉴。这样的世界才会变得更加绚丽多彩。"

第七，领土争端难度很大，长远和睦存有隐患。

迄今为止，中国与周边邻国仍然有大量尚未划定的陆地边界，争议双方存在极大的领土主权争议。中国与印度、不丹尚未进行过边界划界。中印领土争端涉及12.5万平方公里的土地。2005年4月，两国正式签署了《解决边界问题政治指导原则的协定》。

四、把握机遇，应对挑战

相比之下，中国的海洋领土主权问题更为严重。目前，除中越之间的北部湾海域已成功签约划界之外，中国与8个海上邻国均有海洋争端，争议海域面积达到150万平方公里，约占中国海域辖区的1/2。

在东海海域，中国钓鱼岛被日本占领。2010年9月7日，一艘中国渔船在钓鱼岛海域与日本巡逻船相撞，日方非法抓扣中国船长和14名船员，引发中日之间激烈冲突。事发后6天内中方4次召见日本驻华大使，并宣布暂停两国省部级以上高官交往。13日，中国船员回国，但船长直到25日才被放还。中日关系一度骤然紧张。最近，中国保钓人士登上钓鱼岛，宣示中国对于钓鱼岛的主权，又被日本扣押。这类事件表明，中日之间在钓鱼岛问题上的对立是明确的，也是难以改变和调和的。

除了钓鱼岛外，还有东海划界问题。东海大陆架是中国的自然延伸，77万平方公里的海区中应归中国管辖的为54万平方公里，但是日本提出要按中间线划界。春晓油田涉及的就是这一划界问题。

中国与韩国在东海、黄海共有18万平方公里的争议区，韩方在中方海域进行石油勘探，还在属中国的苏岩礁修建海洋观测站。在黄海，中国与朝鲜有3000多平方公里的争议区。

在南海，中国南沙42个岛礁被越南、菲律宾、马来西亚、文莱、印尼侵占。其中，越南占29个，菲律宾占8个，马来西亚占5个。越南声称对南沙和西沙群岛拥有全部主权，文莱、印尼宣布对南海部分海域拥有主权。菲律宾最近一再在我黄岩礁问题上制造事端。

南海石油地质储量在230亿—300亿吨。其中一半储量分布在应划归中国管辖海域。截至目前，中国的勘探开发主要集中在浅海的北部湾海域和珠江口海域，在南沙海域的开发还是空白。而越南、菲律宾、马来西亚在南海年采油量超过5000万吨。

东海大陆架原油储量约1000亿桶，主要集中在冲绳海沟中国大陆架东端和存有争议的钓鱼岛附近。目前，中国在东海有8个油气田和4个含油构造，均在中间线西侧。但日方主张中间线两侧石油共同开发。

由于领土问题涉及主权、尊严、资源和国民感情，有关国家的立场都难以退却。解决这些问题难度很大。中国要实现与周边国家的长远和睦，存在着一定隐患。光靠拼口水、秀肌肉是不可能解决这些问题的。想通过战争来拼个你死我活，更是违背世界潮流和人类文明进步要求。要处理好这类争端，需要的不是世俗的吵架思维，而是要有高超的大智慧、大战略。

第八，台湾问题喜中有忧，和平统一任务艰巨。

台湾问题事关中国的统一和领土完整，事关中国的核心利益，涉及13亿中国人民和全体中华儿女的民族感情。

在台湾问题上，我们奉行"和平统一、一国两制"的基本方针，决不允许台湾从中国分裂出去，决不承诺放弃使用武力。近年来，海峡两岸关系和平发展取得积极而重大进展，双方签订了两岸经济合作框架协议，这为两岸关系和平发展开辟了更为广阔的前景。

但统一与分裂的矛盾斗争，在台湾岛内、在海峡两岸乃至在更大的范围内都将长期进行着。在两岸交流不断加大的良好形势下，不能低估形势变化或停滞甚至逆转的可能性。有的国家出于冷战思维和地缘政治需要，不顾中方坚决反对，仍在坚持对台售武。和平统一的任务仍然是艰巨的。

台湾问题是中国的内政，不容他国染指和插手。但是，台湾问题的解决，事实上又与世界大局联系在一起。台湾问题是中美矛盾的焦点、亚太局势的晴雨表，还是中国全球战略环境的调节器。牵一发而动全身。处理得好，局势缓和，能够保持或改进中国的全球安全环境；弄得不好，矛盾激化，就会影响甚至破坏中国的全球安全环境。所以，台湾问题直到解决之前，都将一直是影响中国安全的最大因素。

第九,灾害事故难以避免,应急救灾日益重要。

灾害事故,对世界的影响越来越大。仅举几例。

国际海底光缆是当代跨洋通信的主要手段,在世界几大洋洋底,总共有大约 300 条光缆在工作,而且数量还在不断增加。目前全世界有超过 95% 的国际话音、数据和图像采用海底光缆进行传输,几乎 100% 的跨洋互联网络是通过海缆进行传输的。目前,海缆承载了中国 48% 的国际通信业务。在青岛、崇明、南汇和汕头设有 4 个海缆登陆站,共有 7 条国际主干海缆登陆,通达亚洲、欧洲、非洲和北美。

受地震或人类捕捞等生产活动的影响,近些年海底光缆的事故时有发生。2006 年 12 月底,位于中国台湾南部海域的 8 条海底光缆中的 7 条因地震受损,中国大陆至台湾地区、美国、欧洲等方向通信线路大量中断,中国用户访问国际互联网受阻,整个亚洲的商业交易也陷入混乱,几个月后才完全修复。所以,有人说,中国最脆弱的地方或许不在某个大城市的中心,而在海底。

日本海啸后世界反思"沿海热"。各国发达地区,很多集中在沿海。80% 的美国人生活在沿海地区,75% 的日本工业产值来自"太平洋带状工业地带"。近年来,填海造地修机场、靠海建核电站、修人工岛、建海景房成了趋势和潮流。但日本大地震和海啸造成的巨大灾难,让人们再次思考"经济重心放在沿海地区是否合适"的问题。在整个日本,沿海岸线至少 40% 的地方都建有防波堤或相关设施。位于岩手县釜石港的"世界第一防波堤",最高处 63 米,全长近 2 公里,修了 30 年,曾有国外专家对此赞不绝口。但却未能抵挡住海啸,釜石市整个市区被海水吞没。美国"探索发现"频道列出全球 5 个"最不安全城市"——日本东京、土耳其伊斯坦布尔以及美国西部的西雅图、洛杉矶、旧金山——无一不是沿海城市。

我们不能因为存在海洋安全风险,就放弃开发海洋。但无论如何,人类应增强风险意识。中国沿海经济发达地区总体上不属于地震活跃带，从日本到我国台湾的所谓"第一岛链"客观上也削弱了海啸袭击的可能性。尽管如此，中国仍有必要重新审视一下沿海地区的产业布局，看看有没有什么漏洞。

第十，社会矛盾影响和谐，需要谨防连环爆发。

社会领域存在的突出问题，大略说来至少有七个方面：

一是人民内部矛盾多样多发。主要集中在农村土地征用、城镇房屋拆迁、国有企业改制、涉法涉诉等领域。因劳资纠纷、医患纠纷、环境污染、非法集资、股市房市投资受损等引发的矛盾明显增多。

二是流动人口和特殊人群管理和服务问题突出。有的地方流动人口犯罪占犯罪总量的60%以上。另外，全国受救助的流浪乞讨青少年20多万人，处于安置帮教期的刑释解教人员300多万人。每年入出境外国人达5000万人次。在中国常住的外国人近50万人。

三是刑事犯罪居高不下。侵财罪、经济犯罪增长尤为突出。犯罪智能化、职业化、网络化、复合化特征越来越明显。

四是公共安全事故频发。2010年全国发生安全事故36.3万起。接报涉及人员伤亡的道路交通事故21.95万起，发生火灾事故13.17万起。食品药品安全问题突出。

五是非公有制经济组织、社会组织管理和服务问题突出。截至2009年底，全国依法登记的社会组织43.1万个。另有很多没有登记就开展活动的社会组织。

六是信息网络建设管理面临严峻挑战。至2011年，我国已经有4.57亿网民，8.59亿手机用户，博客用户超过2.94亿，是世界上互联网使用人口最多的国家。网上犯罪活动日益突出。虚拟社会对现实社会的影响日益增强。网上操作犯罪日益严重，各种社会矛盾和热点敏感问题极易在网上快速放大。信息安全问题日益凸显。

七是外部势力千方百计插手。目前在中国境内活动的境外非政府组织有3000多个，正式登记的只占极少数。

上述这些问题，如果处理不当，解决不好，就会影响甚至干扰党和国家工作大局。

三、全面把握机遇和挑战的辩证关系

中共十六大曾经确认，21世纪头20年是我国必须紧紧抓住并且可以大有作为的重要战略机遇期。现在，由于近年来世界形势发生了许多新的变化，国内发展也面临着许多新的课题。很多人非常关注：我国发展的重要战略机遇期是不是还存在？未来的挑战是否会大于机遇？我们的战略是否要从利用机遇为主转向应对挑战为主？

对此，中共十七届五中全会在全面分析国际国内形势发展的新变化新特点后，明确指出：我国发展仍处于可以大有作为的重要战略机遇期。

2012年7月，在中央举办的省部级主要领导干部专题研讨班开班式上，胡锦涛总书记再次强调指出，综合分析当前国内外形势，我们面临前所未有的机遇，也面对前所未有的挑战，我国发展仍处于可以大有作为的重要战略机遇期。

为了深入理解这一基本的论断，我们除了要对当前以及未来一段时间世界的基本走势作出科学的分析外，还需要对机遇和挑战的特点及其相互关系给予辩证的认识。

第一，准确估量机遇和挑战的权重，充分认识我国仍然处在可以利用的重要战略机遇期。

从国际上看，中国的外部环境遇到了不少新的挑战和困难。但全面评估，它们还不足以构成国际环境的主导方面从而改变战略机遇期的基本判断。

一是当今世界，地区热点频频出现，局部冲突此起彼伏。但是，总体上看，和平与发展仍然是世界的主题，世界多极化趋势仍在持续发展并对霸权主义和强权政治形成越来越大的制约，国际力量对比继续朝着有利于世界和平与发展的方向演化，求和平、谋发展、促合作仍然是时代潮流。

二是国际舞台上围绕资源、环境问题的摩擦和争夺日益增多，贸易保护主义抬头，综合国力竞争和各种力量较量更趋激烈。但总体上看，经济全球化仍在深入发展，各国经济依存度进一步加大，世界经济越来越形成一损俱损、一荣俱荣的局面。各种各样的摩擦和竞争都不能不受制于相互间的共同利益，贸易大战损人损己，互利共赢才是正确选择。

三是中国与少数国家存在某些领土领海问题的争端，如果处置不当有可能激化矛盾。但总体上看，中国与多数周边国家的关系是良好的。周边环境也是平稳的。中国同周边国家战略互惠、务实合作的关系仍在持续发展。通过协力共建和优势互补，有关各方都能从中受益。个别问题不应也不太可能影响周边整体环境。

四是国际上在对中国发展感到惊异的同时，也有的难以适应，有的感到不安，"中国威胁论"等言论时有出现。但是，中国发展取得的成绩，得到世界特别是广大发展中国家的充分肯定和赞扬。中国同各大国、周边国家、发展中国家之间，无论在经济、政治，还是文化、安全等方面的关系都持续平稳发展，各国加强对华经济技术合作的意愿进一步加强。全世界都清楚地看到，中国的发展离不开世界，世界的发展也越来越离不开中国。

五是少数国家企图牵制或遏制中国的发展，某些敌对势力也不断制造麻烦。但中国综合实力进一步增强、国际地位进一步提高的趋势是难以遏制的。中国影响力的扩大，将会进一步加大维护世界和平、促进共同发展的力量。世界舞台上任何形式的摩擦和冲突都不可能改变这一基本的事实和利害关系。不时爆发的矛盾冲突，只要处置得当也并非不可缓和。

因此，总体上来看，国际环境仍然有利于中国的和平发展，中国面临的国际环境仍然是机遇大于挑战。

从国内来看，中国的发展遇到了许多新的课题和困难，社会领域存在不少矛盾和问题，社会舆论中的不满情绪也有所增长。但是全面评估，所有这些问题，并没有消解或破坏我们发展的机遇，而毋宁说是对重要战略机遇期的更大更强烈的需求。坚持科学发展、促进社会和谐仍然是中国社会的主流和趋势，也是解决各种矛盾和问题的必由之路。

一是改革开放以来中国的发展进步有目共睹，广大人民群众对此是充分肯定的。即使对某些问题有不满之处，但并没有多少人希望完全倒退回去。鼓吹倒退的基本上都不了解当年的历史真相，也没有勇气放弃从改革开放获得的实际利益和各种权益。一旦让他们实际品尝那曾经有过的桎梏和痛苦，没有几个人能坚持下去。比如，让他们给自己戴高帽子游街示众，让他们的孩子不要上大学甚至中学学业都要停止，让他们交出已经分配或购买的住房，让他们不看电视不用手机，不许他们出县出市出省出国旅游……他们能答应吗？

二是当前我国经济社会发展中的各种问题，如环境问题、生态问题、资源问题等，多数都是经济发展到一定阶段后更加凸显出来的问题。解决好教育、医疗、住房、社会保障等问题，也大多是在解决温饱和进入小康之后，人们对更加富裕生活、更高生活质量的追求和期待。它们决不是各项事业发展的障碍，而是推动各项事业发展进步的更加强劲的需求和动力。

三是对人民群众关心的各种问题，党和国家已经充分认识、高度重视，明确提出了科学发展观等重大战略思想，并正在采取有效措施加以解决。虽然解决这些问题有一定难度，但我们当前和未来所需要的，是进一步加大解决问题的力度和水平，而不是错失解决这些问题的机遇和条件。

四是经过30多年的改革开放，中国利用机遇条件、推动科学发展的基础更加雄厚。工业化、信息化、城镇化、市场化、国际化深入发展，人均国民收入稳步增加，经济结构转型加快，市场需求潜力巨大，资金供给充裕，科技和教育整体水平提升，劳动力素质改善，基础设施日益完善，体制活力显著增强，政府宏观调控和应对复杂局面能力明显提高，社会保障体系逐步健全，社会政治大局保持稳定。这些，都为我们推动经济社会发展和综合国力再上新台阶创造了有利条件和广阔空间。

综合分析国际国内形势，中共十六大作出的关于我国发展重要战略机遇期的重要判断并没有过时。我国发展重要战略机遇期存在的基本条件和我国发展机遇大于挑战的基本面，并没有因为国际国内形势的新变化而发生根本性改变。

所以，中共中央一再明确指出，我国发展仍处于可以大有作为的重要战略机遇期。这个判断，冷静客观，符合实际，是对当前人们关于未来中国机遇和挑战各种问题明确和权威的回答。既管当前，也管整个"十二五"时期乃至未来10年，意义十分重大。

第二，科学认识机遇和挑战的新特点，把抓住机遇和应对挑战统一在坚定不移走中国特色社会主义道路上。

机遇和挑战，在不同的时期和环境下会有不同的特点。

当前和未来中国面临的机遇和挑战，与以前相比，已经有了很大变化。现在中国遇到的机遇和挑战，已经不是在非常落后、与世界相隔遥远情况下的机遇和挑战，而是在我们已经发展到一定水平上、与世界关系更加紧密条件下的机遇和挑战。

从国内来说，我们的发展有了比较完善的制度体制保障，有了更加雄厚的经济基础，可以更多地把注意力集中到发展的质量上来。国家可以用更多的力量办一些大事、要事、难事，也可以更多地解决人民群众期待的一些问题。这就是我们未来进一步发展的基础，也可以说是机遇。

与此同时，人民群众已经不再满足于解决温饱，而是有了更大的期待，要求有更高的生活质量，要求社会有更多的公平、正义、自由、和谐。随着中国发展规模的日益庞大，要再上新的台阶，资源约束将更加严峻，环境问题也更加突出。所以，我们现在遇到的，已经

四、把握机遇，应对挑战

主要是发展规模与资源约束、持续发展与环境成本、发展速度与生活质量之间的矛盾。解决这些矛盾，不能是停止发展的步伐，也不能是延续既有的发展方式，而只能是继续抓住发展这第一要务，同时加快转变经济发展方式，进一步提高发展质量，提高人民生活的质量。

从国际来说，当前以及今后中国在世界上的机遇，是作为一个越来越有影响的新兴大国所获得的机遇。走向世界的中国，可以通过与世界的紧密联系，更加充分地利用世界先进的科学技术，更加广泛地利用发展的多种资源，更加深入地进入全球各个地区的市场，以获得更加有利的发展条件。同时，也可以通过与国际社会共同磋商和解决全球性问题，在制定国际规则、维护国际秩序上拥有更大的发言权，在国际合作与竞争中找到更大的回旋余地。

而中国在世界面临的挑战，也越来越多地凸显为中国在发展取得明显成绩后所遇到的挑战。除了传统的一些挑战，如国家安全、国际犯罪、生态灾难，与一些国家的利益矛盾，与西方国家的制度和价值观差异等之外，突出地表现在如何更加公正地与世界分享发展的资源和市场，同时承担相应的责任和义务上。一些发达国家希望限制中国对世界资源和市场的分享，同时又要中国承担一些力所不及的义务，实际上，是想限制中国的利益和发展。于是，与其他国家的矛盾就有所增多，受到的种种限制也有所增加。

所有这些特点，都不是简单地套用过去的办法所能解决的。必须认真研究新的形势和特点，既要坚持以往行之有效的思路和战略，又要有新的思考、新的对策、新的要求，采取更加科学、实际的办法，妥善地加以处理和解决。

第三，辩证把握机遇和挑战的转化，在抓住机遇的同时，谨防可能加大的压力、风险和挑战。

每种环境、事件和条件，都可能包含着有利和不利两个方面。在一定的条件下，利弊可以互相转化。这就是"祸兮福之所倚，福兮祸之所伏"，或者说"塞翁失马，焉知非福"的道理。

首先，既要看到机遇，也要看到挑战。在肯定重要战略机遇期存在的同时，必须清醒看到各种严峻挑战的存在。很多历史事实都证明，这样那样的所谓"盛世"，往往是由于发生某种突然的变故而戛然终止的。能不能防范好各种挑战甚至灾难，对于一个国家的发展至关重要。只看到挑战，不看到机遇，是不对的；只看到机遇，不看到挑战，也是片面的。抓住机遇和应对挑战是相辅相成的两个方面。两相交织，缺一不可。

其次，新形势下机遇和挑战的一个重要特点，是两者往往更加紧密地结合在一起。机遇蕴涵在挑战当中，挑战也时时伴随着机遇。比如，国际金融危机使几乎所有国家都受到了冲击，但也迫使我们加快转变经济发展方式。只要转得快，转得好，我们就能在世界上占据更好更快发展的先机。又如，国际上对我们产品的质量和安全要求越来越高，我们一时会处于劣势，但却逼得我们去改进技术和管理，不断提高质量水准和经济效益，进而更快地赶上世界先进水平。

所以，机遇中往往蕴含着挑战，挑战也往往是机遇。基于这种特点，我们要更加善于把利用机遇和应对挑战结合起来，要善于化挑战为机遇，变压力为动力。既善于创造机遇，又善于转化挑战。努力使我们的战略机遇期延长，使各项事业在战略机遇期中获得更大的发展。

最后，我们还要看到，在新形势下，无论是面对机遇，还是面对挑战，应对的基本思路和战略都是一致的。也许，人们对于某一个时段机遇大于挑战还是挑战大于机遇有不同的认识，但切不可认为，不同的判断就应该导致不同的思路和战略。在新形势下，无论是抓住机遇，还是应对挑战，都要靠科学发展、和谐发展、和平发展。归根结底，要靠坚持中国特色社会主义，坚持邓小平理论、"三个代表"重要思想和科学发展观。任何时候，我们都不能改变深化改革、扩大开放、科学发展、促进和谐的基本思路，重新回到"以阶级斗争为纲",重新陷入与世界隔绝、对抗的老路上去。

能不能抓住机遇、应对挑战,关系我们能不能始终保持持续快速健康发展的势头,更关系我们能不能妥善解决国内外一系列新的矛盾和问题,关系我们能不能在世界上继续增强综合国力、提升国际地位。从根本上来说,关系到中国特色社会主义事业的成败,关系到中华民族的前途命运,更关系到党和国家的长治久安。

改革开放以来,我们抓住和用好战略机遇,成效十分显著。面向未来,仍然要紧紧抓住和充分利用重要战略机遇期。

⦿ 正确认识重要战略机遇期的新内涵

纪事和说明：

这是 2015 年 11 月我围绕学习中共十八届五中全会精神所作讲话中的一部分。

中共十八届五中全会，一方面肯定"我国发展仍处于可以大有作为的重要战略机遇期"，一方面又提出"我们要准确把握战略机遇期内涵的深刻变化"。本文就是对战略机遇期内涵发生了什么样的变化而作的探讨。收在这里，可以作为上文《当前和未来中国面临的机遇和挑战》的补充。

机遇不是固定不变的。在不同的时期和情况下，会有不同的机遇，也会有新的内容和特点。所以，我们脑子里始终都要有机遇和挑战的意识，每时每刻都要思考，实际的机遇在哪里？挑战在哪里？即使在形势非常严峻的时刻，也会有某些独特的机遇。抓住机遇，仍然可以有所作为。

四、把握机遇，应对挑战

中共十八届五中全会在全面分析我国发展环境的基本特征后作出综合判断，"我国发展仍处于可以大有作为的重要战略机遇期"，提出"我们要准确把握战略机遇期内涵的深刻变化"。①

"重要战略机遇期"最初是在中共十六大上明确提出的，10多年来国际国内发展环境发生很大变化，正确认识当前的重要战略机遇期新内涵，对于顺利实施和完成"十三五"规划具有重要意义。

重要战略机遇期内涵的变化，包括国际、国内两个方面。

从国际的角度来看，和平与发展的时代主题没有变，世界多极化、经济全球化大趋势没有变，科技进步和产业变革仍在发展。但是，各方面的具体内容在变化，新的表现形式在出现。

比如，和平是全世界人民的共同要求，但局部性冲突仍在不断出现，此起彼伏，地缘政治关系复杂变化，传统安全威胁和非传统安全威胁交织。

再如，经济全球化继续发展，但也出现了新课题、新问题，需要形成更加合理的规则，发展更好的国际关系，包括国家之间的、区域之间的，等等。

国际金融危机发生以来，世界经济在近年出现一定的复苏，但也颇有曲折，尤其是很多国家更加重视保护本国经济，贸易保护主义增强，全球经济贸易增长乏力。

新一轮科技革命与产业变革进一步结合，一些国家在科技革命中力求突破，瞄准前沿课题，在互联网、信息技术等领域抢占制高点。

在文化和社会方面，不少国家提出文明多样化，力图改变西方独大局面。在新的历史条件下各国努力展示自己，发展文化多样化、社会信息化，通过网络、卫星、手机等，日益深入社会多领域，互联互通、一体化的程度愈来愈深。

---

① 中共中央文献研究室编：《十八大以来重要文献选编》（中），中央文献出版社2016年版，第788页。

全球治理体系深刻变革，诸多事务需要统筹解决，加强国与国、区域与区域、国际组织相互之间的联系，研究共同治理问题。发展中国家群体力量发出更大声音，分量越来越重，国际力量对比趋于平衡。

当然，在积极有利因素之外，也存在一系列的威胁和挑战，例如恐怖主义突出，迫切需要解决。

可以说，世界性的战略机遇期因素都和中国的崛起紧密联系，中国正深刻融入世界，并逐步走近世界舞台中央，发挥着越来越大的作用。

从国内来看，我国已保持连续30多年的高速发展，继续高速、超高速发展有难度，必然转入发展新常态。目前，我国经济总量、总体实力有着相当大的分量，但原有的问题也在新形势下展现。

比如，发展方式整体粗放，部分行业产能过剩等，既是改革成果，也是改革难题，要求我们抓住机遇，做出改革调整。

再如，经济发展消耗资源很大，资源、人员因素出现瓶颈，外部依赖加大。在生态问题上，西方国家先发展后治理的路子，在我国走不通。当前，生态环境恶化的趋势未有根本扭转，百姓对环境治理的要求日益增强。同时，应对发展不平衡问题、贫富差距拉大问题等，亟须进一步加大社会发展和服务。

归结起来讲，我国社会发展取得明显成果，发展潜力和保障依然存在。问题促进转型，改革提供需求，"十三五"时期我国发展仍处于可以大有作为的重要战略机遇期。全面分析认识国际国内发展环境的新变化，有针对性地完善发展思路，提升发展质量，有助于我们更加有效地应对各种风险和挑战，顺利实施和完成"十三五"规划。

⦿ 用制度威力应对风险挑战

纪事和说明：

这是应约为《人民日报》撰写的一篇文章，发表于 2020 年 1 月 6 日的《人民日报》上，编辑有改动，此处是原稿。

文章提出，我们在总结成就、增强自信的同时，也要清醒地认识和防范可能遇到的风险，善于运用各种方式化"危"为"机"。其中，特别要加强制度和治理体系建设，用制度威力应对风险挑战的冲击，提高用制度应对风险挑战的能力和水平。

文章认为，从根本上来说，一个完善的制度，不仅表现为在平时正常、有序的环境和条件下能够正常运行和发挥作用，而且更表现在一旦遇到风险挑战，仍然能够在既定制度的框架内，按照制度已经设计和规定的程序，对异常和复杂的情况进行处理，使问题得到妥善的解决。在此过程中，并不需要越出制度的范围而采取某些特殊的非正常的手段和方式。在一定意义上，风险挑战是检验制度完善性最重要的试金石。

2019年春节，我给自己家写了一副对联。上联是"天地回旋风云动"，下联是"江河奔涌四海清"，横批是"心旷方能神怡"。一年来的事实，对这副对联作了准确的注解。

今天，我们刚刚进入2020年，习近平主席发表新年贺词，充分肯定了2019年取得的成就，同时明确指出："历史长河奔腾不息，有风平浪静，也有波涛汹涌。""2020年是具有里程碑意义的一年。""冲锋号已经吹响。我们要万众一心加油干，越是艰险越向前"。

对风险挑战，我们历来都有预见，改革开放以来，党中央对此不断强调。中共十八大以来，以习近平同志为核心的党中央多次指出，防范化解重大风险，是全面建成小康社会决胜期必须打好的三大攻坚战之一。现在，历史的脚步已经跨入2020年。在新的一年里，我们依然有繁重的任务，有显著的优势，有良好的条件，对取得新的成就依然充满信心。但在总结成就、增强自信的同时，也要清醒地认识和防范可能遇到的风险，善于运用各种方式化"危"为"机"。其中，特别要加强制度和治理体系建设，用制度威力应对风险挑战的冲击，提高用制度应对风险挑战的能力和水平。

一、中国制度在风险考验中砥砺前行

新中国成立后，逐步建立了社会主义基本制度。在改革开放中，又创立了中国特色社会主义制度。中国制度立足于中国国情，总结了历史经验，又汲取了世界文明成果，在实践中不断丰富和完善，显示了强大的生命力。

中国制度不是在庭院中培育的盆景，而是在风雨考验中成长的青松。它在长期的探索中确立，又在不断经受风险考验中巩固发展。

从1949年到20世纪50年代中期，中国共产党先后领导建立了中国共产党领导的多党合作和政治协商制度、民族区域自治制度、人民代表大会制度、社会主义经济制度。所有这些基本制度，都先后经历了国际国内各种风险的考验，比如说，新中国成立后，先后遇到过各种自然灾害。1954年的长江大洪水，1956年的浙江象山大台风，1958年的黄河大洪水，1959—1961年的三年自然灾害，1976年的唐山大地震等，都使我们党和国家面临着严峻的挑战。虽然这些灾害都不同程度造成了损害，但最终都依靠中国共产党的领导，依靠集中力量办大事的制度优势，克服了困难，化解了危机。在每次风险中，党和人民都吸取了很多经验教训，使我们应急救灾的很多制度逐步完善起来。

"文化大革命"是党和国家遇到的一次极大的风险。但正是在总结"文化大革命"经验教训的基础上，党和人民以空前的决心和勇气实行改革开放，开始了中国的第二次革命。十一届三中全会以后，中国共产党总结"文化大革命"的教训，深切认识到制度问题的重要性，以极大的注意力推进各方面的体制改革和制度建设，不仅创立了中国特色社会主义，而且在2011年宣告确立了中国特色社会主义制度。

中国特色社会主义制度不仅从来不惧任何风险，而且一直在栉风沐雨中砥砺前行。改革开放以来，中国遇到过西方国家的制裁，遇到过苏东剧变的冲击，遇到过国内的政治风波，遇到过经济生活的困难，遇到过国际金融危机的风暴，遇到过洪水、地震、泥石流等自然灾害，遇到过少数地方的恐怖主义活动，遇到过社会生活中的各种矛盾，等等。

对所有这些风险，党和人民始终"任凭风浪起，稳坐钓鱼船"，坚持党的基本理论、基本路线、基本方略不动摇，以稳固的自身定力、强大的组织力量、科学的应对战略、恰当的方式方法，化解了一个个风险，并且不断总结经验教训，通过深化改革，进一步完善了中国特色社会主义制度。

"千磨万击还坚劲，任尔东西南北风。"风险见多了，对风险也就有了坦然和科学的态度。所以，我们党一再要求全党居安思危，增强忧患意识，清醒地看到日趋激烈的国际竞争带来的严峻挑战，清醒地看到前进道路上的困难和风险，经受"四大考验"，防止"四种危险"，不为任何风险所惧，不被任何干扰所惑，使中国特色社会主义道路越走越宽广，使中国特色社会主义制度越来越完善。

二、完善制度是应对风险的基础和保障

习近平总书记指出："备豫不虞，为国常道"。面对波谲云诡的国际形势、复杂敏感的周边环境、艰巨繁重的改革发展稳定任务，我们既要有防范风险的先手，也要有应对和化解风险挑战的高招；既要打好防范和抵御风险的有准备之战，也要打好化险为夷、转危为机的战略主动战。[1]

总结历史和现实的经验，防范和应对风险，需要一整套系统严密的措施和办法。但在其中，完善的制度始终起着基础和保障的作用。邓小平指出："领导制度、组织制度问题更带有根本性、全局性、稳定性和长期性。"[2] 制度是否科学、完善，对能否有效和高效地防范和应对风险起着基础性、关键性的作用。

要更好地应对未来可能出现的各种风险挑战，就必须进一步在完善制度上下大力气。

完善制度能够及时地预见风险、发出预警。任何制度，都不是也不应该是基于最理想的状态设计的。制度的有效性，都是要预见到可能发生的一切情况、一切可能、一切风险，事先制定好防范的措施，堵塞一切可能的漏洞。因此，一旦风险发生，就能够及时发现，及早

---

[1] 《习近平在学习贯彻党的十九大精神研讨班开班式上发表重要讲话强调 以时不我待 只争朝夕的精神投入工作 开创新时代中国特色社会主义事业新局面》，《人民日报》2018年1月6日。
[2] 《邓小平文选》第二卷，人民出版社1994年版，第333页。

预警。

完善制度能够事先规定好应对风险的程序和方式。一旦风险发生，有关部门、单位和人员，都能够知道应该干什么、怎样干，立即采取行动，各司其职，避免临时慌乱，避免措手不及，避免事到临头还拿不出主意和办法来。整个应对和抵御风险的工作都要能有条不紊地按制度、按程序进行，以便最大限度地提高效率、减少损失。

完善制度能够及时组织相关力量投入应对风险的斗争。在统一的制度下，各地各部门就能够服从大局、维护大局，组成应对风险的统一整体；能够按照自身职责，发挥最大的主观能动性；党和国家能够总揽全局，调动各方面的乃至全国的资源和人力、物力，集中力量办大事、解危难，化"危"为"机"。

完善制度能够保证整个国家生活和社会生活有序运行。任何国家、任何时间都有可能发生风险。如果做好常态化的防范和应对准备，在制度上规定了应该采取的措施和步骤，那么，就能最大限度地减少对国家政治生活的影响，减少对人民群众日常生活的影响，防止出现超出风险本身的动荡和损失。

完善制度能够保持和增强人民的信心。遇到风险，有信心，就能临危不乱；没有信心，就会惊慌失措。当人民群众都知道有一套完善的应对风险的制度和准备时，就会相信党和政府能够处理好风险的挑战，相信社会生活能够仍然在制度的轨道上运行，就能够更加紧密地团结在党和国家周围，同心协力，夺取应对各种风险的胜利。

世界上的风险是多种多样的。我们面对的风险有的可以预料，有的难以预料，要在制度上全部都预先作出防范和应对的制度规定，是有难度的。但经过长期应对风险的锻炼，我们大体上能够知道风险的类别和原因，所以仍然能够从制度上作出基本的规定。

比如，自从非典发生以来，国务院已经制定了至少 100 多个应急救灾的预案。一旦灾害发生，都能够按预案的规定有序应对。所以，我们国家应急救灾的水平已经大大提高。

一个制度完善不完善，突出地表现在它的韧性上。只要认真研究各种风险发生的特点，掌握了它们的基本规律，我们的制度就能愈加完善。制度对于防范和应对风险的作用就会越来越大。

所以，每遇到一次风险和挑战，我们就要认真检查和研究我们的制度在应对风险中的表现，仔细寻找有没有暴露出来的漏洞，仔细反思哪些情况和困难事先没有预计到，仔细评估哪些具体制度的表现不够理想，从而，吸取经验教训，抓紧完善原有的制度，创造新的更能够应对突发情况的制度，把我们的制度推向更加完善的新平台。

从根本上来说，一个完善的制度，不仅表现在平时正常、有序的环境和条件下能够正常运行和发挥作用，而且更表现在一旦遇到风险挑战，它仍然能够在既定制度的框架内，按照制度已经设计和规定的程序，对异常和复杂的情况进行处理，使问题得到妥善的解决。在此过程中，并不需要越出制度的范围而采取某些特殊的非正常的手段和方式。

因此，如果一个制度能够达到这样的水平，我们就可以认为这样的制度就比较成熟了。反之，如果一个制度在平常情况下还马马虎虎，但一遇到突发情况、重大危机，马上就束手无策，一筹莫展，不能正常运行，不能解决问题，那么，这种制度就不能说是完善的。在一定意义上，风险挑战是检验制度完善性最重要的试金石。

三、用制度优势应对各种风险的挑战

改革开放以来，特别是中共十八大以来，中国特色社会主义制度更加完善、国家治理体系和治理能力现代化水平明显提高。中共十九届四中全会概括了13个方面的显著优势。这些优势，在实践中展示了强大的制度威力，是我们应对各种风险挑战的基础和保障。其中每一个优势，都有很多共同的长处，同时，又各有特殊的着力点和优越性。

比如，"坚持党的集中统一领导，坚持党的科学理论，保持政治稳定，确保国家始终沿着社会主义方向前进的显著优势"，能够从整体和全局的高度，把握方向、科学决策，集中所有各方面的资源和力量，防范和应对各种风险挑战。

"坚持人民当家作主，发展人民民主，密切联系群众，紧紧依靠人民推动国家发展的显著优势"，能够依靠广大人民群众的力量和智慧，动员起最广泛、最强大的力量来应对和解决危机，更能够按照人民的意愿、朝着人民希望的方向来解决危机、化解风险。

"坚持全面依法治国，建设社会主义法治国家，切实保障社会公平正义和人民权利的显著优势"，能够为各种可能遇到的风险、发生的情况设定法律制度的规范，以及解决问题、化解危机的程序和依据，为避免风险的扩大设置有效的防火墙，切实保障所有当事人的合法权益，保证社会稳定，防止社会动乱。

"坚持全国一盘棋，调动各方面积极性，集中力量办大事的显著优势"，能够在全国范围内恰当地配置资源，合理地做好准备，使所有可能的风险都有适当的准备，发生所有的危机都可以尽快应对。一旦遇到风险，就能够迅速有效集中各种资源，组织各种队伍，采取各种手段，以集中力量打歼灭战的方式，把风险压缩在最小范围内，把问题解决在没有扩大时。

当然，我们的优势并不是已经完美无缺了，更不是因为我们有优势就不会再有困难了。今天，我们看到成就的同时，也要看到已经遇到和可能遇到的各种风险。

2019年开局伊始，党中央就举办了省部级主要领导干部坚持底线思维着力防范化解重大风险专题研讨班。习近平总书记在开班式上的讲话中就防范化解政治、意识形态、经济、科技、社会、外部环境、党的建设等领域重大风险作出了深刻分析，提出了明确要求。一年来的实践证明，党中央的预见和决策是完全正确的。面向未来，我们仍然要保持这样的警惕性和防范风险的准备。

世界向何处去

2020年一开始，世界上就出现了这样那样的事件、危险，警告我们千万不可麻痹疏忽。当今世界，"黑天鹅"、"灰犀牛"事件是层出不穷的。即使在国内，出现各种所谓的突发事件特别是灾害性事件，其实都是常态。如果吓了一跳，那就说明缺乏准备，反而是不正常的。所以，提高应对风险挑战的能力，是我们必须具有的新常态。

在十九届四中全会上，习近平总书记明确指出："当今世界正经历百年未有之大变局，国际形势复杂多变，改革发展稳定、内政外交国防、治党治国治军各方面任务之繁重前所未有，我们面临的风险挑战之严峻前所未有。这些风险挑战，有的来自国内，有的来自国际，有的来自经济社会领域，有的来自自然界。"[①]因此，坚持和完善中国特色社会主义制度、推进国家治理体系和治理能力现代化，是应对风险挑战、赢得主动的有力保证。

战胜前进道路上的各种风险挑战，需要综合运用各种力量、各种资源、各种方式和各种手段，基础性的，应该是突出制度的优势和威力。习近平总书记明确强调，要"运用制度威力应对风险挑战的冲击"。所以，我们必须继续深化各领域各方面体制机制改革，在坚持和完善中国特色社会主义制度、推进国家治理体系和治理能力现代化上下更大功夫。

制度是基础，治理是抓手。制度是保障，治理见成效。制度是相对固化的，治理是相对活化的；制度侧重于规范本身，治理侧重于进行管理。制度的优势要转化为治理的效能，治理的效能要建立在科学的制度之上。制度是否优越和成熟，是否巩固和完善，是否成型和先进，归根到底，要由治理的成效来说话。所以，防范和应对风险挑战，必须制度、治理一起抓。

要通过全面深化改革，进一步巩固和完善中国特色社会主义制

---

① 习近平：《关于〈中共中央关于坚持和完善中国特色社会主义制度 推进国家治理体系和治理能力现代化若干重大问题的决定〉的说明》，《人民日报》2019年11月6日。

度，增强制度的科学性、系统性、稳固性、坚韧性，打牢防范和应对风险的基础，使中国特色社会主义制度的强大优势能够随时随地发挥出来，确保各种社会矛盾、内外冲击能够及时化解和消弭，确保广大人民群众真正凝心聚力，共同维护社会发展进步与稳定和谐的状态。对于直接维护国家与社会安全、直接应对和化解风险的各项制度，也要进一步加以完善或尽快建立起来。要检视和完善不同类型的应急预案，总结实践经验，不断提高其科学、合理、敏捷、高效的水平，要在制度的基础上进一步加强国家和社会治理。充分发挥政权机构、政党、团体、公众等不同治理主体的作用，依据宪法、法律、法规、党章等规范，按照人民意愿，运用政权力量和其他多种方式，对国家、社会的全部运行和秩序及社会生活进行管理、整合、引导、控制、调整和改革。做好思想政治工作，坚持以理服人，以情感人。积极防控各种风险，特别是要防止各种社会矛盾的连环爆发。始终保持政治稳定、经济发展、文化繁荣、民族团结、人民幸福、社会安宁、国家统一的状态。

广大干部要全面强化制度意识，坚决维护制度权威，自觉尊崇制度体系，严格执行制度规范。在制度的基础上发挥主观能动性，严格按照制度履行职责、行使权力、开展工作。不断提高执政能力和治理能力，不断提高推进"五位一体"总体布局和"四个全面"战略布局各项工作的能力和水平，不断提高科学执政、民主执政、依法执政水平，不断提高预见、防范、应对和处理各种突发事件的素质和能力。

五、对实行什么样国际战略的思考和建议

⦿ 新世纪中国全球战略构想

纪事和说明：

本文发表于 2000 年第 1 期的《中共中央党校学报》，也以适当方式报送过一些领导人。党校学报能发表这篇长达 2.2 万多字的文章，应该是对本人的巨大支持了。

文章在检视中国外交政策和世纪之交国际形势的基础上，第一次明确提出，面向新世纪，为了有计划、有组织、有步骤地在各个方面协同努力实现自己的战略目标，中国需要明确制定自己带有整体性、长远性和根本性的全球战略。

文章系统提出了 21 世纪中国应有的全球战略的主要构想。

第一部分，说明了中国应有全球战略的理由。

第二部分，说明邓小平已经使用过"全球战略"的概念，我们在 21 世纪将其落到实处，正当其时。

第三部分，论述了中国全球战略的中心目标应该是：为我国社会主义现代化建设争取良好的国际环境，维护中国的国家利益，推进世界的和平、发展与进步事业。

第四部分是全文的重点,在分析世界发展趋势、评述中国对外活动的基础上,从12个方面构想了中国全球战略的主要内容。

1. 全球战略的根本基点:坚持独立自主的原则,维护国家的利益、主权和安全。

2. 全球战略的基本主张:维护世界和平、反对霸权主义,推动建立国际经济和政治新秩序。

3. 全球战略的基本布局:以和平共处五项原则为基础,积极发展同世界不同类型国家的友好关系。

4. 全球经济和科技战略:全方位扩大对外开放,趋利避害,积极参与经济与科技全球化进程。

5. 全球政治战略:推动世界多极化进程,改善和发展与大国关系,建立均衡、稳定的世界战略格局。

6. 全球文明战略:尊重世界文明的多样性,促进各国文明的相互交流与合作,推动建立国际文明新秩序。

7. 全球组织网络战略:积极参与国际组织的活动、国际会议的召集和国际规则的制定,加强在国际舞台的多边交往与合作。

8. 全球问题合作战略:加强国际合作,解决全球问题,共同对付人类生存与发展面临的挑战。

9. 全球热点处置战略:积极参与热点问题的解决,发挥中国在国际事务中的影响和作用。

10. 全球政党交往战略:正确处理和积极发展对外党际关系,做好对外友好的基础性工作,以党际关系促进国家关系的发展。

11. 全球环境下的国家安全战略:以传统国家安全范畴为基础,适应时代潮流,扩展安全理念,全方位维护国土、政治、经济、环境、社会等安全。

12. 全球范围的形象战略:向世界推介中国,塑造中国在世界上的良好形象。

第五部分，说明了在制定和实施 21 世纪全球战略的过程中需要掌握的战略策略原则。

文中很多观点和主张都是本人第一次提出的。

进入 21 世纪以来，中国的国际战略和外交政策有很多发展变化。这是党和国家适应形势运用集体智慧科学决策的结果，并非本文起了什么作用，个人没有这种本事。但看到 20 多年来，文中提出的很多主张和建议陆续成为现实，还是比较欣慰的。

中国是一个发展中国家，也是一个有世界影响的国家。中国的社会主义现代化建设需要有长期良好的国际环境。在世界格局多极化和经济全球化日益发展的新世纪，中国需要在各个领域和地区维护自己的国家利益，也需要有应对各种复杂事变的对策和能力。面向新世纪，为了有计划、有组织、有步骤地在各个方面协同努力实现自己的战略目标，中国需要明确制定自己带有整体性、长远性和根本性的全球战略。

一、中国应有自己的全球战略

中国有自己的全球战略吗？

如果说没有，我们又可以列举邓小平和第三代中央领导集体非常丰富的外交理论和实践，说出我们在外交方面的一系列重要原则、战略思想和基本政策。但是如果说有，我们又确实感到，长期以来中国外交的色彩，在整体性的谋划、主动性的运作方面，多多少少还是有些欠缺。因此，很难理直气壮地说有一个什么样的全球战略。

这种带有主观色彩的评价和结论也许会仁者见仁，智者见智。那么，我们党和政府有没有正式提出过"全球战略"的概念和构想呢？经查阅，1982 年的中共十二大报告中，只有一句提到中国的对外政策"有长远的、全局的战略依据"。1987 年的中共十三大报告，提到

五、对实行什么样国际战略的思考和建议

从十一届三中全会以来"调整外交格局"的问题。而 1992 年的中共十四大和 1997 年的中共十五大,都只是说明了外交政策的基本内容,没有表达任何"全球战略"的意思。其他有关的一些文件或领导人涉及国际问题的公开讲话,也没有发现正式地用"全球战略"来概括我们的对外政策和外交思想。

历史地看,这样的做法有合理之处。因为:第一,中国的主要任务是一心一意把自己的事情办好,外交的主要目的是为自己的现代化建设争取一个有利的国际环境;第二,中国自身的力量和影响还不足以更多地关注和参与解决全球范围的各种问题;第三,中国外交的策略原则还是要韬光养晦,不要出头,不要引人注目,以免招惹是非。

但是,国际形势和外交政策都是不断发展的。在人类即将跨入 21 世纪之时,我们所处的整个世界已经发生了很大的变化,我们在国际舞台上发挥作用和维护利益的方式也有了一定的改变,相应地,对我们整个外交工作的要求也进一步提高了。

第一,随着科学技术的迅速发展、交通和通信方式的巨大改进、经济全球化的日益推进,整个世界已经越来越紧密地联系在一起。一个小小的"地球村"的概念,就足以把人类相互关系的现状表达得淋漓尽致。加上中国对外开放的日益加深,特别是如果参加 WTO 之后,中国将更加紧密地参与到世界经济的大家庭中。在这样的情况下,中国的国家利益已经不仅仅限于自己的国境线之内,而是日益广泛地体现在与外部世界的联系之中,需要更多地通过这种联系来谋取和维护自己的国家利益。因此,不仅中国外交的触角将更多地伸展到世界的各个地区和各个领域,而且中国与外部世界的联系渠道和联系方式将远远超出传统"外交"的范畴,而日益多样化。

第二,面对新形势,中国外交的方式,已经不是仅仅对国际上所发生的事件简单地加以表态,发表赞同还是反对的意见,也不是一般的政务交往,限于发展相互友好的关系。而是要全面分析世界形势的动态和走向,及时把握潮流,因势利导,采取各种可能的方式,促使

其向着更有利于我国的方向发展；要综合判断世界上各种事件对我国的利弊得失，不仅以适当的方式表明自己的立场态度，而且要酌情参与问题的解决过程，使我们的外交原则得以体现，国家利益得到更好的维护；要更加关注各种超越国界的全球性问题的解决，发表自己的主张，施加自己的影响，力求使这类问题的解决方案更加公正合理，不仅维护自己的利益，也维护发展中国家的利益；要积极参与各个领域国际规则的制定，在寻求全球利益平衡的基础上，争取建立国际经济和政治新秩序，防止单纯由少数国家左右世界各种利益的分配。

第三，在新形势下，不仅外交的内涵正在扩展，而且内政与外交也要更加紧密地结合起来。新时期我们在国际舞台上的活动，已经不再是单纯的国家政府机关进行的政务性对外交往活动，而是包括经济、政治、文化、科技、军事等在内的全部对外关系和对外事务。这样的对外关系和事务，与国家内部事务有着更加紧密的联系。一方面，它要服从于国内建设的需要；另一方面，它也要求国内事务与之配合。例如，每参加一个国际组织和条约，我们都要全面地权衡对国家利益和内政事务的利弊得失；一旦加入，就必须承担国际义务，在有关的政策、活动方面加以调整，保证国内各有关领域都严格执行国际规则；同时，也要充分利用国际组织、条约、规则所带来的每一点权利和机遇，促进国内建设的发展，争取得到最大限度的收益。这样，国际国内就应该是一个双向互动的过程，内政外交也就要更加紧密地联系、交融在一起。

第四，在这样的情况下，整个国家的对外事务有了更高程度的系统性、整体性、主动性和长远性。国家的发展、安全乃至生存，与国际环境有着紧密的联系。整个对外活动的方向、政策、策略都要服从和服务于基本国策。对外事务的活动方向与国内经济、政治、文化、科技、军事等所有领域的政策方向，都要密切配合，互相促进。这样，我们在国际舞台上的活动战略，已经不是一般的外交战略、对外战略，也不是一般的国际战略，而应该是与国内事务紧密结合，面向世界所有领域、所有区域，具有全球性特点的整体战略。这样的战略，要求有更广泛的外延，有更高层次的内涵，有全局性、整体性的谋划，有主动进取的精神，有所有相关领域的联系和配合，有更丰富多样的手段和方式。这样的战略，当然非全球战略莫属。

因此，在21世纪，制定和实施中国的全球战略，是时代发展的需要，是国家利益的需要，是提高外交水准和层次的需要。到底在什么时机、以什么方式正式提出"全球战略"的概念，并宣示其内容，可以商量。但在21世纪，中国迟早都应该有也必将有一个自己的全球战略。

二、邓小平已"有言在先"

虽然中国政府还没有正式使用"全球战略"的概念，但邓小平实际上对此已考虑在先。

邓小平作为一个战略家，始终有着宽广的世界眼光，善于从全局、战略的高度来分析形势，把握潮流，作出决断。在《邓小平文选》中，他多次讲到战略问题和大局问题。据简略统计，在《邓小平文选》一、二、三卷中，邓小平一共123次使用"战略"一词。在第二卷和第三卷中，则有86次。在这86次中，用于国际、外交、对外开放的有21次。其中，有2次直接使用了"国际战略"的概念，有4次直接使用了"全球战略"的概念。

"国际战略"的使用情况：一次是把毛泽东的三个世界理论和决策称作是"国际战略原则"[①]。一次是说美国如果对中国在世界政治中的地位发生错误判断，就"不会有一个正确的国际战略"[②]。

"全球战略"的使用情况：有2次是1977年12月在中央军委全

[①] 参见《邓小平文选》第二卷，人民出版社1994年版，第160页。
[②] 《邓小平文选》第二卷，人民出版社1994年版，第376页。

体会议上使用的,"苏联的全球战略部署还没有准备好。美国在东南亚失败后,全球战略目前是防守的"[1]。另一次是1981年9月在华北检阅军事演习部队时,讲到"苏联霸权主义加速推进全球战略部署"[2]。还有一次是1985年6月在军委扩大会议上,认为"苏美两家都在努力进行全球战略部署,但都受到了挫折"[3]。

很清楚,在《邓小平文选》第二、三卷中,4次讲到"全球战略",都是指美国和苏联的全球战略,并没有指中国,当然也没有说过中国自己有没有或要不要有全球战略。

那么,邓小平真的就没有讲过中国的全球战略问题吗?

峰回路转,柳暗花明。再查阅1998年底出版的《邓小平思想年谱(1975—1997)》(以下简称《年谱》),我们有了新的发现。《年谱》中,有约三分之二的内容是第一次公开发表的。它们对《邓小平文选》起了极好的补充和充实的作用。在《年谱》中,我们发现邓小平论述国际问题时大量使用了"战略""全球战略""国际战略"以及"战略意图""战略关系"等概念。粗略统计,至少有13处地方使用了"全球战略"一词。

在使用"全球战略"一词时,约9处是从中美关系提出问题的。主要强调对中美关系要有政治眼光,善于从全球战略的高度来认识这个问题的重要性。邓小平多次对美国人士指出:"如果要使中美关系不停滞并且要继续发展,关键问题是从什么角度来观察和对待中美关系,是从全球战略的角度来对待两国关系,还是从一些暂时的、战术的策略观点来对待两国关系。"[4]"从全球战略角度来看,美国究竟把中国摆在什么位置还没有搞清楚。"[5]邓小平希望:"美国要真正同中国改

---

[1] 《邓小平文选》第二卷,人民出版社1994年版,第77页。
[2] 《邓小平文选》第二卷,人民出版社1994年版,第395页。
[3] 《邓小平文选》第三卷,人民出版社1993年版,第127页。
[4] 中共中央文献研究室编:《邓小平思想年谱(1975—1997)》,中央文献出版社1998年版,第191—192页。
[5] 中共中央文献研究室编:《邓小平思想年谱(1975—1997)》,中央文献出版社1998年版,第265页。

善关系，必须从全球战略来认识这个问题。"① 在这些地方，主要指的是美国的全球战略。

但邓小平在强调从"全球战略"看问题时，并不全部是指美国一方。从上下文看，有时也明显包含了中国在内。如，1980年8月22日，在会见美国共和党副总统候选人乔治·布什时，他指出："中美关系是全球战略的一个重要组成部分"②。后来，在其他场合，邓小平又说道："从全球战略角度来说，中美有广泛的相似的地方"③。"中美关系发展，不只是在台湾问题上，还有全球战略关系，两国间的经济、贸易方面以及文化、科技合作方面，领域宽得很。""真正从全球战略出发，维护和发展中美关系要做许多事情。"④ 对于中国来说，不管美国哪一个党执政，"中国政府评价和判断美国政府的战略决策和对外政策都将把对中国的政策视为最重要的标志之一，因为这是一个全球战略的问题"⑤。这些表述的字里行间，已经明显包含着中国处理中美关系也是从"全球战略"看问题的意思在内。

其实，邓小平讲"全球战略"，并不限于中美关系。在谈到其他国际问题和双边关系时，也曾经上升到全球战略的高度。如1982年12月15日，在会见土耳其总统埃夫伦时，邓小平说："在全球战略中，土耳其处于非常重要的战略地位，你们的位置最敏感。""你们那个海峡，一个博斯普鲁斯海峡，一个达达尼尔海峡，厉害得很哪！"⑥

---

① 中共中央文献研究室编：《邓小平思想年谱（1975—1997）》，中央文献出版社1998年版，第265页。
② 中共中央文献研究室编：《邓小平思想年谱（1975—1997）》，中央文献出版社1998年版，第166页。
③ 中共中央文献研究室编：《邓小平思想年谱（1975—1997）》，中央文献出版社1998年版，第251页。
④ 中共中央文献研究室编：《邓小平思想年谱（1975—1997）》，中央文献出版社1998年版，第232页。
⑤ 中共中央文献研究室编：《邓小平思想年谱（1975—1997）》，中央文献出版社1998年版，第166页。
⑥ 中共中央文献研究室编：《邓小平思想年谱（1975—1997）》，中央文献出版社1998年版，第244页。

世界向何处去

更值得注意的是,在《年谱》中,邓小平实际上已经直接提到了中国的"全球战略"观。1980年4月15日,在会见世界银行行长麦克纳马拉时,邓小平强调:"对我们中国来说,考虑问题历来不从中国自身利益一个角度考虑,而是从全球战略来提出问题,考虑问题的。"[①]经查阅比较,这是邓小平第一次在中国自身战略的意义上使用"全球战略"这个重要概念。1985年4月17日,在会见比利时首相马尔滕斯谈到中欧关系和中国对外开放政策时,邓小平又一次指出:"我们不仅是从中国自身利益的角度考虑问题,也是从国际战略和维护世界和平的角度考虑问题。一九七八年底我们的三中全会制定的目标也就是从全球战略来考虑的。"[②]

《年谱》中不仅较多地出现了"全球战略"的概念,而且还从中国自己的角度谈全球战略,这具有重要的意义。它表明,邓小平对国际问题的思考,对中国外交政策的思考,乃至对国内发展问题的思考,不仅是从一般的外交战略,或者是国际战略,而且确实是从"全球战略"的高度着眼的。在邓小平的国际战略思想中,确实有一个"全球战略"的思维框架和基本理念。从专业术语的内涵来说,"全球战略"比"外交战略""对外战略"甚至"国际战略"的外延更宽、更广。

中国应不应该有自己的全球战略?既然邓小平已经这样使用并且如此强调"全球战略"问题,我们还要有什么犹豫?为什么不抓紧落到实处呢?

因此,可以说,在21世纪的新形势下,将邓小平的思想落到实处,适逢其需,也正当其时。

---

① 中共中央文献研究室编:《邓小平思想年谱(1975—1997)》,中央文献出版社1998年版,第153页。
② 中共中央文献研究室编:《邓小平思想年谱(1975—1997)》,中央文献出版社1998年版,第316页。

三、新世纪中国全球战略的中心目标

我们提出中国全球战略问题，不是说以往中国在对外事务方面没有任何战略。只是说这方面的战略还不够全面、不够完整、不够系统。比如说，所谓"一边倒"战略、"一条线"战略等，都只是突出了某一个方面，在整体性和主动性的谋划方面还有所欠缺。随着时代条件的变化，我们的战略必须发展到一个新的层次，进一步加强全球性的谋划和运作，以更加主动和积极的姿态，在国际舞台上进行活动，更好地谋取自己的利益，发挥自己的影响。

因此，未来的全球战略，当然要以现有的战略思想、战略目标、战略意图、战略方针、战略原则为基础，同时又要适应新世纪的特点和需要，进一步加以调整、完善和提升，使之上升到更加宽广、更加系统、更具有全球性特点的层次。

从这样的基点出发，我们要深入周密地思考如何构建新世纪中国全球战略的基本框架问题。

战略目标是任何战略最重要的构件要素。新世纪中国全球战略的中心目标是什么？根据我们党对中国国情的分析、党在整个社会主义初级阶段的基本路线和基本纲领、我国社会主义现代化建设的根本战略、21世纪中国最大的国家利益，我们认为，**新世纪中国全球战略的中心目标应该是：为我国社会主义现代化建设争取良好的国际环境，维护中国的国家利益，推进世界的和平、发展与进步事业。**

这一目标包含三方面的内容。首先和最重要的是"为我国社会主义现代化建设争取良好的国际环境"。

任何外交、外事和对外联系，根本上都是从属于国家发展战略特别是内政要求的。中国是一个发展中国家，无论在20世纪还是21世纪，我们的根本任务都是坚持以经济建设为中心，坚持改革开放，坚持四项基本原则，为建设一个富强民主文明的社会主义现代化国家而奋斗。根据"三步走"战略，21世纪的前50年，要建设小康社会，到 21 世纪的中叶即新中国成立 100 周年时，要争取达到中等发达国家水平。在这之后，还要进一步向较高水平的现代化目标迈进。这样一个根本的国家发展战略，决定了我们在其他所有领域，包括国际舞台上的所有目标、任务和战略。

中国的发展离不开世界。在经济全球化日益发展的 21 世纪，中国的发展更离不开世界。这种"离不开"，首先是要有一个和平的、良好的国际环境。没有这个环境，我们在坚持自己的中心任务时，就会受到这样那样的冲击；没有外部的必要条件，我们在实施自己的发展战略时就会遇到更多的困难。因此，中国对外政策乃至全球战略的核心目标，就是要为中国的社会主义现代化建设争取一个良好的国际环境，以保证我们的国家发展战略能够顺利实现。邓小平早就坦率地表示："我们不在乎别人说我们什么，真正在乎的是有一个好的环境来发展自己。"[1] "我们的对外政策，就本国来说，是要寻求一个和平的环境来实现四个现代化。这不是假话，是真话。这不仅是符合中国人民的利益，也是符合世界人民利益的一件大事。"[2] 他强调："中国对外政策的目标是争取世界和平。在争取和平的前提下，一心一意搞现代化建设，发展自己的国家，建设具有中国特色的社会主义。"[3]

全球战略的目标除了环境之外，还有一个利益问题。在一定意义上，环境也是利益。但环境的本意是为实现利益创造条件，因此还不完全等同于利益。传统的国家利益，主要是在本国内部得到实现的（当然，殖民主义、帝国主义、霸权主义在本国之外的所谓"利益"另当别论）。但是，随着世界各国之间经济、政治、文化、科技等各方面联系的日益紧密，特别是世界大市场的形成和经济全球化的发展，一国国家利益的空间范围，在一定意义上已经超出了有形的国界，越来越多地体现在与其他国家的相互联系和磨合中，体现在国际

---

[1] 《邓小平文选》第三卷，人民出版社 1993 年版，第 360 页。
[2] 《邓小平文选》第二卷，人民出版社 1994 年版，第 241 页。
[3] 《邓小平文选》第三卷，人民出版社 1993 年版，第 57 页。

组织的决议、条约和规则中，体现在一系列国际事件的影响和国际事务的处理中。

像以美国为首的北约轰炸我驻南联盟使馆，发生在远离中国本土的地方，但却严重损害了中国的国家利益。世界贸易组织制定的许多条款，并没有根本改变我们的国际环境，但却与我国的国家利益息息相关。国际市场上的一个商机，也许马上就能给我们带来不菲的收益。

所以，我们与外部世界的联系，不仅仅在于一般地改善国际环境，还在于在一切相关的领域、地区和方面，以一切合理合法的方式，争取和维护中国的国家利益。因此，在21世纪中国全球战略的中心目标中，应该明确地包含维护国家利益在内。

当然，中国从来不是一个狭隘的利己主义者。中国在世界上一直是一个负责任的爱好和平的国家。过去有些时间，中国曾经对外部世界承揽了实际上力所不及的责任，这对中国的发展并不有利。后来加以调整和改变，是必要的。但这并不意味着中国从此对人类的命运和发展漠不关心，而是既要韬光养晦，又要有所作为。这是两者的辩证关系。中国要埋头苦干，首先要把自己的事情办好，同时，也要以自己的建设成就，以在国际舞台上的活动，为人类世界作出一定的贡献。

因此，中国在21世纪里，要更加注意塑造自己在国际上的良好形象，继续坚持永远不称霸的方针，在解决国际事务的过程中，积极而又适度地发挥自己的作用，坚持原则，说公道话，办公道事，努力推进整个世界的和平、发展与进步事业，共同为人类创造一个美好的家园。

全球战略的中心目标，决定全球战略的其他方方面面，因此，应该有严格的界定。其他各种原则、政策、战略、策略等，都不要简单地与之混同。例如，反对霸权主义，是我们外交政策的一项重要内容，邓小平曾经把反对霸权主义、维护世界和平称作我们的"国策"。但是，反对霸权主义能不能作为我们外交政策或全球战略的中心目标呢？答案应该是"不宜"。为什么？这就有点像目的与手段的关系一样。霸权主义有害于世界和平，有害于世界人民，也有害于中国的国际环境和国家利益。但是，我们反对霸权主义并不是为反对而反对。反对的最终目的，说到底，也是为了改善我们的国际环境，维护我们的国家利益。所以，反对霸权主义，是在实现我们全球战略目标过程中的一种特殊形式的斗争，无论多么必要，都不能提升到最终目标的程度。反对霸权主义，包括反对谁、反什么、怎样反，要从属于和服务于我们的中心目标。斗争、反对，都要有的放矢，还要有理、有利、有节，不是盲目反对一气，也不是无休止、不停息地反对。反对的同时，也要讲联合，讲合作，讲妥协，讲双赢。因此，我们全球战略的中心目标，不能是反对霸权主义。

四、新世纪中国全球战略的基本框架

围绕中心目标，需要构建一系列基本的战略原则和方针政策，确立战略体系，明确战略结构。

多年来，我们已经基本形成了一系列外交政策和原则。现在要做的，一是要将所有这些内容进一步加以整理，使之系统化、规范化；二是要适应21世纪的形势发展和变化，增加有关的最新内容；三是要将通常意义上的外交政策与其他涉外的方针政策结合起来，将外交与内政结合起来，上升为内容更为广泛、相互联系更为紧密的全球性战略体系。

把这三方面的要求和内容结合起来，我认为，新世纪中国的全球战略大体应包含以下12个方面的内容：

第一，全球战略的根本基点：坚持独立自主的原则，维护国家的利益、主权和安全。

这是我国外交政策和全球战略的根本原则。

五、对实行什么样国际战略的思考和建议

独立自主，包含着两个方面的内容。首先是整个国家的独立自主，这是基本国策问题。坚持独立自主，就是无论在任何情况下，都珍惜、爱护自己国家和民族的独立、主权，维护国家和民族的利益、尊严；完全自主地决定自己国家的发展道路和政策，决不仰人鼻息，决不允许外国干涉内政；主要依靠自己的力量建设国家，始终保持自强不息的精神；既认真学习外国的经验，又不照搬外国的模式，一切从本国的国情出发，建设具有中国特色的社会主义。

独立自主的另一层含义，就是在国际舞台上，"坚持独立自主的和平外交政策，不参加任何集团。同谁都来往，同谁都交朋友"[1]。完全依据自己的利益、原则和判断决定对外政策，全方位地同各个国家搞好关系，对世界上的各个大国，不亲谁疏谁。谁对就支持，谁错就批评。坚持讲公道话，办公道事。

坚持独立自主，必然要求维护自己国家的主权和安全。所以，维护国家主权和安全，是中国全球战略的一项重要原则。国家主权是一个国家独立自主地处理自己内外事务、管理自己国家的权力，是一个国家最重要的属性和权利。按照我们的一贯主张，"国家的主权、国家的安全要始终放在第一位"。"任何违反国际关系准则的行动，中国人民永远不会接受，也不会在压力下屈服。"[2]

主权、安全，都属于利益范畴，是国家利益的集中体现。国家利益是可供满足主权国家人民生存和发展需求的各种物质和精神条件。国家利益包含长远利益与当前利益；现实利益与潜在利益；国内利益与国际联系利益；如双边利益、地区利益、全球利益；共同利益、冲突利益和交叉利益；等等。在国际关系中，最大量的是联系利益，最棘手的是冲突利益。

国家利益是主权国家制定和实施外交战略或国际战略的根本出发

---

[1] 《邓小平文选》第三卷，人民出版社1993年版，第162页。
[2] 《邓小平文选》第三卷，人民出版社1993年版，第348页。

点。我们全球战略的根本目的，说到底，就是为了谋取和维护自己的国家利益。

这种利益取向的战略，不同于过去单纯将利益限定于国境线之内的战略，而是适应全球化的发展，在国际舞台上更多地关注通过国际联系而表现和取得的利益；当然，也根本不同于霸权主义那种把自己一国利益置于他国利益之上、通过损害他国的利益来谋取自己的利益。我们的这种双边、多边、地区、全球的利益，是通过相互合作、相互磨合而取得的。这种利益是正当的。

所以，我们应该在自己的全球战略中，理直气壮地提出利益的范畴，把它包含在我们的战略基点和战略目标之中。而且就其内容来说，它比主权和安全还要广泛，所以，我们甚至要把它排在主权与安全之前。

第二，全球战略的基本主张：维护世界和平、反对霸权主义，推动建立国际经济和政治新秩序。

在服从和服务于全球战略中心目标的前提下，在国际舞台上，我们要继续明确地坚持维护世界和平、反对霸权主义、推动建立国际经济和政治新秩序的基本主张。

和平，是人类社会和国际关系的一种理想和美好的状态，是人类文明发展和进步的标志。几百年、几千年来，人类饱受了战争的灾难。20世纪上半叶，世界经历了两次大战的折磨。下半叶，虽然没有发生世界大战，但局部的战争连续不断。冷战结束后，这种局部的冲突和战争还时有增加。因此，和平仍然是世界两大课题之一。实现和平，仍然是全世界人民的共同愿望。我们在自己的全球战略中，仍然要继续高举维护和平的旗帜，把争取和平，消除战争或战争的危险当作我们的一个基本任务和基本主张。

在维护和平的过程中，要进一步寻求实现和平的途径和方法，如邓小平所说，对世界上的许多争端，找出解决问题的出路，根据新情况、新问题，提出解决的新办法。对传统的领土争议，要寻求多种解

五、对实行什么样国际战略的思考和建议

决问题的途径。中国对解决国际争端，应当酌情起一定的促进作用，而不可长期置身事外。对国际上的各种类型的新冲突，应研究提出理论和对策性的框架。继续反对军备竞赛，根据公正、合理、全面、均衡的原则，推动裁减军备特别是裁减超级大国核军备和其他军备的进程。同时，尊重现实，明确反对核扩散和其他战略武器的扩散。在处理国际事务中，要求严格遵守联合国宪章和公认的国际关系准则。不应诉诸武力或以武力相威胁。对联合国维和行动要作更细致的研究，采取更加现实和积极的态度。

霸权主义和强权政治的存在，始终是解决和平与发展问题的主要障碍。冷战结束后，两极格局解体，力量对比失去平衡，过去那种以美苏争霸为特征的霸权主义转换成以少数西方发达国家意欲垄断世界为特征的新霸权主义和强权政治。美国毫不隐讳要当世界警察和世界的领导者。霸权主义、强权政治违背时代潮流，不仅阻碍世界和平与发展，而且时常对我国造成压力和威胁。所以，"要争取和平就必须反对霸权主义，反对强权政治"[①]。当然，反对霸权主义需要适度，切不可过火、过度，不能也不必放在头等重要的位置上。

反霸与维和，互有联系。但我们认为，比较而言，维和更为重要、更为基本，所以，应该将顺序作一调整，将维护世界和平摆在反对霸权主义之前。

无论反霸还是维和，都要以一定的规则和秩序为基础、作保证。所以建立国际政治经济新秩序，是维和与反霸的逻辑延伸，也是时代进步和发展提出的要求。目前，几乎所有国家都要求建立新秩序。但对这种新秩序的主张，却大相径庭。西方要求建立以他们为主导的"新秩序"，发展中国家则希望建立发挥联合国作用、尊重中小国家主权和利益的新秩序。按照邓小平的主张，我们强调新秩序应该建立在和平共处五项原则的基础上。江泽民进一步提出了新秩序的五项主

---

① 《邓小平文选》第三卷，人民出版社 1993 年版，第 56 页。

张。今后，围绕新秩序的斗争和磨合还会长期存在，我们需要继续坚持自己的主张，同时对现实采取灵活的态度。

第三，全球战略的基本布局：以和平共处五项原则为基础，积极发展同世界不同类型国家的友好关系。

为了实现我们全球战略的中心目标，需要根据和平共处五项原则和国家利益的战略原则，全方位地发展与不同类型国家之间的关系。

周边环境，直接关系到我们的国家主权和安全，也是传统国家利益的临界线和矛盾冲突的焦点。建立睦邻友好的周边关系，对于实现我们的中心目标，关系极大。因此，我们要继续坚持睦邻友好的政策，妥善处理好与周边国家的关系。对与邻国之间存在的争议问题，着眼于维护和平与稳定的大局，通过友好协商，谈判解决。一时解决不了的，可以暂时搁置，求同存异，不要使其妨碍和平与稳定的大局。

进一步加强同广大发展中国家的团结与合作，这是具有战略性的根本大计。中国是发展中国家，与所有发展中国家的命运是共同的。在发展同大国关系的同时，加强同发展中国家的合作，有助于增强中国的国际地位，有助于牵制霸权主义，有助于建立国际政治经济新秩序。发展中国家比较穷，但穷朋友也有穷朋友的情义和用处。如果抛弃穷朋友去巴结富朋友，不仅富朋友巴结不上，穷朋友也会丢了。所以，我们要用长远的战略眼光看待同发展中国家的关系。在全球战略中，继续把加强同发展中国家的团结与合作作为我国对外政策的基石。在国际事务中，一如既往地同发展中国家相互支持，密切配合，积极而又适度地当好他们的代言人，共同维护发展中国家的正当权益。

发达国家在世界上具有举足轻重的作用，因此是我们改善和发展关系的重点。大国关系稳，世界就稳；中国与大国关系好，我们的外部环境就好，现代化建设的条件就更有利。发达国家对中国，有不够友好、利益摩擦和施加压力的一面，但也有对我友好、相互倚重、谋求合作的一面。所以，我们应该在和平共处五项原则的基础上，大力改善和发展同发达国家的关系。寻求共同利益的汇合点，扩大互利合作，以更大的规模和速度发展相互间的经济、政治、文化、科技乃至军事的合作关系，共同对付人类生存和发展所面临的挑战。对彼此之间的分歧，坚持对话，不搞对抗，从双方长远利益以及世界和平与发展的大局出发，寻求妥善的解决办法。求大同，存小异。也可以求大同，存大异。在斗争与合作之间，斗是必要的，但应是次要的，而合作，才是我们的主要目的，也是我们的利益所在。应把合作摆在首要的地位上。

第四，全球经济和科技战略：全方位扩大对外开放，趋利避害，积极参与经济与科技全球化进程。

国家利益，最主要的是经济利益。经济上的联系和交往，已经越来越成为各国之间最主要的交往和联系。经济外交，也日益成为各国外交的最重要内容之一。中国的国家利益，随着 21 世纪的到来，将越来越多地体现在这种与外部世界的经济联系之中。它既体现在打开大门，引入外部的经济资源和经济要素上，同时，也体现在我们进入国际市场，在国际市场的交易得失上。

所以，我们的外交工作要更多地从政务外交扩展到经济外交；同时，又要将着眼于外部环境的外交战略与着眼于内部发展的开放战略更加紧密地结合起来，形成统一的对外战略、国际战略和全球战略，全方位地展开活动，实现我们的战略目标。

全球经济和科技战略的中心问题，是抓住全球化的机遇，迎接全球化的挑战。经济和科技全球化的迅猛发展，已经成为新世纪国际战略形势发展的基本趋势。它既是社会生产力和科学技术发展的表现，也是资本主义生产方式在全球范围内的延伸。它正在造成一种各国经济你中有我、我中有你、相互交织的复杂局面，并将更进一步地加深这种联系，日益明显地改变传统的国家形态、国家关系，向我们提出越来越多的理论与实践课题。

经济和科技全球化，作为一种客观必然的历史进程，是我们回避不了的。唯一的战略选择，就是按照趋利避害的原则，积极参与和推进这种进程。既充分利用全球化带来的有利条件和机遇，又对其风险保持清醒的认识。制定和实施一系列应对的方针、政策和措施，切实谋取和维护我国的国家利益。

　　为此，我们要坚定不移地扩大对外开放，充分利用全球化的机会，向发达国家学习和借鉴先进的科学技术与管理方法，尽快提高科技水平和经济管理水平，为发展知识经济创造物质条件；不断调整和改革产业结构、经济体制和运行机制，努力做到与世界经济体系逐步接轨，进入国际市场，参与国际竞争；抓住国际统一大市场不断形成和各生产要素自由流动的良机，尽量吸引外资、技术和设备来发展自己；以更主动的姿态参与国际经济合作与竞争，积极发挥市场广阔、资源丰富和劳动力廉价的传统优势，努力提高在世界市场上的竞争力与回旋余地；坚持平等互利的原则，同世界各国和地区广泛开展贸易往来、经济技术合作和科学文化交流，把经济联系的触角更多地伸向世界的各个角落，逐步融入全球经济体系，最终成为经济全球化进程的重要角色。

　　当然，我们还要防止和抵御全球化对我们以及发展中国家所可能造成的侵害，加强防范工作，增强抵御和化解能力，维护经济安全；防止全球化为某些西方国家干涉发展中国家的内部事务打开方便之门；防止世界范围两极分化、富国愈来愈富、穷国愈来愈穷的现象。

　　第五，全球政治战略：推动世界多极化进程，改善和发展与大国关系，建立均衡、稳定的世界战略格局。

　　冷战结束以后，世界各种力量进行了新的分化与组合，多极化进程进一步发展，大体出现了"一超诸强，多元争极"的局面。由于总体上世界格局还处在变动和过渡过程中，所以，真正多极的格局还远未形成。进入 21 世纪后，这一趋势会继续发展。多极平衡的格局何时能够形成？要看单极与多极较量的结果而定。

一方面一极是危险的，因为实力最强的一个大国会依仗自己的力量，到处指手画脚，甚至横行霸道，而且还常常欺负到中国头上来；但另一方面不稳定的多极也是危险的，因为大家都想争"极"，互不服气，说不定就会吵起来，甚至大动干戈。

所以，世界的稳定性既有赖于多极化的发展，逐步达到主要大国之间力量的相对均衡；更在于建立起公正、合理、具有较强约束力的国际政治与经济新秩序；从根本上来说，则有赖于全球经济和社会生活发展到相互交融、不可分割的程度，人类文明也发展到任何恃强凌弱的霸权行径都被人唾弃的程度。

就目前而言，单极格局对世界有弊有利。对中国而言，则是有弊无利。所以，我们在国际政治中的主要立场和态度，是要推动多极化进程的发展，对单极化倾向给予一定程度的牵制，争取建立一个比较均衡的力量关系结构。冷战后的事实证明，失去均势，世界就很不稳定，对我国的地位和环境更不利。只有形成一个力量均衡、互相牵制的结构，对中国才是最有利的。

因此，我们最需要也最值得采用的政治战略，应是一种"新均势战略"。所谓"新"，就是不同于历史上的均势战略，但也可以汲取它的合理之处，并恰当地加以改造。

我们的新均势战略，就是在多元化的国际社会中，积极发展与不同大国和集团之间的关系，争取实现各主要大国和集团之间力量上的大致均衡，牵制住单极化倾向的发展，以多抑大，联弱牵强，从而使我们自己处在一种较为安全、较少压力、较为有利的地位。在策略原则上，当然也就要善于打牌。只是这种打牌不是放弃原则和信用，随心所欲，而是在坚持原则的基础上，善于交朋友（但并不结盟），善于利用矛盾化解对我的压力。这种新均势战略，不是攻势型的，而是防守型的，不是为了谋取霸权，而是为了消除压力，如此而已。

实施新均势战略的重点，是要通过努力，逐步建立起比较稳固的大国战略关系。我们要正确估量中国的国家实力和在世界上的地位，正确认识和处理世界舞台上的各种矛盾，尤其是大国之间的矛盾，加强同各个大国之间的政治对话、经济合作和科技交流。近些年来，在多极化发展过程中，大国关系的调整进入了一个引人注目的新阶段。各国领导人频繁接触，形成首脑会晤和联系的机制。大国之间建立了各种内涵不同的"战略关系""伙伴关系"，出现了既相互竞争又相互合作，既相互制约又相互借重，既有摩擦又有协调的新局面。

我们要继续因势利导，纵横捭阖，大力推动多极化趋势和大国关系的调整朝着有利于我国的现代化建设和完成祖国统一大业，有利于改善中国的国际环境、增强中国的国际地位，有利于维护世界和平、朝着促进共同发展的方向发展。

第六，全球文明战略：尊重世界文明的多样性，促进各国文明的相互交流与合作，推动建立国际文明新秩序。

21世纪国际战略关系的一个大课题，是如何处理不同文明类型之间的关系。世界上不同国家，在经济、政治关系的背后，都潜藏着一种文明类型之间的关系。各种文明类型，到底是兼容的，还是冲突的？到底是应该取长补短，互相学习，还是唯我独尊，恃强凌弱？这个问题不解决，世界上的矛盾和冲突就会不断。所以，处理不同文明之间的关系，应该及时地纳入我们的全球战略当中。

世界文明发展的历史事实告诉我们，多样性历来是世界文明的一个基本特质，也是促进人类文明进步的一个积极和重要的因素。不同文明类型之间的差异，既有矛盾、冲突的一面，也有统一、共存的一面。国际关系中发生的各种冲突，其根本原因，是现实的利益矛盾。文明的冲突可能是背景之一，但一般都不是根本和直接的原因。西方一些学者和政治家夸大文明冲突的作用，把当代国际关系中的冲突都归结为文明的冲突，是不正确的。特别是他们往往抱有根深蒂固的"西方文明优越论"的观点，企图把少数国家与广大发展中国家的矛盾归结为优秀文明与落后文明的冲突，以此证明新霸权主义的合理性和必要性。这更是危险的。对此，我们不能不给予必要的揭露和抵制。

当然，在这同时，我们也要看到，不同文明之间，确实也有差异、矛盾、冲突的一面。当代世界，西方文明确实也正在日益侵蚀着其他文明，甚至危及其他文明类型的生存。所以，在努力建立国际政治和经济新秩序的同时，我们需要及时和响亮地提出一个建立国际文明新秩序的问题。

笔者在1995年初的一篇文章中，已经提出了建立国际文明新秩序的观点。在此，特再次重申和强调这一观点，希望引起更加广泛的注意。

建立国际文明新秩序，关键是要正确认识和处理世界文明的多样性。每一种文明都要加强对外交流。对由此出现的"文明冲突"，要具体分析，既不可妄自尊大，也不可妄自菲薄。世界上每一种文明都要学会与其他文明共处、共存，求同存异，互相学习，取长补短，共同发展。不能自以为优越、高贵，而对别的文明类型的国家和人民横加指责，随意干涉。

人类世界是丰富多彩的，各国都有权选择符合本国国情的社会制度、发展战略、生活方式和文化价值。国与国之间的关系主要应该从国家自身的战略利益出发，着眼于长远的战略利益。社会制度和意识形态的差别不应成为发展相互关系的障碍。中国尊重每个国家自己的选择，不把自己的社会制度和意识形态强加于人，同时也决不允许别国把自己的社会制度和意识形态强加于我。

各国应超越社会制度和意识形态的差异，相互尊重，友好相处。各国在通过电视、广播、电影、书籍、软件、音像制品、国际互联网、电讯工具等进行信息和文化交流的过程中，应该建立和遵循必要的规则，并且注意保护各国文明的特色。

第七，全球组织网络战略：积极参与国际组织的活动、国际会议的召集和国际规则的制定，加强在国际舞台的多边交往与合作。

第二次世界大战结束后特别是冷战结束以来，不同形式的国际组织和国际会议不断涌现，作用日渐加强，活动范围日益扩展。它们超越传统的国家界限，使以国家为主要行为主体的国际关系增加了新的角色和内容。

国际组织和国际会议有助于国际社会向着秩序化、民主化和规范化的方向发展。尽管国际组织和国际会议的类型和性质极为复杂，某些大国或反动势力也常常利用国际组织和国际会议为自己的政治目的和狭隘利益服务，发展中国家在国际组织和国际会议中也大都处于不利的地位，但世界各国，尤其是大国，都越来越重视国际组织和国际会议的作用，力图通过国际组织、国际会议以及相关的多边外交活动发挥自己的影响，谋求自己的利益，促进国际问题的解决。一个国家与国际组织会议的关系，也成为衡量其国际地位和对外交往能力的重要尺度。

联合国是当代世界协调国际关系、解决国际争端的最重要国际组织。随着国际形势的变化和发展，联合国所担负的责任越来越重要，国际社会有理由期望它在和平解决国际争端中发挥更大的作用。但以美国为首的西方国家，在其霸权主义和强权政治行径得不到联合国大多数成员支持的情况下，也开始有了干脆撇开联合国、凭借自身武力在世界上为所欲为的倾向。对此，我们必须高度警惕。

在经济领域，最重要的国际组织是世界贸易组织以及世界银行、国际货币基金组织等。世界贸易组织是组织国际贸易谈判的场所，也是制定国际贸易规则、处理国际贸易争端的机构。世界贸易组织在建立和维持国际经济秩序方面，起着越来越大的作用。中国一旦加入世界贸易组织，在国际经济舞台上的活动空间将进一步加大。

正由于各种国际组织和国际会议的作用越来越大，所以，积极参加这些组织和会议的活动，就成为21世纪中国全球战略的一项重要内容。

目前，中国已经参加了许多国际组织和国际会议，并在其中发挥了重要作用，也有效地维护了自己的国家利益。但是，也应该看到，我们在这方面的活动总体上还是被动的、薄弱的。比如，中国在联合国的框架内参与处理重大国际问题的能力和影响还比较有限。1999年6月，中国没有参与八国集团关于解决科索沃危机的安理会第1244号决议的原稿草拟过程。同年8月，美国试图召集英、法、俄三国讨论伊拉克问题，如果不是俄罗斯的及时通报，中国差点被排除在会议之外。

另外，中国曾长时间不善于利用多边聚会的场合加强首脑之间的交往，中国首脑一般不大参加外国首脑就职或葬礼之类的活动，也不邀请外国元首参加中国的重大庆典之类的活动。这种做法，实际上是失去了极为有利的多边交往，特别是元首、首脑加深个人联系和感情的机会。包括世界贸易组织，其实也是20世纪70年代我们拒绝了人家的邀请不予参加的。（注：这种情况进入21世纪特别是十八大以来已经发生巨大变化）

面向21世纪，我们必须进一步认清国际组织和国际会议以及多边外交的重要作用，在战略上和政策上作出重大调整，以更积极的姿态参与或组织这类活动，充分发挥自己的影响和作用，更好地维护自己的国家利益。要促使国际组织和国际会议通过控制冲突、解决争端、裁减军备等方式来维持国际和平与安全；通过协调各国的经济关系，促进各国的经济发展；通过协商与合作，保护人类的生存环境，提高社会的福利条件，改善人权状况，推动社会进步；通过就重要问题作出决议，并成为国际合作的指导性文件，为建立国际新秩序奠定法律基础。

第八，全球问题合作战略：加强国际合作，解决全球问题，共同对付人类生存与发展面临的挑战。

人类生活在同一个地球上，越来越面临着一些共同的挑战，需要解决许多共同的问题。生态环境恶化，资源浪费和短缺，贫困失业，人口膨胀，疾病流行，毒品泛滥，国际犯罪活动猖獗，恐怖主义时有发生，以及妇女儿童权益得不到保障，等等，都是事关人类生存和发展的全球性问题。这些问题，无法依靠单个国家的力量取得解决；而它们能否解决，又直接关系到几乎每一个国家的利益。在这些问题上，体现了国家利益与全球利益的统一。

未来的 21 世纪，中国作为一个负责任的大国，不能不更加充分地关注这些问题，积极参与这些问题的解决。解决这些问题，可以更好地促进国内建设，更加有效地维护自己的国家利益；可以加强与世界组织、其他国家特别是大国之间的合作，加深相互之间的理解；可以扩大中国在世界上的影响，树立良好的国际形象。

因此，中国应该把解决这些问题上升到全球战略的高度来认识，尽更大努力在解决这些问题中发挥作用。通过实施这种合作战略，有效地推进其他战略的实施，或为其他战略创造更加有利的条件。

第九，全球热点处置战略：积极参与热点问题的解决，发挥中国在国际事务中的影响和作用。

国际热点问题，是世界各种矛盾的焦点和突出表现。解决这些问题的过程，就是各个国家特别是大国之间纵横捭阖的过程，也是各个国家施展影响和才能，展示自己实力和地位的过程。通过解决这些问题，能使世界各种矛盾得到不同程度的缓和，能使各国之间的关系得到加强，能使世界局势朝着这种或那种特定的方向发展，也能使各有关国家重新实施利益的分配。

世界上的热点问题和热点地区很多。有的与中国有着直接的利害关系，有的则无。根据不同情况，中国可以采取不同的介入方式和解决方法。总体而言，参与这些热点问题的解决过程，对实现和维护中国的国家利益十分重要。有直接利害关系的热点，解决得好，维护我们的国家利益；解决得不好，损害我们的国家利益。那些没有直接利害关系的热点，其实也是扩大中国影响的一个场所和机会。无论哪种热点，都是对我们国家实力、国际影响和外交能力的一种检验。如果中国长期置身于或被排除在热点问题的解决过程之外，就不能算是一个有影响的大国。

事实上，多年来，我们虽然参与了一些国际热点问题的解决，但总体上，参与的数量还很少，范围还很窄，程度还很浅，作用还很小，与我们作为一个有 12 亿人口的大国、一个安理会常任理事国的地位，是很不相称的。这里，有实力不强，难以发挥作用的原因，也有我们在战略上畏首畏尾、退缩不前、不敢有所作为的原因。说到底，还是认识不够，战略上有缺陷，没有看到参与解决这些问题对于中国的积极意义，因而错失了很多机会。

面向 21 世纪，我们必须从根本上改变这种被动的状态，以更加主动的态度，关注世界的热点地区和热点问题。在权衡利弊得失的基础上，以不同的方式参与解决这些问题的过程，量力而行做一些牵线或斡旋工作，促使这些问题向着一定的方向发展。通过解决这些问题，加深与有关国家的关系，扩大中国在国际上的影响。

第十，全球政党交往战略：正确处理和积极发展对外党际关系，做好对外友好的基础性工作，以党际关系促进国家关系的发展。

政党，是当今世界普遍存在的一种社会政治现象，是各国国家政权和政治生活的主导力量，也是国际社会中一种非国家的行为主体。发展对外关系，包括发展党与党之间的关系。建立和发展广泛、友好的政党关系，有利于国际关系的改进和发展。所以，中国要实施自己的全球战略，就不能不把政党交往战略包含在内。

总结历史的经验教训，我们已经确立了"独立自主、完全平等、互相尊重、互不干涉内部事务"的四项原则，主张不以社会制度和意识形态的异同为条件，同各国政党建立和发展友好关系，本着求同存异的精神，增进相互了解和合作。坚持这四项原则，我们不仅同世界上的共产党，而且同社会民主类型的政党、民族民主类型的政党以及其他有影响的政党建立了不同情况不同形式的联系，收到了良好的效果。

这四项原则，是在总结历史教训的基础上产生的，具有直接的针对性。它主要告诫我们在处理党际关系时要注意些什么、不能做些什么，随着形势的发展，在继续坚持这些原则的基础上，似乎还应该更积极一些，尽量在发展党际关系方面多做一些工作。

面向21世纪，要进一步把与各国政党的交往与国家总体外交联系起来，使政党外交成为国家总体外交和全球战略的一个重要组成部分，以更加有力的措施，发展新型的党际交流和合作关系，更好地为全球战略的中心目标服务。既发展与执政党的关系，也保持与在野党的关系。既可以交流政党建设的经验，也可以就治国理政、经贸关系、国际局势等诸多方面进行交流与合作。形式也可以更加丰富、多样、灵活、宽松。

第十一，全球环境下的国家安全战略：以传统国家安全范畴为基础，适应时代潮流，扩展安全理念，全方位维护国土、政治、经济、环境、社会等安全。

在任何情况下，维护国家安全都是一个主权国家最重要的任务。未来的21世纪，我国国家安全形势总体稳定，但也面临着许多新的课题和问题。在错综复杂的国际局势中，也可能遇到比较严峻的挑战。所以，在新世纪全球战略中，国家安全战略占有重要的地位，它有自己独特的领域，又贯穿在其他方方面面的战略之中。

国土安全仍然是最基本、最重要的安全。维护国家主权和领土完整，这是我们不可动摇的原则。对任何侵犯领土、分裂国家的行为和企图，我们都将坚决回击。为了有效地保卫祖国，我们要保持必要的防卫力量，建设一支革命化、现代化和正规化的军队。坚持质量建军，运用和发展现代军事技术，研究现代高科技条件下的军事战略和战术，确保能够打赢任何保卫国家安全的现代战争。

除此之外，还要善于运用政治、经济等各种手段，并将其与军事和国防手段紧密地结合起来，使国土安全得到有效的保障，特别是使有争议的领土争端得到合理的解决。

台海统一，应是国家安全战略中的一项突出内容。台湾问题是中国的内政，不容他国染指和插手。但是，台湾问题的解决，事实上又

五、对实行什么样国际战略的思考和建议

与世界大局联系在一起。它是中美矛盾的焦点、亚太局势的晴雨表，还是中国全球战略环境的调节器。牵一发而动全身。处理得好，局势缓和，能够保持或改进中国的全球战略环境；处理得不好，矛盾尖锐，就会影响甚至破坏中国的全球战略环境。

所以，解决台湾问题，必须站在全局的高度，把它放在世界全局中来思考，与中国的整个国家战略和全球战略联系起来，统一筹划，全方位地采取措施，促使祖国统一早日实现。

为此，一是要继续改进与美国的关系，降低台湾问题在两国关系中的地位，减缓两国由此而造成的对抗烈度，并尽力争取美国民情、舆情的理解和支持；二是要继续在世界范围内做好各有关国家和国际组织的工作，遏制"台独"势力的发展，打掉"两个中国""一中一台""台湾独立"的图谋；三是全方位做好世界范围内华人华侨的工作，加深感情，争取人心，促进理解，取得对"一国两制"方针及有关政策的理解和支持；四是对两岸关系，要采取更加有力和有效的措施，做好台湾人民的工作，做好国民党政府的工作，做好各方面有影响人士的工作；五是对实现两岸统一的方式方法，继续加以研究，权衡利弊得失，充分考虑每一种方式的条件、可能性，特别是其实际效果和对整个国家利益及国际环境的影响，适时作出适当的决策。

当代世界的安全范畴，已经扩展到政治、经济、环境等诸多方面，我们的安全观念和战略措施也要与之相适应。

在政治方面，要确保国家政治制度的安全、稳定和意识形态的指导地位，维护国家主权，增强国际地位。

在经济方面，以市场多元化和以质取胜战略，大力拓展国际市场；积极参与全球贸易体系和区域经济合作，发展和改善对外经济关系；参与制定国际经济规则，争取建立国际经济新秩序；提高对外开放的水平，防范各种可能的金融、贸易和其他风险；调整国家经济结构，提高经济联系运行的质量和水平。

在文化方面，积极而又稳步地加强国际文化交流，大力弘扬中

国文化精华，以我为主，为我所用。抵制西方腐朽文化和价值观的侵蚀。

在资源和环境问题上，参与保护资源和环境的国际合作，在开发的同时注意战略资源的储备，加强环境保护和治理，防止发达国家向我国转移污染。

在社会方面，加强社会治安的综合治理，开展国际合作，共同打击跨国犯罪活动，防范和打击邪教和恐怖主义等活动。

第十二，全球范围的形象战略：向世界推介中国，塑造中国在世界上的良好形象。

中国要真正成为一个有世界影响的大国，就必须在全世界树立一个良好的形象。良好的国际形象，有利于加强全国人民的团结，增强人民的信心和爱国主义感情；有利于巩固国家政权和社会制度的价值基础，保证国家的长治久安；有利于发展与世界各国的友好关系，扩大中国的国际影响；有利于缓和可能出现的矛盾冲突，解决双边和多边合作事务以及由此出现的分歧和问题；有利于扩大对外开放，增强外国政府、企业、投资者、贸易界人士的信心，更好地吸引资金、技术、人才；有利于开拓国际市场，拓展中国商品的销售渠道，扩大市场份额；有利于加强同各个国家间的科学、技术、文化、教育合作和交流，吸取外国文明成果，弘扬中国优秀文化。

从以往的情况看，由于种种主观和客观的原因，中国在外部世界的形象推介和形象宣传工作是非常薄弱的。在国外，很难看到中国的资料，很难听到中国的消息。许多外国人甚至很多政治家都不了解中国的真实情况。因此，就容易受某些新闻媒介或政治家片面宣传的误导，也就容易发生误解、分歧和冲突。

深刻的教训告诉我们，在世界树立良好的国际形象具有十分重要的意义。我们必须充分认识这一问题的重要性和紧迫性，迅速采取有力措施，坚决改变"被动挨骂"的局面，把中国的良好形象扩展到全世界更多的人当中。

无论制定国内还是国际政策，都要考虑国际影响和外部世界所能理解的程度，给世界一个爱好和平与自由、讲信义、负责任、民主人道、仁爱宽厚的形象。同时，大力加强外宣工作，运用各种合理合法、有效有益的手段和方法，向世界推介中国。向国外介绍中国的历史、现实，介绍中国的社会制度和改革开放，介绍中国所经历的苦难和所发生的翻天覆地变化。

要了解外国政治制度、舆论宣传和公众心理的特点，尽量适应这些特点，有针对性地采取措施，使我们的形象宣传易于为外国人所接受，也使我们的政策易于为外国人所理解。特别是要善于运用先进的科技手段、传播媒介、电讯工具等，巧妙地展开公关工作，组织宣传浪潮。

通过实施这种大规模的形象战略，让世界人民更多地了解中国、认识中国、理解中国、喜爱中国、帮助中国、支持中国，从而促进我们战略目标的实现。

五、制定和实施全球战略的战略策略原则

全球战略，既要明确我们在 21 世纪的大局中做些什么，从哪些方面去做，同时，还应该明确怎样去做，在做的过程中掌握什么样的艺术和方法。因此，我们在制定和实施全球战略的过程中，还必须注意确定和掌握必要的战略策略原则。

根据中国的社会性质、国家实力、战略地位和全球战略的中心目标，我们认为，可以考虑和坚持以下几个方面的原则：

第一，和平友善和永不称霸的原则。

中国是个大国，又是安理会常任理事国，块头大，别人见了免不了就有点害怕和担心。加上西方一些人别有用心的歪曲、污蔑，造成世界上一些国家对中国有误解。所谓"中国威胁论"，所利用的就是人们的这种心理。这种心理不消除，对中国的形象是不利的，对中国

争取一个良好的国际环境也是不利的。

因此，我们在制定和实施全球战略的过程中，要始终高举和平的旗帜，保持友善的形象，坚持永不称霸的诺言。

中国作为一个爱好和平的社会主义国家，本来对别的国家就没有什么恶意和企图，更不想在世界上耀武扬威。中国的发展需要一个长期的和平环境。中国既没有必要也没有力量去发动什么战争。历史上，尤其是中国近代史上，都是中国受人侵略、欺负，而不是中国去燃起战火，侵略别人。所以，在国际社会中，我们应该充分地宣传这方面的道理和主张，并且在国际政治中始终坚持和平外交政策，一如既往地向世界展示我们的和平形象，取得世界的理解和认同。对世界各个国家，我们都要保持友好、善意的态度，肯于协商，善于合作，显示中国作为一个文明古国、礼仪之邦的气度和风范。

从毛泽东到邓小平，都一再宣告中国永远不称霸，这是中国政府的一贯立场和庄严承诺。坚持这一承诺，对中国有百利而无一害。只要长期坚持下去，中国的国际威望就必定能进一步提高。

我们研究和制定中国在21世纪的全球战略，目的仅仅是明确我们未来在世界上应该做些什么，以及怎样去做，并不是要在世界上到处伸手、扩张。中国的全球战略是和平型而不是武力型的，是友好型而不是恶意型的，是自律型而不是扩张型的。这种显著的特点是由中国的社会性质、国家战略和发展需要决定的。因此，是基础扎实、不可改变的。当我们制定和实施中国的全球战略时，务必充分显示这种基本的特点，以免产生不必要的误解。

第二，量力而行和循序渐进的原则。

中国是一个发展中国家，处在社会主义的初级阶段，国家实力并不强。制定我们的全球战略，是为了在实事求是衡量自己实力的基础上，恰当地规定我们力所能及的任务，合理地确定我们能做什么、不能做什么、怎样才能做得更好，以便争取一个良好的国际环境，顺利完成我们建设小康社会、逐步成为社会主义现代化国家的任务。

基于这样的出发点，我们在制定和实施21世纪全球战略的过程中，必须始终坚持量力而行和循序渐进的战略策略原则。无论长远目标还是近期目标，总体目标还是单个目标，都要适当、适度。有多大的力量就办多大的事。有时，目标可以是稍稍跳一跳才能摘到果子；有时，则应该留有较大的余地。任何目标和任务都要从实际出发，不要凭主观意志，想当然，随心所欲。

战略目标和战略任务，都是一个逐步实现的过程。因此，我们的全球战略也要有阶段性。根据不同的情况，划分适当的阶段。每一阶段有不同的目标，不同的任务，乃至不同的战略重点。随着形势的发展和条件的具备，有计划、分步骤地加以实现。循序渐进，稳扎稳打。在完成当前任务时，不忘记更高的目标；但只有在完成现有任务的基础上，才向下一个目标前进。既保持必要的连贯性，又保持一定的阶段性。切不可吹牛浮夸、盲目冒进。

第三，韬光养晦和有所作为的原则。

冷静观察、稳住阵脚、沉着应付、决不当头，以及韬光养晦、善于守拙、抓住机遇、有所作为等思想，是20世纪90年代初邓小平为我们制定的应对国际复杂局势的指导方针。这一方针，表现出了高度的远见和胆识，也表现出了高度的谋略艺术，对我们度过20世纪80年代末90年代初那段比较严峻的时期，从容应对复杂的国际局势，起了极为重要的指导作用，它理所当然应该是我们进入21世纪的全球战略中极为重要的战略和策略方针。

韬光，把声名才华掩盖起来；养晦，暂且隐退，等待时机。韬光养晦，意指隐藏才能，不使外露。引申到这里，可以理解为，收起锋芒，保存实力，卧薪尝胆，苦练内功。按照这种战略，对外，要善于守拙；对内，要埋头实干。下决心奋斗10年、20年、50年、100年，实现我们的目标。最后，让事实说话，让历史来说话，以雄厚的实力屹立于世界现代化的前列。

韬光养晦不等于无所作为。邓小平说还是要有所作为。做什么？

按邓小平的说法，首先是要争取建立国际政治经济新秩序。扩而大之，从 21 世纪的全球战略来说，就要更快更好地发展自己；就要全面实施自己的全球战略，为社会主义现代化建设创造更好的环境，更有效地维护自己的国家利益，更有力地推进世界的和平、发展与进步事业。

在制定和实施自己全球战略的过程中，我们要适当地处理好韬光养晦和有所作为的关系，既不要只讲韬光养晦而忘记有所作为，也不要只讲有所作为而忘记韬光养晦。

第四，竞争磨合和有利有节的原则。

当今世界，充满着竞争。未来的 21 世纪，国家与国家之间的竞争很可能更加激烈。这种竞争表现和渗透在经济、政治、文化、科技、军事等几乎所有的领域。竞争，是世界进步和发展的一个有效的动力。有竞争，世界才充满了活力，人类文明才不断向前进步。中国，要在 21 世纪实现社会主义现代化的目标，要在世界上占有自己的一席之地，就要以积极进取的精神，参加世界各个范围内的竞争，在竞争中前进，在竞争中发展，在竞争中交流学习，在竞争中搏击风云。

但是，竞争并不等同于斗争，更不等同于厮杀。竞争，要按规则进行，要有严格的秩序，要充分体现文明的精神。竞争的同时也应该有合作。竞争，并不应该达到你死我活的地步，在更多的情况下，应该是互有让步，互有妥协，各有所失，也各有所得。得与失，都是互相磨合的结果。

在竞争中磨合，在磨合中竞争。通过磨合，达成一致。所以，在未来的国际舞台上，我们应该熟练地掌握和运用竞争与磨合的辩证法，处理好竞争与磨合的关系，促成各种复杂问题的合理解决。

在竞争磨合的过程中，坚持维护自己的国家利益，达到"有利"的目的。但同时，也要注意"有节"。话不要说死，事不要做绝，适当地留有余地。给自己一些回旋的空间，也给对方一点后路。有所节制，才能使更长远的合作成为可能。

◉ 积极争取和充分利用有利的国际环境

纪事和说明：

本文发表于1994年3月第6期的《求是》杂志。主要是学习刚刚出版的《邓小平文选》第三卷，从理论上阐发"积极争取和充分利用有利的国际环境"问题。

1993年10月，中共中央文献编辑委员会编辑的《邓小平文选》第三卷，由人民出版社出版。《邓小平文选》第三卷是邓小平1982年至1992年这段时间内的重要著作，共119篇。编辑工作在邓小平亲自指导下进行，全部文稿经他逐篇审定。

1993年7月7日，邓小平指出："这本书有针对性，教育人民，现在正用得着。不管对现在还是对未来，我讲的东西都不是从小角度讲的，而是从大局讲的。"[①]9月27日，在同编辑工作有关负责人谈话时，邓小平说："算完成了一件事。我的文选第三卷为什么要严肃地

[①] 中共中央文献研究室编：《邓小平思想年编（1975—1997）》，中央文献出版社2011年版，第718页。

世界向何处去

多找点人看看,就是因为其中讲到的事都是我们一直在做的事,不能动摇。就是要坚持,不能改变这条路线,特别是不能使之不知不觉地动摇,变为事实。"①

11月2日,中共中央作出关于学习《邓小平文选》第三卷的决定。随后,在中央党校先后举办了4期省部级主要领导干部学习《邓小平文选》第三卷专题研讨班。郑必坚在研讨班上介绍了编辑过程和主要内容。我参加了研讨班的工作,与学员们一起研讨学习并编写简报、为之服务。

《邓小平文选》第三卷公布了许多过去我们不很清楚的内容。围绕这些内容,我发表了一些学习和研究文章,《积极争取和充分利用有利的国际环境》是其中一篇。根据邓小平的有关思想,本文强调,中国的改革和发展需要一个有利的外部环境;因此,要正确判断形势,紧紧把握国际环境对我有利的方面;要采取正确的战略策略,为中国争取有利的国际环境。

本文发表时,《邓小平文选》第二卷还没有出版,所以部分引文取自《邓小平文选(1975—1982年)》。现在统一转为《邓小平文选》第二卷的文本。

《邓小平文选》第三卷有大量内容涉及国际问题。在这些文章或谈话中,邓小平对错综复杂的国际形势作了精辟的分析,高瞻远瞩,为我们制定了一整套处理国际问题的战略方针。邓小平的国际战略包含着丰富的内容,其中心思想,归根结底,就是要积极争取和充分利用有利的国际环境,推进中国的改革开放,保证分三步走战略目标的实现。

---

① 中共中央文献研究室编:《邓小平思想年编(1975—1997)》,中央文献出版社2011年版,第720页。

一、中国的改革和发展需要一个有利的外部环境

人类文明的发展,把世界上具有不同文化背景、生活方式、社会制度的各个民族和国家,越来越紧密地联系在一起。世界上任何重大问题的解决,都不能缺少中国的参与;反之,中国的改革和发展,也离不开世界。邓小平总结历史的经验教训,反复强调:"现在的世界是开放的世界。"[①]"经验证明,关起门来搞建设是不能成功的,中国的发展离不开世界。"[②] 在新的历史时期,我们要通过改革解放和发展生产力,一心一意抓好经济建设,分三步走,实现现代化的宏伟目标。完成这一任务,首先要靠自己的艰苦奋斗,同时,也需要有外部良好的环境。没有这样的国际环境,我们的改革和发展就会遇到更多的困难。所以,中国对外政策的核心目标之一,就是要为中国争取一个有利的国际环境。

国际环境,大体上包括安全环境和发展环境两个方面。

安全环境,主要是指世界的和平与稳定以及关系我国安全与主权的外部条件。如果世界处于严重的战争和动荡状态,我国的主权、独立和安全受到威胁,我们就很难安下心来搞建设。所以,争取良好的国际环境,首先要争取一个和平的环境。早在 1980 年 1 月,邓小平就指出:"我们的对外政策,就本国来说,是要寻求一个和平的环境来实现四个现代化。这不是假话,是真话。"[③] 此后,他又多次强调这一点,反复说:"中国需要至少二十年的和平,以便聚精会神地搞国内建设。"[④] 后来,根据到下个世纪中叶的整个战略目标,他进一步表示:"我们希望至少有七十年的和平时间"[⑤]。

发展环境,主要是指世界经济形势、各种资源和市场要素分布和

[①] 《邓小平文选》第三卷,人民出版社 1993 年版,第 64 页。
[②] 《邓小平文选》第三卷,人民出版社 1993 年版,第 78 页。
[③] 《邓小平文选》第二卷,人民出版社 1994 年版,第 241 页。
[④] 《邓小平文选》第三卷,人民出版社 1993 年版,第 50 页。
[⑤] 《邓小平文选》第三卷,人民出版社 1993 年版,第 250 页。

流动的情况以及外国与我国的双边经济关系。世界经济一体化的发展，使各国经济形成了一种你中有我、我中有你，互相联结、互相影响的态势。一个国家，只有善于利用外部的资金、资源、人才、科学技术和管理经验，善于在开发国内市场的同时打开国际市场，才能更快地发展起来。

邓小平从实现我国现代化战略目标出发，一再强调，中国不开放不行，不加强国际交往不行，不引进发达国家的先进经验、先进科学技术成果和资金不行。如果不搞开放，翻两番困难，翻两番之后再前进更困难。他说："我们的立足点还是自力更生，但是我们搞开放政策，利用国际和平环境更多地吸收对我们有用的东西，这对加速我们的发展比较有利。"[①] 从战略全局着眼，他认为发展环境主要是解决南北关系和南南合作问题。我国属于第三世界，即南方国家，但所需的资金、技术又主要来自北方发达国家。所以，争取有利的发展环境，一是要加强南南合作，二是要与北方发达国家在平等互利的基础上搞好关系。总体上，就是要建立国际经济新秩序。争取有利的国际环境，最根本的目的是利用这种环境和条件，加快中国的发展。发展是硬道理。发展是社会主义的本质要求，也是世界上两种制度竞赛、比较的主要内容。社会主义制度优越性的根本表现，就是能够促进社会生产力的快速发展。"如果在一个很长的历史时期内，社会主义国家生产力发展的速度比资本主义国家慢，还谈什么优越性？"[②] 加快发展速度，这是国际环境所提出的挑战。同时，国际环境也为我们加快发展提供了机遇。

[①] 《邓小平文选》第三卷，人民出版社1993年版，第128页。
[②] 《邓小平文选》第二卷，人民出版社1994年版，第128页。

二、正确判断形势，紧紧把握国际环境对我有利的方面

正确分析和判断国际形势，是我们制定对外政策、对内方针的前提和基础。

过去，我们曾对国际安全形势作出了不很全面的判断，过高估计了战争爆发的危险性，因而在很大程度上影响了国内建设和对外政策。20世纪70年代末80年代初，邓小平重新审视国际安全形势，得出了和平因素正在增长、世界战争有可能避免的重要结论。1985年6月，在军委扩大会议上，他全面分析世界形势，精辟阐述了避免世界战争的可能性及其与我们内外政策的关系。他明确指出："在较长时间内不发生大规模的世界战争是有可能的，维护世界和平是有希望的。根据对世界大势的这些分析，以及对我们周围环境的分析，我们改变了原来认为战争的危险很迫近的看法。"[1]

对世界形势的这一重要判断，成为我们转移工作重点，把经济建设作为中心任务、制定基本路线和分三步走战略目标的基本依据之一。后来的事实一再证明，邓小平的判断是正确的。

20世纪80年代末90年代初，东欧和苏联相继发生剧变。世界进入了一个重大转折时期。这时，如何正确判断国际形势，又成为我们确定相应的方针政策的重大前提。

东欧剧变初起之时，邓小平对形势的发展作出了正确的预测和判断，要求我们对国际形势的剧变做好思想准备："东欧、苏联乱，我看也不可避免"。"帝国主义肯定想要社会主义国家变质。现在的问题不是苏联的旗帜倒不倒，苏联肯定要乱，而是中国的旗帜倒不倒。"[2] 这一估计，及时为全党、全国敲响了警钟。

东欧剧变发生之后，中国面临的形势一度非常严峻。有人认为形

---

[1] 《邓小平文选》第三卷，人民出版社1993年版，第127页。
[2] 《邓小平文选》第三卷，人民出版社1993年版，第320页。

势只有消极的一面,但邓小平认为:"不能看成一片漆黑,不能认为形势恶化到多么严重的地步,不能把我们说成是处在多么不利的地位。实际上情况并不尽然。"①

他在不利中看到了有利,在困难中看到了光明,这种全面而辩证的形势观,为全党和全国人民增强了信心和勇气。

不仅如此,对形势的分析判断还直接关系到要不要继续坚持党的基本路线,坚持既定的对外战略方针的问题。邓小平科学分析剧变原因,断然决策:基本路线不能变!不仅不能变,而且要坚持100年不动摇!为了从根本上防止中国动乱、演变,就必须把重点放在国内自己的事上,紧紧抓住经济建设这个中心,继续坚持四项基本原则,坚持改革开放。

对外战略方针也是如此。邓小平认为,世界虽然发生了很大变化,但"我们过去对国际问题的许多提法,还是站得住的。现在旧的格局在改变中,但实际上并没有结束,新的格局还没有形成。和平与发展两大问题,和平问题没有得到解决,发展问题更加严重"②。在这样的情况下,中国要树立信心,把握住国际形势变化中对我有利的一面,尽力扩展自己的空间,巩固和提高自己的地位。在国际关系中,要继续坚持正确的外交战略和原则,化解不利因素,争取更多朋友,打破封锁制裁,改善外部环境。

三、采取正确的战略策略,为中国争取有利的国际环境

国际形势是由各种力量和因素按照合力原则而构成的某种综合性的基本局面。中国不可能单独决定国际形势的走向。但由于中国是一个拥有11亿人口、拥有较强国力,且为联合国常任理事国的国家,

---

① 《邓小平文选》第三卷,人民出版社1993年版,第354页。
② 《邓小平文选》第三卷,人民出版社1993年版,第353页。

因而，在国际舞台上的所作所为，也能够在相当程度上影响国际形势的发展。只要战略策略部署得当，我们或多或少也能够使国际形势变得对中国更为有利。这就是在一定的客观条件下如何发挥主观能动性的问题。

邓小平相信中国在国际舞台上是可以有所作为的。基于中国一贯的原则，他为我们制定了一系列重要的战略策略原则，以便尽最大可能为中国争取一个有利的国际环境。

一是争取和平的战略原则。这是我们改善国际安全环境的首要目标。邓小平说："中国对外政策的目标是争取世界和平。在争取和平的前提下，一心一意搞现代化建设，发展自己的国家，建设具有中国特色的社会主义。"[①]中国坚决反对一切侵略战争，"诚心诚意地希望不发生战争"[②]。为维护世界和平，中国主张缓和国际紧张局势，裁减军备特别是超级大国的军备。对国际争端，中国主张"不用战争手段而用和平方式"[③]加以解决。

二是反对霸权主义的战略原则。"要争取和平就必须反对霸权主义，反对强权政治。"[④]"霸权主义过去是讲美苏两家，现在西方七国首脑会议也是霸权主义、强权政治。""他们那一套人权、自由、民主，是维护恃强凌弱的强国、富国的利益，维护霸权主义者、强权主义者利益的。我们从来就不听那一套"[⑤]。中国自己属于第三世界，"中国永远不会称霸，永远不会欺负别人，永远站在第三世界一边"[⑥]。

三是独立自主的战略原则。这包含两方面内容。首先是整个国家的独立自主，这是基本国策问题。邓小平在中共十二大开幕式上庄严宣布："独立自主，自力更生，无论过去、现在和将来，都是我们的

---

① 《邓小平文选》第三卷，人民出版社1993年版，第57页。
② 《邓小平文选》第三卷，人民出版社1993年版，第57页。
③ 《邓小平文选》第三卷，人民出版社1993年版，第49页。
④ 《邓小平文选》第三卷，人民出版社1993年版，第56页。
⑤ 《邓小平文选》第三卷，人民出版社1993年版，第345页。
⑥ 《邓小平文选》第三卷，人民出版社1993年版，第56页。

立足点。"①其次是外交政策的独立自主。"我们坚持独立自主的和平外交政策,不参加任何集团。同谁都来往,同谁都交朋友"②。"中国不打别人的牌,也不允许任何人打中国牌"③。中国不坐到任何别人的车子上。

四是维护国家主权和安全的战略原则。邓小平一贯重视国家主权问题。他曾严正表示:"任何外国不要指望中国做他们的附庸,不要指望中国会吞下损害我国利益的苦果。"④后来,他又一针见血地揭露了西方在许多国家煽动动乱的实质,是要搞强权政治、霸权主义,是要控制这些国家,把他们纳入自己的势力范围。针对西方的制裁、压力和威胁,他强调:"国家的主权、国家的安全要始终放在第一位"⑤。"中国永远不会接受别人干涉内政。"⑥"任何违反国际关系准则的行动,中国人民永远不会接受,也不会在压力下屈服。"⑦

五是推动建立国际政治经济新秩序的战略原则。根据国际形势的变化,邓小平明确提出建立国际经济和国际政治两个新秩序的问题。两极格局解体之后,这两件事更要抓紧做。他积极向国际社会推荐和平共处五项原则,认为这是指导建立新秩序最好的,也是最经得住考验的原则。他特别强调,如果西方干涉别国的内政和社会制度,就会造成世界性的动乱,所以,"国际关系新秩序的最主要的原则,应该是不干涉别国的内政,不干涉别国的社会制度"⑧。

六是全方位开放的战略原则。"建设一个国家,不要把自己置于封闭状态和孤立地位。要重视广泛的国际交往,同什么人都可以打交道,在打交道的过程中趋利避害。"⑨中国的开放包括三个方面,首先

---

① 《邓小平文选》第三卷,人民出版社 1993 年版,第 3 页。
② 《邓小平文选》第三卷,人民出版社 1993 年版,第 162 页。
③ 《邓小平文选》第三卷,人民出版社 1993 年版,第 128 页。
④ 《邓小平文选》第三卷,人民出版社 1993 年版,第 3 页。
⑤ 《邓小平文选》第三卷,人民出版社 1993 年版,第 348 页。
⑥ 《邓小平文选》第三卷,人民出版社 1993 年版,第 359 页。
⑦ 《邓小平文选》第三卷,人民出版社 1993 年版,第 348 页。
⑧ 《邓小平文选》第三卷,人民出版社 1993 年版,第 359 页。
⑨ 《邓小平文选》第三卷,人民出版社 1993 年版,第 260 页。

是对美国、日本、西欧等发达国家的开放，其次是对社会主义国家的开放，最后是对第三世界发展中国家的开放。因此，中国的开放是全方位的开放。

七是利益准则的战略原则。处理国与国的关系，主要应基于国家利益。邓小平在与尼克松谈话时坦率表示："考虑国与国之间的关系主要应该从国家自身的战略利益出发。着眼于自身长远的战略利益，同时也尊重对方的利益，而不去计较历史的恩怨，不去计较社会制度和意识形态的差别，并且国家不分大小强弱都相互尊重，平等相待。这样，什么问题都可以妥善解决。""我们都是以自己的国家利益为最高准则来谈问题和处理问题的。"①

八是冷静观察、稳住阵脚、沉着应付、决不当头的战略原则。东欧剧变发生时，邓小平表现出空前的冷静、沉着和胆略。他明确指出："对于国际局势，概括起来就是三句话：第一句话，冷静观察；第二句话，稳住阵脚；第三句话，沉着应付。不要急，也急不得。要冷静、冷静、再冷静，埋头实干，做好一件事，我们自己的事。"②1990年12月，针对有人希望中国在世界上挑头的要求，他明确提出："我们千万不要当头，这是一个根本国策"，"中国永远不称霸，中国也永远不当头"。③

国际形势的发展，充分证明了邓小平国际战略的正确性。特别是积极争取和充分利用有利的国际环境的战略思想，对我们应付国际形势的变化，坚持党的基本路线，加快改革开放和发展的步伐，起了巨大的作用。我国不仅经受住了国际风云变幻的严峻考验，而且抓住有利时机，使经济建设进入了一个新的发展时期。只要我们继续按邓小平制定的战略方针前进，中国就一定能实现自己的发展目标，进入世界先进国家的行列。

---

① 《邓小平文选》第三卷，人民出版社1993年版，第330页。
② 《邓小平文选》第三卷，人民出版社1993年版，第321页。
③ 《邓小平文选》第三卷，人民出版社1993年版，第363页。

⊙ 乱云飞渡，从容运筹

纪事和说明：

20世纪80年代末90年代初，东欧剧变，苏联解体，引发了世界局势的大动荡，也给中国带来巨大的冲击。面对这样前所未有的大事变，中国怎么看、怎么办，成为极其紧迫和重大的问题。

1991年至1992年，我被选调参加中央苏东局势研究组的工作，与有关方面的同志一起，负责追踪分析苏东局势的变化，提出有关的判断和建议。其间，我起草了很多内参，尤其是提前几个月准确预测苏联会发生军事政变，但不会成功。还参与了中央文件的起草。苏联解体后，我又立即组织摄制电视内参专题片《苏东剧变启示录》（共三集）。我起草了解说词，有关部门直接从卫星上下载真实画面按解说词编辑。该片经中央党校校委审查通过后，在内部发行，对统一全党思想起了一定作用。

苏东局势演变过程中，邓小平冷静沉着，高屋建瓴，发表了一系列重要讲话，为紧急关头的中国指明了应对之策和发展方向。1993年

11月,《邓小平文选》第三卷首次披露了邓小平的这些重要论述。我于11月16日写就的这篇文章,集中梳理和论述了邓小平的这一战略策略思想。文章发表于1994年2月第2期《人民论坛》。为了记载这一段特殊的历史,这里收录了当年的原文。

十八大以来,习近平总书记提出和形成了丰富的外交思想,充分体现了与时俱进的精神。特别是面对新的挑战,习近平总书记提出了一系列新的战略策略思想,我们要认真学习,严格遵行。

《邓小平文选》第三卷首次披露了邓小平近年来关于国际问题的一个重要的战略决策。

1989年夏秋之际,一股炽烈的岩浆在东欧国家奔突,一阵狂热的风暴席卷了近100万平方公里的土地。在短短几个月时间里,东欧一系列国家的政局发生了令人难以想象的剧变,苏联的动荡和危机也愈益加深。

如同原子爆炸的冲击波,世界为之震惊!

如同唰唰倒地的多米诺骨牌,许多人都问:下一个将是谁?

在这风云剧变的存亡之秋,一个伟大的战略家——邓小平,表现出了空前的冷静、沉着、远见和胆略。

1989年9月4日,在同几位中央负责同志的谈话中,邓小平对国际国内形势作了精辟的分析,郑重交代:"对于国际局势,概括起来就是三句话:第一句话,冷静观察;第二句话,稳住阵脚;第三句话,沉着应付。不要急,也急不得。要冷静、冷静、再冷静,埋头实干,做好一件事,我们自己的事。"[①]

时间再过一年多,在多数传统的社会主义国家改变制度的情况下,中国作为一个有10多亿人口的大国,如砥柱中流,仍然坚持中

---

① 《邓小平文选》第三卷,人民出版社1993年版,第321页。

国特色社会主义，仍然站在第三世界一边，反对霸权主义。于是，许多好心的朋友，希望中国站出来，在世界上担当起挑头的角色。

这时，邓小平在1990年12月24日的又一次谈话中，明确指出："现在国际形势不可测的因素多得很"，"怎样收拾，谁也没有个好主张。""我们千万不要当头，这是一个根本国策。""中国永远不称霸，中国也永远不当头。"①

于是，一个重大的战略决策就成了我们应对国际动荡局势的指导方针：冷静观察，稳住阵脚，沉着应付，决不当头。

当中国这艘航船，历经艰险，闯过"好望角"的风暴，渡过"百慕大"的陷阱，终于进入较为平静的航道时，再回首这段不寻常的航程，我们不能不由衷地惊叹：邓小平的这一战略决策，具有多么惊人的远见，包含着多少超人的睿智！

冷静观察。风暴骤起之时，局势混乱，前景迷茫。是耶非耶，仁者见仁，智者见智。利耶弊耶，各执一端，众说纷纭。怎么办？要否以热处理方式迅即作出决断，以某种方式表明态度，甚或论战一番？

事实是，热处理莽撞，冷处理有益。首先"冷静观察"，实为明智之举。

一是国际局势有个发展过程，东欧苏联"乱到什么程度，现在不好预料"②。其中的某些情况、内幕，局势演变的趋势、结果，在初起时都不一定充分显示出来。如果贸然决断，难免有所偏误或不恰当之处。

二是事件的影响到底有多大？对谁有利，对谁有弊？利弊何在？分量多少？一时难以估量。西方曾经为东欧的剧变欢欣鼓舞，邓小平却不以为然："东欧事件发生后，我跟美国人说，不要高兴得太早，问题还复杂得很。现在东欧的问题尚未解决，再捅别的乱子干不

---

① 《邓小平文选》第三卷，人民出版社1993年版，第363页。
② 《邓小平文选》第三卷，人民出版社1993年版，第320页。

得！"①事件对中国的影响，有人曾以为非常严峻。但邓小平说："不能看成一片漆黑，不能认为形势恶化到多么严重的地步，不能把我们说成是处在多么不利的地位。实际上情况并不尽然。"②

三是国际格局会有什么变化，也需看一看。"旧的格局是不是已经完了，新的格局是不是已经定了？"③对此有各种意见。格局关系到世界的整个结构、矛盾关系以及和平与发展是否仍是世界主题的问题。我们的国际战略方针很大程度建立在对这个问题的分析判断之上，所以必须特别慎重。

四是事件的原因是什么？有待于冷静而全面的分析。一方面邓小平认为，"美国，还有西方其他一些国家，对社会主义国家搞和平演变"，"希望苏联、东欧都乱"。④"他们在许多国家煽动动乱，实际上是搞强权政治、霸权主义，要控制这些国家，把过去不能控制的国家纳入他们的势力范围。看清了这一点，就有助于认清问题的本质，总结经验教训。"⑤另一方面，邓小平又认为："东欧的问题首先出在内部。"⑥其中既有党的建设方面的，也有经济建设方面的。对这些原因，都要在观察基础上作进一步的研究。原因找不准，对策就会有偏差。

与这些须观察的因素相适应，人的认识也有一个发展过程。事件初起时，难免有各种看法，认识不一定统一，其中还可能有很大的情绪性因素。如果匆忙之间在情绪性因素支配下作出决断，对我们自己未必有利。最好的办法仍然是让实践来检验，随着实践的发展逐步修正和统一我们的认识。

正因为如此，邓小平再三强调：冷静、冷静、再冷静。首先"冷静观察"，这在当时是最恰当的方针。

---

① 《邓小平文选》第三卷，人民出版社 1993 年版，第 360 页。
② 《邓小平文选》第三卷，人民出版社 1993 年版，第 354 页。
③ 《邓小平文选》第三卷，人民出版社 1993 年版，第 353 页。
④ 《邓小平文选》第三卷，人民出版社 1993 年版，第 325 页。
⑤ 《邓小平文选》第三卷，人民出版社 1993 年版，第 348 页。
⑥ 《邓小平文选》第三卷，人民出版社 1993 年版，第 344 页。

稳住阵脚。当东欧剧变、苏联动荡乃至解体的冲击如漫天尘暴,呼啦啦席卷而来时,西方一些国家满心期望中国成为多米诺骨牌的下一个目标,并因此不断地向中国加大着压力;国内外也有一些人被暂时的表象所迷惑,对中国和整个社会主义的命运产生怀疑,信念和信心发生动摇;还有一些人,不能把握当前世界基本的攻守态势,片面地主张展开批判、斗争,希图"力挽狂澜"。

但,邓小平明确规定了我们的基本对策是"稳住阵脚"。

稳住阵脚,就是要坚决"顶住""整个帝国主义西方世界企图使社会主义各国都放弃社会主义道路,最终纳入国际垄断资本的统治,纳入资本主义的轨道""这股逆流,旗帜要鲜明","不受他们挑动"。① 如果我们不在这方面稳住阵脚,"人家就要打我们的主意"②。所以,对此,"我们绝不能示弱。你越怕,越示弱,人家劲头就越大"③。

稳住阵脚,就是要稳住自己国内的局势。"中国的最高利益就是稳定。"④"如果没有一个稳定的环境,中国什么事情也干不成。"⑤ 一旦动乱,"我们制定的方针、政策、路线、三个阶段发展战略的目标统统告吹"⑥,而且还会造成"世界性的灾难"⑦。所以,面对苏东剧变的情况,"唯一的办法是我们自己不乱"⑧。"这当然是对中国自己负责,同时也是对全世界全人类负责。"⑨

稳住阵脚,就是要不受外部冲击和干扰,坚持按照自己的计划,"认真地真正地把改革开放搞下去","按计划实现第二个翻番",⑩ 从而从根本上巩固自己的立足点。"别人的事情我们管不了"⑪,但"中国

---

① 《邓小平文选》第三卷,人民出版社 1993 年版,第 311—312 页。
② 《邓小平文选》第三卷,人民出版社 1993 年版,第 319 页。
③ 《邓小平文选》第三卷,人民出版社 1993 年版,第 320 页。
④ 《邓小平文选》第三卷,人民出版社 1993 年版,第 313 页。
⑤ 《邓小平文选》第三卷,人民出版社 1993 年版,第 348 页。
⑥ 《邓小平文选》第三卷,人民出版社 1993 年版,第 344 页。
⑦ 《邓小平文选》第三卷,人民出版社 1993 年版,第 361 页。
⑧ 《邓小平文选》第三卷,人民出版社 1993 年版,第 320 页。
⑨ 《邓小平文选》第三卷,人民出版社 1993 年版,第 361 页。
⑩ 《邓小平文选》第三卷,人民出版社 1993 年版,第 320 页。
⑪ 《邓小平文选》第三卷,人民出版社 1993 年版,第 320 页。

肯定要沿着自己选择的社会主义道路走到底。谁也压不垮我们"①。

由此可见，稳住阵脚，表面上是被动的、防御的，但它是基于现实条件而作出的正确抉择，其实质是积极的，其意义是重大的。

沉着应付。外部世界客观存在的动荡局势及其冲击，是我们难以改变的，但以何种方式加以应付，却会产生不同的效果。如果战略精明，部署得当，方式巧妙，我们就可能将不利因素转化为有利因素，不仅能稳住阵脚，化险为夷，转危为安，而且能进一步改善我们所处的国际地位，获得新的有利于自身发展的条件。所以，能否"沉着应付"是很重要的。

沉着应付，就要按照正确的外交方针和原则来处理国际事务。世界虽然发生了很大变化，但"我们过去对国际问题的许多提法，还是站得住的"。"和平与发展两大问题，和平问题没有得到解决，发展问题更加严重。"所以，"我们对外政策还是两条，第一条是反对霸权主义、强权政治，维护世界和平；第二条是建立国际政治新秩序和经济新秩序。这两条要反复讲"。②要继续坚持和平共处五项原则，并把它"作为今后国际政治新秩序的准则"③，其中"最主要的原则，应该是不干涉别国的内政，不干涉别国的社会制度"④。我们不干涉别人，也反对别人干涉我们。我们要向世界表明，中国是维护世界和平的坚定力量。

沉着应付，必须正确处理好国与国的关系。"我们谁也不怕，但谁也不得罪"⑤，"要坚持同所有国家都来往"⑥。"尽管东欧、苏联出了问题，尽管西方七国制裁我们，我们坚持一个方针：同苏联继续打交道，搞好关系；同美国继续打交道，搞好关系；同日本、欧洲国家也

---

① 《邓小平文选》第三卷，人民出版社1993年版，第321页。
② 《邓小平文选》第三卷，人民出版社1993年版，第353页。
③ 《邓小平文选》第三卷，人民出版社1993年版，第328页。
④ 《邓小平文选》第三卷，人民出版社1993年版，第359页。
⑤ 《邓小平文选》第三卷，人民出版社1993年版，第363页。
⑥ 《邓小平文选》第三卷，人民出版社1993年版，第353页。

继续打交道，搞好关系。"①泱泱大国，君子风度。中国的肚量让人佩服。从价值得失来说，于人于己也都有好处。

　　沉着应付，要正确处理国家利益与意识形态的关系，不以社会制度和意识形态划界。"不随便批评别人、指责别人，过头的话不要讲，过头的事不要做。"②"别国的社会制度如何我们管不了。"③"别人的事情我们管不了，只讲一个道理：中国的社会主义是变不了的。"④"不管苏联怎么变化，我们都要同它在和平共处五项原则的基础上从容地发展关系，包括政治关系，不搞意识形态的争论。"⑤邓小平发明的这种"不争论"原则，用于国内，有其特殊意义；用于国际，也有特殊意义。其机敏，令人叹服；其价值，不可估量。

　　沉着应付，要善于利用矛盾，抓住机遇，化解不利因素，争取更多朋友，打破封锁制裁，改善外部环境。"世界上矛盾多得很，大得很，一些深刻的矛盾刚刚暴露出来。我们可利用的矛盾存在着，对我们有利的条件存在着，机遇存在着，问题是要善于把握。"⑥中国不打外交牌，是指中国始终坚持原则，不搞机会主义。但如果现成的矛盾和条件可以利用，我们何乐而不为呢？

　　沉着应付，要有战略眼光和战略勇气。如果束缚于具体事务的圈子，拘泥于一时一事的得失，是难以"沉着"，也难以有大作为的。邓小平会见尼克松谈话时希望中美双方都要有战略思想。"考虑国与国之间的关系主要应该从国家自身的战略利益出发。着眼于自身长远的战略利益，同时也尊重对方的利益，而不去计较历史的恩怨，不去计较社会制度和意识形态的差别，并且国家不分大小强弱都相互尊重，平等相待。这样，什么问题都可以妥善解决。用这样的思想来处

---

① 《邓小平文选》第三卷，人民出版社1993年版，第359页。
② 《邓小平文选》第三卷，人民出版社1993年版，第320页。
③ 《邓小平文选》第三卷，人民出版社1993年版，第360页。
④ 《邓小平文选》第三卷，人民出版社1993年版，第320页。
⑤ 《邓小平文选》第三卷，人民出版社1993年版，第353页。
⑥ 《邓小平文选》第三卷，人民出版社1993年版，第354页。

理国家关系,没有战略勇气是不行的。"①对美国的希望是这样,我们自己更是这样。

要沉着,或者说能否沉着,最关键的是要从本质上把握住历史发展的总趋势。"社会主义经历一个长过程发展后必然代替资本主义"②,这是不可逆转的。与此同时,出现"某种暂时复辟也是难以完全避免的规律性现象"。"一些国家出现严重曲折,社会主义好像被削弱了,但人民经受锻炼,从中吸收教训,将促使社会主义向着更加健康的方向发展。因此,不要惊慌失措,不要认为马克思主义就消失了,没用了,失败了。哪有这回事!"③

决不当头。邓小平称之为"根本国策",可见其重要。苏东剧变之后,许多国家共产党人和人民群众都把世界社会主义的希望寄托在中国身上,这当然是对我们的信任。"第三世界有一些国家希望中国当头。"④这当然也是好意。但问题在于,我们能不能当头、应不应当头呢?

从力量上来说,国际政治是以实力为基础的政治,一个国家的国际地位大体上是由其实力状况决定的。通过改革开放,中国的经济有了很大发展,但总的来说,我们的实力远不如西方发达国家的总体实力,对此,我们应该有自知之明。实事求是,量力而行。"这个头我们当不起,自己力量也不够。"⑤超越自身力量的限度,去追求某种超越现实的目标,承揽一种力所不及的责任,这种做法,于己于人,都未必有益。

从理论上来说,内因是变化的根据,外因是变化的条件。一个国家走什么样的道路、选择什么样的制度、实行什么样的对外政策,都要由本国人民来决定,外部力量不能越俎代庖。即使国际舞台上的反

---

① 《邓小平文选》第三卷,人民出版社 1993 年版,第 330 页。
② 《邓小平文选》第三卷,人民出版社 1993 年版,第 382 页。
③ 《邓小平文选》第三卷,人民出版社 1993 年版,第 383 页。
④ 《邓小平文选》第三卷,人民出版社 1993 年版,第 363 页。
⑤ 《邓小平文选》第三卷,人民出版社 1993 年版,第 363 页。

霸斗争，也要靠广大中小国家团结起来，共同努力。仅靠某个大国挑头，其效果是有限的。

从历史发展过程来说，社会主义目前正处于低潮，这是事实。社会主义必然复兴，但复兴要有条件，需要时间，本质上是一个自然历史过程，不是靠某种主观的愿望或某个国家的推动就能实现的。

从策略上来说，中国的俗话："树大招风"。当了头，什么事都要过问，什么责任都要承担，甚至什么方面都要对着干、顶着干，就会把世界上的注意力都吸引到自己身上来。这样，我们不仅会受到过多的压力，而且也失去了回旋的余地。如邓小平所说："当了绝无好处，许多主动都失掉了。"[1]

所以，"决不当头"是非常明智的策略。

有所作为。不当头并不意味对任何事都无动于衷。邓小平说："在国际问题上无所作为不可能，还是要有所作为。"作什么？邓小平说是"要积极推动建立国际政治经济新秩序"。[2] 怎么作？因事而宜。关键是要像"画龙点睛"一样，在适当的时机，以适当的方式，发挥适当的影响。

无论冷静观察、稳住阵脚，还是沉着应付、决不当头，落脚点都在自己，即中国。任凭风吹浪打，我自岿然不动。动与不动的关键，在于是否把自己的事情搞好。所以邓小平要求我们："埋头实干，做好一件事，我们自己的事。"[3] 君子务本，本立而道生。办好中国自己的事，我们的本就固了，基就强了，固本强基，再大的风浪也能顶住。

紧紧抓住这个本，邓小平一再强调党的基本路线不能变。他要求我们冷静地思考一下过去，也思考一下未来，总结经验教训，更好地"坚持过去十年的改革开放政策，保持安定团结的局面，坚持一个

---

[1] 《邓小平文选》第三卷，人民出版社1993年版，第363页。
[2] 《邓小平文选》第三卷，人民出版社1993年版，第363页。
[3] 《邓小平文选》第三卷，人民出版社1993年版，第321页。

中心、两个基本点"①。要给国际国内树立一个改革开放的形象,要防止经济滑坡,要做几件使人民满意的事情,要处理好领导人的退休问题,要向外国人表示我们的信心。"中国能不能顶住霸权主义、强权政治的压力,坚持我们的社会主义制度,关键就看能不能争得较快的增长速度,实现我们的发展战略。"②所以,我们一定"要利用机遇,把中国发展起来"③。

邓小平为我们制定的这个应对国际形势的战略,是一种韬光养晦的战略。韬光,把声名才华掩藏起来;养晦,暂且隐退,等待时机。韬光养晦,意指隐藏才能,不使外露。引申到这里,可以理解为,收起锋芒,保存实力,卧薪尝胆,苦练内功。按照这种战略,对外,要善于守拙;对内,要埋头实干。下决心奋斗 10 年、20 年、50 年、100 年,实现我们分三步走的战略目标。最后,让事实来说话,让历史来说话,中国不仅不会被风浪吹倒,而且将以其雄厚的实力屹立于世界现代化的前列。

说到这里,我们对邓小平这一战略决策的理解是否就算透彻、就算完整了呢?不算!

邓小平的这一战略决策,直接目的是应对国际形势的急剧变化,但从根本上来说,关系到中国社会的整个发展方向。回想一下 1989 年以来的形势,曾经多么类似于 1956 年之后的国际国内形势。面对苏东剧变的冲击,人们与其说是关心国际形势,毋宁说更关心中国的前途和命运。存亡之秋,危急关头,中国怎么办?中国向何处去?人们对此有各种想法,有各种主张。但归纳起来,客观上有两种思路可供选择:

一种是仅从意识形态的角度观察形势、划分阵营,试图以简单的对着干的方法来高举大旗,进行斗争,并基于对剧变原因及个人作用

---

① 《邓小平文选》第三卷,人民出版社 1993 年版,第 326 页。
② 《邓小平文选》第三卷,人民出版社 1993 年版,第 356 页。
③ 《邓小平文选》第三卷,人民出版社 1993 年版,第 358 页。

的不恰当分析来寻找防止的办法，集中力量在思想政治领域进行一场新的"防止资本主义复辟"的阶级斗争。按这种思路，就会自觉不自觉地放松经济建设，改变党的基本路线，重走20世纪五六十年代的老路。

一种是不仅从意识形态，而且从国家利益的角度来分析形势，既坚持原则，又采取灵活的策略。特别是全面科学地分析剧变的原因，充分看到经济因素所起的作用，坚持把重点放在国内自己的事上，紧紧抓住经济建设这个中心继续搞好改革开放，固本强基，从根本上解决防止中国演变的问题。

两种思路，必然导致两种不同的结果。

实质问题，是要不要继续坚持党的基本路线。

十字路口，邓小平作出了英明的决策：冷静观察、稳住阵脚、沉着应付、决不当头。韬光养晦，善于守拙。这个决策，顺理成章地导致继续坚持以经济建设为中心而不是以其他什么为中心的结论。

进而，邓小平抓住本质，斩钉截铁地强调，基本路线不能变！不仅不能变，而且要坚持一百年不动摇！中国如果"不坚持社会主义，不改革开放，不发展经济，不改善人民生活，只能是死路一条"。"谁要改变三中全会以来的路线、方针、政策，老百姓不答应，谁就会被打倒。"[①]

所以，邓小平的英明决策，不仅为中国从容应对严峻复杂的国际形势，争取一个有利的国际环境指明了方向，而且为1992年的南方谈话准备了思想条件，为1992年以来中国改革开放进入一个新的发展阶段奠定了基础。

---

① 《邓小平文选》第三卷，人民出版社1993年版，第370、371页。

学习十九届六中全会精神，坚持对外开放不动摇

纪事和说明：

这是2022年1月7日我在对外经济贸易大学、北京市习近平新时代中国特色社会主义思想研究中心举办的第三届马克思主义与新时代中国对外开放新年论坛上的主旨发言。论坛由对外经济贸易大学校长夏文斌主持，时任党委书记蒋庆哲致辞。6位嘉宾发言。

这次论坛的主题是"十九届六中全会精神专题研讨"。对外经济贸易大学又与对外开放密切相关。在"世界向何处去"的大背景下，全球化特别是经济全球化是不是"终结"了？世界大国之间是不是就要"脱钩"了？中国还要不要坚持对外开放的国策？这些问题已经不是空穴来风，而是实实在在被人们所议论了。

在这个时候，能不能保持定力，关键是要学习理解党和国家的政治抉择和战略方向。刚刚召开的中共十九届六中全会通过了《中共中央关于党的百年奋斗重大成就和历史经验的决议》（以下简称《历史

决议》)。《历史决议》精神鲜明地表达了以习近平同志为核心的党中央关于党的历史和现实的一系列重大方针政策,其中,也涉及对外开放的重大问题。因此,我对《历史决议》中关于对外开放的论述进行了详尽的梳理,然后作了这个发言。

我把《历史决议》中涉及对外开放的论述归纳为 4 个方面:

一、开放与改革一起,是决定中国命运的关键一招。

二、从改革开放以来到新时代,对外开放始终是中国的基本国策。

三、正确认识和处理同外部世界的关系,坚持开放,不搞封闭。

四、顺应经济全球化,实行更加积极主动的开放战略。

厘清了十九届六中全会决议的精神,我们对对外开放的信心就更强了。

同志们:

大家好!

今天,对外经贸大学、北京市习近平新时代中国特色社会主义思想研究中心举办第三届马克思主义与新时代中国对外开放新年论坛,主题是"十九届六中全会精神专题研讨",所以我发言的题目是《学习十九届六中全会精神,坚持对外开放不动摇》。

对外开放是中国的基本国策。开放与改革联系在一起,成为新时期中国最鲜明的特点。近年来,世界形势加速变化,各种矛盾错综复杂,许多前所未有的事件不断发生。2018 年 11 月 17 日,习近平主席在亚太经合组织工商领导人峰会上明确指出:"人类又一次站在了十字路口。"[①]

十字路口的世界向何处去?这是摆在人类目前的大课题。其中也就包括全球化进程会不会终结?中美两个大国会不会脱钩?中国的对

---

① 《习近平谈治国理政》第三卷,外文出版社 2020 年版,第 455 页。

五、对实行什么样国际战略的思考和建议

外开放能不能坚持下去？等等。

对这些问题，以习近平同志为核心的党中央已经从不同角度作出了明确的回答。中共十九届六中全会通过的第三个历史决议和习近平总书记对决议所作的说明，进一步表明了中国共产党的态度，并在很多部分论述了对外开放问题。我在学习决议过程中，把对外开放的重要论述梳理了一下，将其归纳为以下几个方面。

一、开放与改革一起，是决定中国命运的关键一招

习近平总书记在关于《中共中央关于党的百年奋斗重大成就和历史经验的决议》的说明中指出："站在新的历史起点上，回顾过去，展望未来，全面总结党的百年奋斗重大成就和历史经验特别是改革开放40多年来的重大成就和历史经验，既有客观需要，也具备主观条件。"①

所以，《历史决议》一如既往，把改革开放作为党的历史的一个重要时期，明确指出："改革开放和社会主义现代化建设新时期，党面临的主要任务是，继续探索中国建设社会主义的正确道路，解放和发展社会生产力，使人民摆脱贫困、尽快富裕起来，为实现中华民族伟大复兴提供充满新的活力的体制保证和快速发展的物质条件。"②

《历史决议》的第三部分，全面回顾了这个时期的历史和成就。在第四部分"开创中国特色社会主义新时代"中，13个方面的成就，多数都回溯了"改革开放以后"党和国家采取的一系列措施和走过的历程。习近平总书记在说明中指出："改革开放以来，尽管党的工作中也出现过一些问题，但总体上讲党和国家事业发展是顺利的，前进

---

① 《中共中央关于党的百年奋斗重大成就和历史经验的决议》，人民出版社2021年版，第78页。
② 《中共中央关于党的百年奋斗重大成就和历史经验的决议》，人民出版社2021年版，第14—15页。

方向是正确的，取得的成就是举世瞩目的。"①"对改革开放和社会主义现代化建设新时期的成就和经验，党的十一届三中全会召开二十周年、三十周年时党中央都进行了认真总结，我在庆祝改革开放四十周年大会上发表讲话，也作了系统总结。"②

习近平总书记指出，"中国共产党和中国人民以英勇顽强的奋斗向世界庄严宣告，改革开放是决定当代中国前途命运的关键一招"③。

在《历史决议》中，对改革开放的评价有：

第一，改革开放是唯一出路和关键一招。《历史决议》说："'文化大革命'结束以后，在党和国家面临何去何从的重大历史关头，党深刻认识到，只有实行改革开放才是唯一出路，否则我们的现代化事业和社会主义事业就会被葬送。"④中共十一届三中全会"作出把党和国家工作中心转移到经济建设上来、实行改革开放的历史性决策"⑤。"党的十一届三中全会以后，我国改革开放走过波澜壮阔的历程，取得举世瞩目的成就。"⑥"中国共产党和中国人民以英勇顽强的奋斗向世界庄严宣告，改革开放是决定当代中国前途命运的关键一招"⑦。

第二，改革开放是党的伟大觉醒和伟大革命。在庆祝改革开放40周年大会上，习近平总书记指出："改革开放是我们党的一次伟大觉醒，正是这个伟大觉醒孕育了我们党从理论到实践的伟大创造。"⑧

---

① 《中共中央关于党的百年奋斗重大成就和历史经验的决议》，人民出版社2021年版，第80页。
② 《中共中央关于党的百年奋斗重大成就和历史经验的决议》，人民出版社2021年版，第80—81页。
③ 《中共中央关于党的百年奋斗重大成就和历史经验的决议》，人民出版社2021年版，第87页。
④ 《中共中央关于党的百年奋斗重大成就和历史经验的决议》，人民出版社2021年版，第15页。
⑤ 《中共中央关于党的百年奋斗重大成就和历史经验的决议》，人民出版社2021年版，第15页。
⑥ 《中共中央关于党的百年奋斗重大成就和历史经验的决议》，人民出版社2021年版，第36页。
⑦ 《中共中央关于党的百年奋斗重大成就和历史经验的决议》，人民出版社2021年版，第23页。
⑧ 中共中央党史和文献研究院编：《十九大以来重要文献选编》（上），中央文献出版社2019年版，第721页。

《历史决议》重申这一评价,说:"改革开放是党的一次伟大觉醒,是中国人民和中华民族发展史上一次伟大革命"①。"中国特色社会主义道路是指引中国发展繁荣的正确道路,中国大踏步赶上了时代。"②

第三,将改革开放进行到底。习近平总书记在庆祝改革开放40周年大会上的讲话,发出了"将改革开放进行到底"③的号召。他把改革开放比作行船、爬山,比作山水、百舸,比作惊涛拍岸,比作万壑归流,准确地说明了改革开放的历程、艰辛、态势和成就。改革开放已走过千山万水,但仍需跋山涉水。船到中流不容退,跋山涉水再前进。《历史决议》重申了将改革开放进行到底的伟大号召,强调既不走封闭僵化的老路,也不走改旗易帜的邪路,坚定不移走中国特色社会主义道路。勇于推进改革,永不僵化、永不停滞,创造出更多令人刮目相看的人间奇迹。

二、从改革开放以来到新时代,对外开放始终是中国的基本国策

《历史决议》指出,"党的十二大、十三大、十四大、十五大、十六大、十七大,根据国际国内形势发展变化,从我国发展新要求出发,一以贯之对推进改革开放和社会主义现代化建设作出全面部署"④。

对外开放,是总结国际国内历史经验作出的重大战略决策,是中共十一届三中全会以来中国的基本国策、社会主义建设新时期的显著特征、中国经济腾飞的一个秘诀,也是中国全面建成小康社会的一件

---

① 《中共中央关于党的百年奋斗重大成就和历史经验的决议》,人民出版社2021年版,第22页。
② 《中共中央关于党的百年奋斗重大成就和历史经验的决议》,人民出版社2021年版,第23页。
③ 中共中央党史和文献研究院编:《十九大以来重要文献选编》(上),中央文献出版社2019年版,第739—740页。
④ 《中共中央关于党的百年奋斗重大成就和历史经验的决议》,人民出版社2021年版,第18页。

世界向何处去

法宝。

对外开放，就其政策取向而言，要作全面的理解。我认为，至少应包含四个方面：一是指国家积极主动地扩大对外经济交往；二是指放开或者取消各种政策限制，不再采取封锁国内市场和投资场所的保护政策，发展开放型经济；三是指加强与世界各国的经济、政治、文化、科技等多方面的交流与合作；四是指放宽人员往来和流动，允许公民依法出入境，学生出国留学，公民依法出国出境从事劳务活动、贸易往来等。

40多年来，中国的对外开放主要采取了以下几种途径、形式、方法和措施：第一，利用外资；第二，引进技术；第三，对外贸易；第四，创建经济特区。

《历史决议》回溯历史，列举了一系列重大举措，指出："党把对外开放确立为基本国策，从兴办深圳等经济特区、开发开放浦东、推动沿海沿边沿江沿线和内陆中心城市对外开放到加入世界贸易组织，从'引进来'到'走出去'，充分利用国际国内两个市场、两种资源。经过持续推进改革开放，我国实现了从高度集中的计划经济体制到充满活力的社会主义市场经济体制、从封闭半封闭到全方位开放的历史性转变。"[①]

今天在座的多为大学的教师和学生，所以我把出国留学作为对外开放的一个重要方面来回溯一下。19世纪末20世纪初，中国曾派出青年到国外去留学，开始了出国留学的艰难历史过程。新中国成立后，中国政府又向苏联、东欧国家派出了一大批留学生。这些留学生都为国家的发展和进步作出了不小贡献。但由于"左"倾错误的发展，出国留学的大门，后来曾经被长期关闭。

1978年，改革开放的浪潮在中国大地兴起，百业待兴，急需大

[①] 《中共中央关于党的百年奋斗重大成就和历史经验的决议》，人民出版社2021年版，第18—19页。

量人才，更需睁开眼睛认识世界、学习世界。出国留学这扇大门，如同整个国门一样被打开了，而且成为中国整个对外开放的一个独特的渠道、形式和标志。

1978年6月23日，邓小平作出了扩大派遣留学生的重要指示，强调："要成千上万地派，不是只派十个八个。请教育部研究一下，在这方面多花些钱是值得的。这是五年内快见成效、提高我国科教水平的重要方法之一。"[①] 同年12月26日，也就是中共十一届三中全会结束后的第4天，改革开放后中国首批52名访问学者踏上了前往美国的旅途，中国历史上从未有过的留学大潮由此兴起。

扩大出国留学，是一个解放思想的过程。改革开放之前，出国留学，有着严格的政治条件。能否出国，不是依据品德、才华和需要，而是根据政治身份。这种不平等的规则，到改革开放之后终于被废除。

在此之后，出国留学被进一步纳入国家对外开放、科教兴国、人才强国的战略之中。党和国家的政策也一再调整和放宽，坚持贯彻支持留学、鼓励回国、来去自由的方针，鼓励留学人员以不同方式为祖国服务。

改革开放以来，我国出国留学人员已经达上百万人，分布在世界100多个国家和地区。留学的学科覆盖了几乎所有学科。派遣的规模和强度不仅在中国历史上，就是在世界范围内也是前所未有的。出国留学，已经成为我国人才培养的一条重要渠道。

2013年10月21日，欧美同学会成立100周年庆祝大会举行。习近平总书记提出支持留学、鼓励回国、来去自由、发挥作用的新时期留学人员工作方针，希望广大留学人员脚踏着祖国大地，胸怀着人民期盼，为实现中华民族伟大复兴的中国梦书写出无愧于时代、无愧于人民、无愧于历史的绚丽篇章。

---

① 中共中央文献研究室编：《邓小平思想年谱（1975—1997）》，中央文献出版社1998年版，第71页。

2012年以来，进入全面开放阶段。按中共十八大要求，适应经济全球化新形势，实行更加积极主动的开放战略。

《历史决议》指出，党中央深刻认识到，开放带来进步，封闭必然落后；我国发展要赢得优势、赢得主动、赢得未来，必须顺应经济全球化，依托我国超大规模市场优势，实行更加积极主动的开放战略。我国坚持共商共建共享，推动共建"一带一路"高质量发展，推进一大批关系沿线国家经济发展、民生改善的合作项目，建设和平之路、繁荣之路、开放之路、绿色之路、创新之路、文明之路，使共建"一带一路"成为当今世界深受欢迎的国际公共产品和国际合作平台。我国坚持对内对外开放相互促进、"引进来"和"走出去"更好结合，推动贸易和投资自由化便利化，构建面向全球的高标准自由贸易区网络，建设自由贸易试验区和海南自由贸易港，推动规则、规制、管理、标准等制度型开放，形成更大范围、更宽领域、更深层次对外开放格局，构建互利共赢、多元平衡、安全高效的开放型经济体系，不断增强我国国际经济合作和竞争新优势。

对外开放使中国发生了历史性变化。在庆祝改革开放40周年大会上，习近平总书记指出："我们实现由封闭半封闭到全方位开放的历史转变，积极参与经济全球化进程，为推动人类共同发展作出了应有贡献。我们积极推动建设开放型世界经济、构建人类命运共同体，促进全球治理体系变革，旗帜鲜明反对霸权主义和强权政治，为世界和平与发展不断贡献中国智慧、中国方案、中国力量。"[①]

三、正确认识和处理同外部世界的关系，坚持开放，不搞封闭

《历史决议》指出："进入新时代，国际力量对比深刻调整，单边

[①] 中共中央党史和文献研究院编：《十九大以来重要文献选编》（上），中央文献出版社2019年版，第727页。

主义、保护主义、霸权主义、强权政治对世界和平与发展威胁上升，逆全球化思潮上升，世界进入动荡变革期。"①

面对这样的形势和变局，对外开放怎么办？

习近平总书记指出："中国开放的大门永远不会关上。"在中共十九大报告中，习近平总书记指出，要推动形成全面开放新格局。中国开放的大门不会关闭，只会越开越大。要以"一带一路"建设为重点，坚持引进来和走出去并重，遵循共商共建共享原则，加强创新能力开放合作，形成陆海内外联动、东西双向互济的开放格局。②

《历史决议》指出，实践发展永无止境，解放思想永无止境，改革开放也永无止境。

在经济建设上，必须贯彻创新、协调、绿色、开放、共享的新发展理念，实现创新成为第一动力、协调成为内生特点、绿色成为普遍形态、开放成为必由之路、共享成为根本目的的高质量发展。

在外交工作上，必须积极推动经济全球化朝着更加开放、包容、普惠、平衡、共赢的方向发展。为解决人类重大问题，建设持久和平、普遍安全、共同繁荣、开放包容、清洁美丽的世界贡献中国智慧、中国方案、中国力量。

《历史决议》总结的中国共产党百年奋斗的 10 条历史经验，第六条是：坚持胸怀天下。强调，党始终以世界眼光关注人类前途命运，从人类发展大潮流、世界变化大格局、中国发展大历史正确认识和处理同外部世界的关系，坚持开放、不搞封闭，坚持互利共赢、不搞零和博弈，坚持主持公道、伸张正义，站在历史正确的一边，站在人类进步的一边。只要我们坚持和平发展道路，既通过维护世界和平发展自己，又通过自身发展维护世界和平，同世界上一切进步力量携手前

---

① 《中共中央关于党的百年奋斗重大成就和历史经验的决议》，人民出版社 2021 年版，第 59—60 页。
② 习近平：《决胜全面建成小康社会 夺取新时代中国特色社会主义伟大胜利——在中国共产党第十九次全国代表大会上的报告》，人民出版社 2017 年版，第 34—35 页。

进，不依附别人，不掠夺别人，永远不称霸，就一定能够不断为人类文明进步贡献智慧和力量，同世界各国人民一道，推动历史车轮向着光明的前途前进。

《历史决议》要求，全面贯彻习近平新时代中国特色社会主义思想，用马克思主义的立场、观点、方法观察时代、把握时代、引领时代。时代不是一个国家的时代。关起门来就谈不上观察时代、把握时代、引领时代。所以，《历史决议》要求全面深化改革开放，统筹推进"五位一体"总体布局，协调推进"四个全面"战略布局，立足新发展阶段、贯彻新发展理念、构建新发展格局、推动高质量发展。

《历史决议》要求，全党必须铭记生于忧患、死于安乐，常怀远虑、居安思危，继续推进新时代党的建设新的伟大工程。勇敢面对党面临的长期执政考验、改革开放考验、市场经济考验、外部环境考验，坚决战胜精神懈怠的危险、能力不足的危险、脱离群众的危险、消极腐败的危险。

四、顺应经济全球化，实行更加积极主动的开放战略

《历史决议》还 4 次使用了全球化的概念。第一处是："党积极促进世界多极化和国际关系民主化，推动经济全球化朝着有利于共同繁荣的方向发展"[①]。第二处是："我国发展要赢得优势、赢得主动、赢得未来，必须顺应经济全球化，依托我国超大规模市场优势，实行更加积极主动的开放战略"[②]。第三处是：进入新时代，"逆全球化思潮上升，世界进入动荡变革期"[③]。第四处是："积极推动经济全球化朝着更

---

① 《中共中央关于党的百年奋斗重大成就和历史经验的决议》，人民出版社 2021 年版，第 21 页。
② 《中共中央关于党的百年奋斗重大成就和历史经验的决议》，人民出版社 2021 年版，第 38 页。
③ 《中共中央关于党的百年奋斗重大成就和历史经验的决议》，人民出版社 2021 年版，第 60 页。

加开放、包容、普惠、平衡、共赢的方向发展"①。这几处论述,已经把我们党对于全球化的态度说得清清楚楚了。

什么是全球化?我认为,所谓全球化,是指世界各个民族、国家和地区,超越经济、政治、文化的差异及地理的分割,形成紧密联系、相互制约的国际社会或世界共同体的一种全球整合现象。

全球化是人类社会发展的必然趋势。综观人类发展的全部历史,就是一部各个民族、国家和地区由彼此孤立、分散走向彼此联系、相互制约的历史。马克思当年称作是由民族历史走向世界历史的进程。用今天的语言来说,实际上就是全球化特别是经济全球化的进程。

在全球化大潮中,世界各国之间的相互联系、相互交往、相互依存不断加深,形成一种你中有我、我中有你、大家谁也离不开谁的局面。这种相互依存的深度和广度达到了人类历史上前所未有的程度。

世界已在相当意义上发展成一种"利益共同体"。任何国家哪怕是最强大的国家也不可能独善其身、单打独斗。任何国家的行为不仅事关自己,也会对其他国家产生重要影响。为了解决各种复杂问题,各种各样的峰会越来越多,不同形式的对话也越来越多。

在全球化大潮中,也出现了一些利弊共生的新变化。气候、能源、资源、粮食、金融安全等全球性问题更加突出。全球非传统安全因素增加,跨境犯罪现象日益突出。围绕市场、资源、人才、技术、标准的竞争更加激烈,世界各国加快发展模式转型和发展方式转变的压力普遍增强。频频发生的各种危机往往造成国际性的影响,呼唤更加有力和合理地加强全球治理。

对于不同的国家来说,全球化的利弊得失不完全一样。总的是既有机遇,也有挑战,而机遇则大于挑战。一般来说,全世界所有国家和人们,事实上都在不同程度上共享着全球化的成果。跨国旅游、手

---

① 《中共中央关于党的百年奋斗重大成就和历史经验的决议》,人民出版社2021年版,第61页。

机通信、粮食调剂、人道主义援助……都融汇着全球化的具体因素。

但在新形势下,有的国家不能正确评估全球化的利弊得失,过于夸大某些个人、群体遇到的挑战,进而在民粹主义思潮和政治领袖的鼓动下,在世界上掀起了一轮空前的逆全球化、反全球化的潮流。很多人担心全球化还会不会发展,甚至会不会就此终止。国内很多人则主张以牙还牙,重新筑起高高的贸易壁垒。

对此,必须冷静对待。习近平总书记指出:"经济全球化是社会生产力发展的客观要求和科技进步的必然结果,不是哪些人、哪些国家人为造出来的。"[1] "宇宙只有一个地球,人类共有一个家园。"[2] "人类生活在同一个地球村里,生活在历史和现实交汇的同一个时空里。"[3] "没有哪个国家能够独自应对人类面临的各种挑战,也没有哪个国家能够退回到自我封闭的孤岛。"[4]

习近平总书记的这些论述,代表了对于全球化有着清醒认识的所有国家和人们的心声。全球化是一个不断发展的时代大趋势,这个趋势有着客观的世界历史基础,是不可逆转的。全球化的发展也不会一帆风顺,有时出现一些曲折也是不奇怪的。

所以,在这样的历史大趋势面前,所谓的"脱钩论",是根本不可能的。任何人主张脱钩,都是错误的。某些人反全球化的动作再大,也不过是汹涌大浪中的一朵浪花。

---

[1] 习近平:《共担时代责任 共促全球发展——在世界经济论坛2017年年会开幕式上的主旨演讲》,《人民日报》2017年1月18日。
[2] 习近平:《共同构建人类命运共同体——在联合国日内瓦总部的演讲》,《人民日报》2017年1月20日。
[3] 习近平:《顺应时代前进潮流 促进世界和平发展——在莫斯科国际关系学院的演讲》,《人民日报》2013年3月24日。
[4] 习近平:《决胜全面建成小康社会 夺取新时代中国特色社会主义伟大胜利——在中国共产党第十九次全国代表大会上的报告》,人民出版社2017年版,第58页。

六 高举和平发展合作共赢的旗帜

⦿ 坚定不移地走和平发展之路

纪事和说明：

2005年12月，《解放军报》约请我撰写一组文章，对中国和平发展道路进行一次比较集中、系统的论述。我考虑后，确定了8个选题，准备从不同侧面阐明中国和平发展道路的基本内涵，有针对性地说明中国在发展、和平、安全、军队和国防建设、对外关系、开放战略等方面的基本立场和观点，强调走和平发展道路是中国的必然选择，对世界是贡献和机遇，而决不是任何威胁。

本文是这个系列的第一篇，主要说明这条道路的基本内涵。计划中，还要写"文明大国的必然选择""对世界是贡献而不是威胁""坚持合作就能互利共赢""中国是负责任的大国""倡导和坚持新的安全观""建立国际文明新秩序""建设一个和谐的世界"。但随后由于我的时间紧张以及其他原因，计划没有完成，只在2006年的《解放军报》上发表了一篇《坚定不移地走和平发展之路》，后面的问题就没有再继续论述。

六、高举和平发展合作共赢的旗帜

坚持和平发展道路对于中国和世界都具有非常重要的意义。中共十八大以来，以习近平同志为核心的党中央始终强调要坚持这一道路。

中共十九大报告第十二部分的标题就是"坚持和平发展道路，推动构建人类命运共同体"。

在庆祝中华人民共和国成立70周年大会上，习近平总书记郑重向全世界宣告："前进征程上，我们要坚持和平发展道路，奉行互利共赢的开放战略，继续同世界各国人民一道推动共建人类命运共同体。"

中共十九届六中全会通过的《中共中央关于党的百年奋斗重大成就和历史经验的决议》指出："只要我们坚持和平发展道路，既通过维护世界和平发展自己，又通过自身发展维护世界和平，同世界上一切进步力量携手前进，不依附别人，不掠夺别人，永远不称霸，就一定能够不断为人类文明进步贡献智慧和力量，同世界各国人民一道，推动历史车轮向着光明的前途前进。"

中国的和平发展，越来越引起世界的关注。从南到北、从东到西，各种议论纷纷扬扬。肯定者有之，赞扬者有之，疑虑者也有之。歪曲和攻击者虽属少数，但亦有之。世界关注中国，这是好事。我们衷心欢迎世界各国对中国的和平发展提供建议、给予帮助。同时，对于某些疑虑甚或攻击，也有必要实事求是地、充分说理地作出回应，以争取得到更多人的理解和支持。

什么是中国的和平发展道路？胡锦涛主席、温家宝总理已经多次代表我国政府作出了清楚的界定和说明。这条道路，就是利用世界和平的有利时机实现自身发展，又以自身的发展更好地维护和促进世界和平；就是在积极参与经济全球化和区域合作的同时，主要依靠自己的力量和改革创新来实现发展；就是坚持对外开放，在平等互利的基础上，积极发展同世界各国的合作；就是聚精会神搞建设，一心一意谋发展，长期维护和平的国际环境和良好的周边环境；就是永远不称霸，永远做维护世界和平和促进共同发展的坚定力量。

在当今国际舞台上，中国坚定地高举和平、发展、合作的旗帜。认识和把握中国和平发展道路的内涵和特点，关键就是把握和平、发展、合作这三个主题词。

一、发展是中国的第一要务

和平发展道路，出发点和落脚点都是中国的发展。无论在国内还是对国外，中国都坚持高举发展的旗帜。发展是中国的第一要务。

发展自己，是中国人民梦寐以求的目标和希望。发展之路，是中华民族历经千辛万苦而踏出的探索之路、奋斗之路、希望之路。

近代以来，如何拯救中国、发展中国，始终是摆在中国人民面前的大课题。各种人交出的答卷，形形色色。许多答卷的背后，或是辛酸的泪水，或是悲壮的故事。

中华人民共和国成立后，以毛泽东同志为主要代表的中国共产党人，努力探索符合中国国情的发展道路，使中国社会发生了翻天覆地的变化。但由于种种复杂的原因，发展之路也曾经偏离过正确的轨道。

以中共十一届三中全会为标志，我们进入了新的历史发展时期。以邓小平同志为主要代表的中国共产党人，领导中国人民，实行改革开放的大政策，成功地走出了一条中国特色社会主义的发展道路。成就，世界瞩目；变化，令人惊异。

中共十三届四中全会以后，以江泽民同志为主要代表的中国共产党人，高举邓小平理论的伟大旗帜，提出"三个代表"重要思想，把发展作为党执政兴国的第一要务，与时俱进，开拓创新，取得了新的成就。

六、高举和平发展合作共赢的旗帜

中共十六大之后,中华民族进入全面建设小康社会的新阶段。以胡锦涛同志为主要代表的中国共产党人,适应时代要求,进一步提出了科学发展观。2005年10月8日至11日召开的中共十六届五中全会,规划了"十一五"时期的发展蓝图,要求转变发展观念,创新发展模式,提高发展质量,落实"五个统筹",把经济社会发展切实转入全面协调可持续发展的轨道。

经过长期艰难的探索,中华民族对于要不要发展、为什么发展、怎样发展、发展的成果惠及于谁等问题,都有了愈益深刻的认识。发展,成为当代中国的主题概念,成为万众瞩目的希望之星,成为唯此为大的第一要务。

围绕发展,13亿多人民展开了波澜壮阔的实践;围绕发展,形成了一整套纲领、路线、方针、政策。所有这些理论和实践,就构成了中国特色社会主义发展道路的基本内涵。在与外部世界相联系的意义上,也就成为与中国国情和时代特征相适应的和平发展道路。

解析这条道路,我们在发展问题上,形成了哪些重要的思想和战略呢?

——我们认识到:中国的主要目标和任务是发展。发展是硬道理。发展是事关中国前途和命运的根本大事。中国解决所有问题的关键,是要靠自己的发展。建设中国特色社会主义的路线,如邓小平所说,实质上是"中国的发展路线"[①]。科学发展观,是用来指导发展的理论,因此,它的第一要义无他,同样是发展。

——我们认识到:发展是党执政兴国的第一要务。"要务"者,重"要"之"务"也。而且是"第一",而决不是第二、第三。合起来,乃成"第一要务"。中国共产党执政兴国,就是要紧紧抓住这个第一要务,"聚精会神搞建设,一心一意谋发展",把坚持党的先进性和发挥社会主义制度的优越性,落实到发展先进生产力、发展先进

---

① 《邓小平文选》第三卷,人民出版社1993年版,第381页。

文化、实现最广大人民的根本利益上。不抓发展，抓不好发展，都是失职。

——我们认识到：发展必须坚持以经济建设为中心。当年，把全党工作重点转移到经济建设上，是何等重要而又艰难的拨乱反正。在整个社会主义历史阶段，在不发生较大战争的情况下，都要始终抓住经济建设这个中心不放，其他一切任务都要服从这个中心，围绕这个中心，决不能干扰和冲击这个中心。

——我们认识到：发展是经济、政治、文化、社会四位一体的发展。中国特色社会主义，是一个全面发展和进步的社会，不仅要以经济建设为中心，还要全面推进政治、文化的发展，推进社会主义和谐社会的建设。所以，中国特色社会主义事业的总体布局，按胡锦涛主席的概括，应该是经济建设、政治建设、文化建设以及和谐社会建设四位一体的整体的布局。

——我们认识到：发展应该是全面、协调、可持续的发展。这就是要统筹城乡发展、统筹区域发展、统筹经济社会发展、统筹人与自然和谐发展、统筹国内发展和对外开放，推进生产力和生产关系、经济基础和上层建筑相协调，推进经济、政治、文化建设的各个环节、各个方面相协调。就是要促进人与自然的和谐，实现经济发展和人口、资源、环境相协调，坚持走生产发展、生活富裕、生态良好的文明发展道路，保证一代接一代地永续发展。

——我们认识到：发展必须坚持以人为本。以人为本是科学发展观的本质和核心。坚持以人为本，就是要以实现人的全面发展为目标，从人民群众的根本利益出发谋发展、促发展，不断满足人民群众日益增长的物质文化需要，切实保障人民群众的经济、政治和文化权益，让发展的成果惠及全体人民。

——我们认识到：要将改革开放贯穿于整个发展过程。改革开放是新时期最重要的实践，也是中国发展的必由之路。改革是中国的第二次革命，是社会主义制度的自我完善。坚持发展，就必须坚持改革

六、高举和平发展合作共赢的旗帜

开放，不断消除制约经济社会发展的体制机制性障碍，建设社会主义市场经济，建立健全实现全面协调可持续发展的制度保障，增强社会发展的内在动力。

集几十年探索的经验教训，科学发展观概括了我们迄今对于发展问题的主要认识，也成为理解中国和平发展道路的一把钥匙。在新的历史条件下，我们所走的发展道路，是科学发展的道路。我们不仅要继续把发展作为党执政兴国的第一要务，而且要坚持用科学发展观统领中国特色社会主义事业发展的全局。

二、和平是中国的基本主张

和平发展道路，内容、基点是发展，形式、特点是和平。在发展的进程中，中国坚持高举和平的旗帜。和平，是中国的基本主张。

美国加利福尼亚的一只蝴蝶轻轻扇动翅膀，可以在太平洋的彼岸引发一场巨大的海啸。这种近乎夸张的"蝴蝶效应"，本意是论证非决定论思想，但也确实形象地揭示了世界不同地区之间跨越时空的内在联系和相互影响。

世界相互联系，各个国家也就必然遇到以何种方式与外部世界发生关系的问题。包括以何种方式开拓市场、以何种方式获得资源、以何种方式处理经济贸易关系、以何种方式相互对待与共存共处等。

在人类历史上，世界各个国家或民族相互间的关系，曾经有过多种形式和状态。归结起来，大致分战争与和平两类。战争，是相互之间以军事力量展开的暴力对抗。和平，与战争相对，是不直接使用军事力量的一种形式和状态。

热爱和平，反对战争，是中国人民坚定的信念。早在20世纪50年代，中国政府就确立了和平共处五项原则，并以此作为对外政策的基础。中共十一届三中全会以后，根据变化了的新形势，中国政府又进一步调整对外关系，牢牢确立了独立自主的和平外交政策。从邓小平、江泽民，到以胡锦涛同志为总书记的党中央，都相继阐发了对于和平与发展问题的思想、观点和主张，鲜明地表达中国人民爱好和平的愿望和追求。中国政府以自己的实际行动，发挥了推动世界和平的作用。因此，和平，已成为中国和平发展道路在对外关系方面表现出来的最重要的形式和特点。

解析和平发展道路，我们在和平问题上，坚持哪些基本的认识和主张呢？

——我们确认：和平与发展是当代世界的主题。从20世纪80年代起，中国党和政府就作出了这一重要的判断。此后许多重大的战略和政策，都是建立在这个基本的判断之上的。冷战结束之后，人类面临着新的挑战，天下很不太平。但和平与发展的主题并没有改变。总体和平，局部战乱；总体缓和，局部紧张；总体稳定，局部动荡，仍然是当前和今后一个时期国际局势的基本特点。维护和平，促进发展，是各国人民的共同愿望，也是不可阻挡的历史潮流。

——我们认识到：中国发展需要长期的和平国际环境。作为一个发展中国家，无论在20世纪还是21世纪，我们的根本任务都是推进社会主义现代化建设。21世纪前20年，要全面建设小康社会。到21世纪中叶，争取达到中等发达国家水平。实现这样一个长远的战略目标，需要有和平的国际环境。没有这样的环境，很多事情就办不成。所以，中国对外政策的核心目标，就是要为自己的现代化建设争取一个良好的国际环境。在和平的前提下，一心一意建设中国特色社会主义。

——我们宣布：中国外交政策的宗旨是维护世界和平、促进共同发展。中国坚持奉行独立自主的和平外交政策。既利用世界和平与发展的有利时机发展自己，又以自己的发展促进世界的和平与发展。中国永远是维护世界和平的重要力量。中国人民愿同世界各国人民一道，共同推进人类和平与发展的崇高事业，努力为人类作出更大贡献。

六、高举和平发展合作共赢的旗帜

——我们坚持：积极推动世界多极化、国际关系民主化进程。单极无利稳定，多极有益制衡。所以，国际社会应该实行多边主义，加强多边合作。各国无论大小、强弱、贫富，都是国际社会的平等一员。国际社会应该共同努力，推动多种力量的和谐并存，保持国际社会的稳定。各国的事情应由各国人民自己决定，世界上的事情应由各国平等协商。

——我们要求：建立公正合理的国际政治经济新秩序。以和平共处五项原则为基础，按照联合国宪章的宗旨、原则和其他公认的国际关系准则，处理世界的各种事务。创造安全可靠、长期稳定的国际和平环境，建立互利互补、共同发展的新型国际经济关系，造成自主选择、求同存异的国际和谐局面，共同对付人类生存与发展面临的挑战，维护全人类的共同利益，发挥联合国在建立国际新秩序中的重要作用。

——我们主张：尊重和维护世界文明的多样性。各种文明和社会制度应该也可以长期共存，在竞争比较中取长补短，在求同存异中共同发展。国际社会应该尊重各国人民自主选择社会制度和发展道路的权利。本着平等、民主的精神，推动各种文明和平共处、取长补短、共同发展。加强不同文明的对话和交流，协力构建各种文明兼容并蓄的和谐世界。

——我们努力：积极发展与不同类型国家的友好合作关系。以各国人民的根本利益为重，超越社会制度和意识形态的差别，扩大共同利益的汇合点，妥善解决相互之间的分歧。加强睦邻友好，坚持与邻为善、以邻为伴。加强区域合作，把同周边国家的交流和合作推向新水平。增强同第三世界的团结和合作，增进相互理解和信任。积极参与多边外交活动，在联合国和其他国际及区域性组织中发挥作用。

——我们希望：以和平的方式解决相互之间的争端。树立互信、互利、平等、协作的新安全观，建立公平、有效的集体安全机制。坚持通过对话和合作解决争端，而不应诉诸武力或以武力相威胁。反对各种形式的霸权主义和强权政治。反对一切形式的恐怖主义，努力消除产生恐怖主义的根源。加强联合国作用、维护安理会权威，有效应对日益增多的全球性威胁和挑战，促进世界各国和睦相处，真正实现普遍安全。

和平不是天生就来的，需要我们争取。中国人民愿与世界人民共同争取实现和平的理想，也希望其他国家理解和支持中国对于和平的信念和主张。

三、合作是中国的真诚愿望

中国的发展，不仅是和平的发展，而且是开放的发展、合作的发展。中国对外部世界，坚持高举合作的旗帜。合作，是中国的真诚愿望。

开放、合作，是人类社会发展的必然要求和趋势。千百年来，每个社会有机体，总是随着生产力的发展，不断地与外部世界发生着联系和交往。人类社会在时间延续的同时，也在空间上不断扩展，从而使狭窄的民族历史逐步走向广阔的世界历史。

今天，随着科学技术的迅猛发展、交通和通信方式的巨大改进、经济全球化的浪潮汹涌，整个世界已经日益紧密地联系在一起。在人类世界的大系统中，每个国家和民族，都与外部世界发生着复杂的双向互动关系，也必然要以一定的形式实行开放和合作。

中国作为最大的发展中国家，在世界上有着举足轻重的作用，也同时受到外部世界的影响。所以，中国的发展，不是孤立地进行的，而是在与外部世界的双向互动中实现的。过去，我们曾经长时间关起门来搞建设，结果错失了好多机遇和条件。改革开放，打开了中国的大门。经过20多年的发展，中国已经与外部世界形成了一种你中有我、我中有你、相互影响、双向互动的新格局。

我们充分认识与外部世界发生联系的必然性，坚定地与其他各国持积极的合作态度。和平、开放、合作、和谐、共赢已经成为我们的主张、理念、原则和追求。走和平发展道路,就是要把中国国内发展与对外开放统一起来,把中国的发展与世界的发展联系起来,把中国人民的根本利益与世界人民的共同利益结合起来。以合作来实现中国的发展,以合作来协调相互间的利益关系,以合作来实现互利共赢。

解析和平发展道路,我们在合作问题上,抱有哪些基本的观点和愿望呢?

——我们坚持:争取和平的国际环境发展自己,又以自己的发展促进世界和平。中国的发展离不开世界,世界的繁荣也需要中国。中国发展的目的不是要损害任何人的利益。中国的发展只会有利于世界的和平稳定、共同繁荣,而不会妨碍任何人,也不会威胁任何人。中国发展起来决不会凌驾于其他国家之上。中国始终不渝地把自身的发展与人类的共同进步联系在一起。中国的发展,将是对世界和平与发展的重要贡献。

——我们坚持:依靠自身力量和改革创新实现发展,同时坚持实行对外开放。对外开放,是中共十一届三中全会以来中国的基本国策。面对经济、科技全球化趋势,我们坚定地把中国的发展建立在自己力量的基点上,主要依靠自己的力量和资源来促进发展。同时,坚持以更加积极的姿态走向世界,完善全方位、多层次、宽领域的对外开放格局,不断提高对外开放的水平。改善投资和商业环境,健全法制,建立更加开放的市场体系。在更大范围、更广领域、更高层次上参与国际经济技术合作和竞争,有效利用国际国内两个市场、两种资源。

——我们坚持:顺应经济全球化发展趋势,努力实现与各国的互利共赢和共同发展。坚持对话,扩大共识,维护和促进各国的共同利益。在平等互利的基础上,拓展合作渠道,丰富合作内涵,创新合作模式,扩大经贸往来。共同参与国际经济、金融、贸易规则的制定,推动国际经济、贸易、金融体制的改革,改善贸易和发展环境。推进南北对话和合作，支持联合国在发展领域发挥统筹协调的作用。趋利避害，推动经济全球化朝着均衡、普惠、共赢，有利于实现共同繁荣的方向发展，使各国特别是发展中国家都从中受益。

——我们坚持：妥善解决涉及各方利益的热点问题和争议问题。充分认识领土争端、能源短缺、自然灾害、环境污染、金融风险、传染病流行、恐怖主义活动等问题，对地区乃至世界的经济发展和社会稳定，都会产生不利影响。各国应该加强协调，共同行动，协力应对各种挑战和风险，为共同发展提供稳定的安全环境。对于有争议的问题，应该在平等互利的基础上，以互谅互让的精神和诚恳务实的态度，加强对话、沟通和协商，努力化解矛盾和争端，实现合作共赢。

和平、发展、合作三个主题词，集中地体现了中国和平发展道路的基本精神和内涵。这条道路，是发展之路，同时也是和平之路，是合作之路。这条道路，是中华民族经历千辛万苦而探索形成的。它为我们铺就了通向民族振兴、通向世界和平的光明大道。我们珍惜这条道路，当然也必将坚持这条道路，与世界各国一起，致力于建设持久和平与共同繁荣的和谐世界。

和平发展是中国的硬道理，也是世界的硬道理。中国与世界都需要和平，都应该致力于发展。中国人民对于和平发展的热切期盼和不懈追求，也应该得到世界各国人民和政府的理解和支持。中国的所有对外政策，都是建立在和平、发展、合作这样的基点之上的。对中国未来局势发展进程的理解和预见，也应该建立在准确把握中国和平发展道路的内涵和特点这样一个基础之上。

⦿ 重温、坚持和发展邓小平的国际战略思想

纪事和说明：

本文发表于 2015 年第 1 期《邓小平研究》杂志。

邓小平的国际战略思想丰富而深邃，奠定了改革开放以来中国国际战略和外交政策的思想和战略基础，对指导中国的对外工作、争取一个良好的国际环境发挥了历史性的作用。

新形势下，重温邓小平的国际战略思想，对于坚持和发展中国的国际战略，应对我们在国际上面临的新课题、新挑战，更好地坚持和发展中国特色社会主义，具有特殊和重要的意义。

文章突出了需要坚持的邓小平的国际战略思想中最重要的几个方面：一、坚持当今时代主题的科学判断；二、坚持维护世界和平的基本主张；三、坚持独立自主的和平发展道路；四、坚持对外党际关系的重要原则；五、清醒认识和对待国际形势的新变化。

文章强调，中共十八大以来，以习近平同志为核心的党中央提出了一系列关于国际战略和对外政策的新思想、新观点、新论断，不仅充实了中国特色社会主义理论体系的宝库，而且进一步提升了中国的国际地位，在全球政治和经济舞台上发挥了更大作用。

在改革开放历史进程中，邓小平从宏观和战略全局上把握国际形势，实事求是，高屋建瓴，提出了一整套国际战略思想，为我国顺应潮流，抓住机遇，调整内外政策，创造有利的外部环境，推进改革开放和现代化建设的发展，指明了方向，奠定了基础。邓小平的国际战略思想，是邓小平理论的重要组成部分，当然也是中国特色社会主义理论体系的重要组成部分。新形势下，重温邓小平的国际战略思想，对于坚持和发展中国的国际战略，应对我们在国际上面临的新课题、新挑战，更好地坚持和发展中国特色社会主义事业，具有特殊和重要的意义。

一、坚持当今时代主题的科学判断

中国是国际社会的重要一员。中国的发展是在中国与世界的双向互动中推进的。因此，正确分析和判断国际战略形势，科学认识和把握时代的主题和潮流，是我们科学制定国内政策和对外政策的基础。

从20世纪70年代以来，邓小平密切关注世界形势的变化，紧紧把握战略全局，对时代发展的潮流和国际形势的走向作出了科学的分析和判断，提出了和平和发展是当今世界两大问题的著名论断，在此基础上，提出了解决当今国际问题的一系列大思路、大政策。

1984年5月29日，在会见巴西总统菲格雷多时，邓小平指出："现在世界上问题很多，有两个比较突出。一是和平问题。""二是南北问题。"① 同年10月31日，在会见缅甸总统吴山友时，邓小平进一步指出："国际上有两大问题非常突出，一个是和平问题，一个是南北问题。还有其他许多问题，但都不像这两个问题关系全局，带有全球性、战略性的意义。"②

1985年3月4日，邓小平在会见日本客人时，将南北问题归结为发展问题，并用高度概括的语言指出："现在世界上真正大的问题，带全球性的战略问题，一个是和平问题，一个是经济问题或者说发展问题。和平问题是东西问题，发展问题是南北问题。概括起来，就是东西南北四个字。南北问题是核心问题"③。

提出和平和发展两大问题，抓住了当代世界最突出的矛盾、最根本的变化和最主要的特征，向我们提供了观察和解决世界各种问题的基本着眼点和立足点，同时也指明了世界人民所要解决的最主要任务。

20世纪上半叶内，人类经历了两次世界大战的浩劫。第二次世界大战结束后，新的世界大战虽然没有爆发，但局部战争从未停止，给许多国家的人民带来深重的灾难。进入20世纪80年代以后，国际形势发生变化。世界人民强烈反对战争，希望和平。国际关系中出现由紧张转向缓和、由对抗转向对话的趋势。

新中国成立以来，中国国内的很多方针政策，都与国际环境以及相应的判断有着密切的关系。过去，毛泽东曾一再强调世界大战和外部侵略的危险性，这是有根据的。但毋庸讳言，也过高估计了世界战争爆发的危险性、紧迫性，使得国内的许多方针政策都带有一种临战的性质，实际上对中国的国内建设和对外关系都产生了不小的消极影响。

中共十一届三中全会以后，邓小平对战争危险的估计逐步发生变

---

① 《邓小平文选》第三卷，人民出版社1993年版，第56页。
② 《邓小平文选》第三卷，人民出版社1993年版，第96页。
③ 《邓小平文选》第三卷，人民出版社1993年版，第105页。

世界向何处去

化。1984年10月10日，在与联邦德国总理科尔谈话时，邓小平第一次比较明确地谈到这种变化。1985年6月4日，在军委扩大会议上，邓小平明确指出："粉碎'四人帮'以后，特别是党的十一届三中全会以后，我们对国际形势的判断有变化，对外政策也有变化，这是两个重要的转变。"[①] 第一个转变，是改变了原来认为战争的危险很迫近的看法。第二个转变，是改变了"一条线"的战略。正是在两个转变的过程中，邓小平提出了和平和发展是世界两大问题的重要论断。

发展需要和平，和平离不开发展。在和平与发展两大问题中，邓小平认为，核心是发展问题。他强调："应当把发展问题提到全人类的高度来认识，要从这个高度去观察问题和解决问题。"[②]

邓小平关于和平与发展的科学论断，在理论上发展了马克思主义的时代观，在实践上对于制定正确的战略方针具有重大的指导意义。首先，这一科学论断为我们党实现工作重心的转移、制定正确的发展战略提供了前提。正是从当今时代主题出发，我们党坚定不移地坚持以经济建设为中心，集中精力搞建设，在和平中发展和崛起。其次，这一科学论断也为我国实行独立自主的和平外交政策奠定了牢固的理论基础。正是适应时代主题的变化，我国对外政策才作了重大调整，为现代化建设创造了有利的国际和平环境。

此后，中国共产党历次党代会都高度认同和坚持了邓小平关于世界主题的思想。中共十三大明确肯定，"和平和发展"是"两大主题"，并把"关于和平与发展是当代世界的主题"的观点，作为"建设有中国特色的社会主义理论的轮廓"的12个重要观点之一。中共十四大报告列举建设有中国特色社会主义理论的主要内容，其中之一就是："指出和平与发展是当代世界两大主题，必须坚持独立自主的

---

① 《邓小平文选》第三卷，人民出版社1993年版，第126页。
② 《邓小平文选》第三卷，人民出版社1993年版，第282页。

和平外交政策，为我国现代化建设争取有利的国际环境。"①中共十四大强调："和平与发展仍然是当今世界两大主题。"②中共十五大进一步指出："和平与发展已成为当今时代的主题"，"要和平、求合作、促发展已经成为时代的主流"。③中共十五大较前相比，将"世界主题"进一步改为了"时代主题"。中共十六大继续强调："和平与发展仍是当今时代的主题。维护和平，促进发展，事关各国人民的福祉，是各国人民的共同愿望，也是不可阻挡的历史潮流。"④中共十七大再次肯定："当今世界正处在大变革大调整之中。和平与发展仍然是时代主题，求和平、谋发展、促合作已经成为不可阻挡的时代潮流。"⑤

2012年11月，中共十八大一如既往指出："当今世界正在发生深刻复杂变化，和平与发展仍然是时代主题。"⑥作为具体表现，中共十八大既指出："世界多极化、经济全球化深入发展，文化多样化、社会信息化持续推进，科技革命孕育新突破，全球合作向多层次全方位拓展，新兴市场国家和发展中国家整体实力增强，国际力量对比朝着有利于维护世界和平方向发展，保持国际形势总体稳定具备更多有利条件。"⑦又指出："同时，世界仍然很不安宁。国际金融危机影响深远，世界经济增长不稳定不确定因素增多，全球发展不平衡加剧，霸权主义、强权政治和新干涉主义有所上升，局部动荡频繁发生，粮食安全、能源资源安全、网络安全等全球性问题更加突出。"⑧

由此可见，从中共十三大以来的历次党的代表大会，都以最郑重、最权威的形式，确认了和平与发展是当今时代和当代世界的主题。对于国际形势的分析，都坚持了邓小平的基本判断，既肯定了世

---

① 《江泽民文选》第一卷，人民出版社2006年版，第220页。
② 《江泽民文选》第一卷，人民出版社2006年版，第242页。
③ 《江泽民文选》第二卷，人民出版社2006年版，第3、39页。
④ 《江泽民文选》第三卷，人民出版社2006年版，第566页。
⑤ 《胡锦涛文选》第二卷，人民出版社2016年版，第649页。
⑥ 《胡锦涛文选》第三卷，人民出版社2016年版，第650页。
⑦ 《胡锦涛文选》第三卷，人民出版社2016年版，第650—651页。
⑧ 中共中央文献研究室编：《十八大以来重要文献选编》（上），中央文献出版社2014年版，第36页。

界发展的主流、潮流，又指出了不稳定、不安全的因素，及时抓住了一些新的特点。所以，和平与发展是当今时代主题的论断，具有极高的权威性。新形势下，这一主题并没有改变，这样那样的新情况，都是世界发展过程中必然会有的现象，并没有改变世界和时代的主题。所以，我们必须继续坚持邓小平的重要论断，坚持历次党代会作出的重要结论。如果随便加以否定和改变，既不符合客观事实，也不符合党的政治纪律和组织纪律。

二、坚持维护世界和平的基本主张

反对霸权主义，维护世界和平，历来是中国对外政策的基本主张。邓小平不仅坚持这一主张，而且把它当作一个重要问题与社会主义联系起来，明白地宣布："我们搞的是有中国特色的社会主义，是不断发展社会生产力的社会主义，是主张和平的社会主义。"[1]

反对霸权主义，维护世界和平，是社会主义宗旨和本质的必然要求。真正的社会主义国家理所当然应该反对霸权主义、维护世界和平，不应该也没有必要在世界上耀武扬威，欺负别人。社会主义国家如果损害别国主权，搞霸权主义，那就既损坏社会主义在世界上的形象，又损害本国的社会主义事业。

中国改革开放以来，以解放和发展生产力、集中力量发展经济为根本任务，必然要求有一个和平的国际环境。所以，邓小平一再强调："我们的对外政策，就本国来说，是要寻求一个和平的环境来实现四个现代化。这不是假话，是真话。这不仅是符合中国人民的利益，也是符合世界人民利益的一件大事。"[2] 我们的经济建设"要达到中等发达国家水平，还要花五十年左右的时间。因此，我们希望至少

---

[1] 《邓小平文选》第三卷，人民出版社 1993 年版，第 328 页。
[2] 《邓小平文选》第二卷，人民出版社 1994 年版，第 241 页。

有七十年的和平时间。我们不要放过这段时间"①。

从国家的地位、主权和尊严来看，从鸦片战争开始的一百多年中，中国人民饱受侵略战争的创伤和痛苦，蒙受了刻骨铭心的奇耻大辱，所以，不能不对各种各样的霸权政治保持高度的警惕。从世界来看，霸权主义和强权政治的存在，违背时代潮流，是世界和平与发展的障碍。所以，"要争取和平就必须反对霸权主义，反对强权政治"②。

正因为如此，邓小平把反霸维和称作中国的"国策"。1992年，在南方谈话中，邓小平再一次强调："社会主义中国应该用实践向世界表明，中国反对霸权主义、强权政治，永不称霸。中国是维护世界和平的坚定力量。"③当年毛泽东和中国政府将苏联称作是"社会帝国主义"，就是因为苏联干了许多侵略别国的事情。

中共十八大指出，当今世界"霸权主义、强权政治和新干涉主义有所上升"④。为此重申："中国反对各种形式的霸权主义和强权政治，不干涉别国内政，永远不称霸，永远不搞扩张。"⑤这一宣示表现了高度的连贯性和一致性。

反对霸权主义，维护世界和平，必须建立国际政治经济新秩序。

早在1974年，邓小平出席联合国大会发言时，就提出有关国际经济新秩序的问题。到80年代中后期，邓小平又明确提出了建立国际政治新秩序的主张。1988年12月2日，在会见日本客人时，邓小平提出，当前国际政治领域出现了"由对抗转为对话，由紧张转向缓和"⑥的新情况。在这种发展趋势下，我们应该提出建立国际政治新秩

---

① 《邓小平文选》第三卷，人民出版社1993年版，第250页。
② 《邓小平文选》第三卷，人民出版社1993年版，第56页。
③ 《邓小平文选》第三卷，人民出版社1993年版，第383页。
④ 中共中央文献研究室编：《十八大以来重要文献选编》（上），中央文献出版社2014年版，第36页。
⑤ 中共中央文献研究室编：《十八大以来重要文献选编》（上），中央文献出版社2014年版，第37页。
⑥ 中共中央文献研究室编：《邓小平关于建设有中国特色社会主义的论述专题摘编》，中央文献出版社1992年版，第166页。

序的问题。同年 12 月 21 日，邓小平在会见印度总理拉吉夫·甘地时，进一步展开阐述了自己的主张，强调："世界上现在有两件事情要同时做，一个是建立国际政治新秩序，一个是建立国际经济新秩序。"①

就在这次会见后的 12 月 24 日，中共中央政治局第十四次全体会议在讨论当前国际形势和我国对外工作时指出，我们要积极推动国际形势朝着长期缓和的方向发展，继续反对霸权主义和强权政治，积极倡导在和平共处五项原则的基础上建立国际政治新秩序和在平等互利的基础上建立国际经济新秩序。

中共十四大继续肯定了这一主张，指出："建立什么样的国际新秩序，是当前国际社会普遍关心的重大问题。根据历史经验和现实状况，我们主张在互相尊重主权和领土完整、互不侵犯、互不干涉内政、平等互利、和平共处等原则的基础上，建立和平、稳定、公正、合理的国际新秩序，这一新秩序包括建立平等互利的国际经济新秩序。"②中共十五大提出的 10 条对外方针中，第三条继续强调："要致力于推动建立公正合理的国际政治经济新秩序。这种国际新秩序是以和平共处五项原则为基础的，符合联合国宪章的宗旨和原则，反映了和平与发展的时代潮流。"③中共十六大报告把"推动建立公正合理的国际政治经济新秩序"作为党的一条基本经验的重要内容，指出"不公正不合理的国际政治经济旧秩序没有根本改变"，因此，"我们主张建立公正合理的国际政治经济新秩序"。④中共十七大继续强调，要"推动国际秩序朝着更加公正合理的方向发展"⑤。中共十八大再次强调："推动国际秩序和国际体系朝着公正合理的方向发展。"⑥

---

① 《邓小平文选》第三卷，人民出版社 1993 年版，第 282 页。
② 《江泽民文选》第一卷，人民出版社 2006 年版，第 243 页。
③ 《江泽民文选》第二卷，人民出版社 2006 年版，第 40 页。
④ 《江泽民文选》第三卷，人民出版社 2006 年版，第 535、566 页。
⑤ 《胡锦涛文选》第二卷，人民出版社 2016 年版，第 651 页。
⑥ 《胡锦涛文选》第三卷，人民出版社 2016 年版，第 652 页。

六、高举和平发展合作共赢的旗帜

建立国际政治经济新秩序，是时代进步和发展提出的要求。建立新秩序，就是要对原有的国际旧秩序进行必要的改造，坚持进步、合理的规则，抛弃落后、不合理的东西，同时也要对某种无序状态进行调整治理，从而建立起新的秩序。这种新秩序，并不是完全否定和抛弃原有的秩序，而是推动原有的秩序向更加公正合理的方向发展。

国际政治经济新秩序应该建立在和平共处五项原则的基础上。邓小平认为："处理国与国之间的关系，和平共处五项原则是最好的方式。其他方式，如'大家庭'方式，'集团政治'方式，'势力范围'方式，都会带来矛盾，激化国际局势。总结国际关系的实践，最具有强大生命力的就是和平共处五项原则。"[①]

建立国际政治经济新秩序，是世界广大国家和人民的要求，是世界发展的主要潮流之一。早在20世纪60年代，发展中国家就提出了建立国际经济新秩序的要求。1973年，第四届不结盟国家首脑会议第一次提出"国际经济新秩序"的概念。1974年5月，联合国大会第六届特别会议通过了《建立国际经济新秩序宣言》。随后，国际社会又进一步提出建立国际政治新秩序的要求。冷战结束后，建立国际新秩序成为更加紧迫的任务。联合国大会专门就此进行过广泛的讨论。虽然美国等发达国家与广大发展中国家在国际新秩序的内容上有较大的分歧，但主张建立国际新秩序的要求是一致的。

建立国际政治经济新秩序，要处理好与维护战后国际秩序的关系。第二次世界大战结束以后形成的国际秩序，通称雅尔塔体系，有其合理的一面，特别是对于战争责任的认定和对于战败国的处理，以及责令日本归还属于中国的领土，等等。这些公正合理的内容，必须坚持和维护，决不允许否定。但雅尔塔体系中也有很多不公正的内容。其总体上的问题，世界已有公论，当然必须加以改造。其中，美苏两个大国对中国权益的划分，实际上侵犯了中国的主权，是决不能

[①] 《邓小平文选》第三卷，人民出版社1993年版，第96页。

允许的。所以，对于维护旧秩序和建立新秩序的关系，一定要科学区分，依照联合国宪章原则和公认的国际法原则，妥善处理。

三、坚持独立自主的和平发展道路

为确保中国发展的正确方向，并给改革开放和现代化建设创造一个有利的国际环境，邓小平明确提出要走独立自主的和平发展道路，实行独立自主的和平外交政策。

独立自主，包含两个方面的内容。首先是整个国家的独立自主，这是基本国策问题。在中共十二大开幕式上，邓小平庄严宣布："独立自主，自力更生，无论过去、现在和将来，都是我们的立足点。中国人民珍惜同其他国家和人民的友谊和合作，更加珍惜自己经过长期奋斗而得来的独立自主权利。任何外国不要指望中国做他们的附庸，不要指望中国会吞下损害我国利益的苦果。"[①]独立自主，是中国人民在长期的革命斗争和对外交往中获得的一条宝贵经验，也是中国特色社会主义的基本出发点。

独立自主的另一层含义，就是在国际舞台上，"坚持独立自主的和平外交政策，不参加任何集团。同谁都来往，同谁都交朋友"[②]。完全依据自己的利益、原则和判断决定对外政策，全方位地同各个国家搞好关系，对世界上的各个大国，不亲谁疏谁。谁对就支持，谁错就批评。坚持讲公道话，办公道事。"这种独立自主的外交政策，最有利于世界和平"[③]，最有利于我们坚持原则，维护自己的利益，避免卷入集团政治的旋涡，使我们能在错综复杂的国际政治舞台上保持最大的行动自由，能在必要的时候最大限度地发挥自己的影响。所以，邓小平说，这个政策我们要坚持到底。

---

① 《邓小平文选》第三卷，人民出版社 1993 年版，第 3 页。
② 《邓小平文选》第三卷，人民出版社 1993 年版，第 162 页。
③ 《邓小平文选》第三卷，人民出版社 1993 年版，第 156 页。

坚持独立自主的对外政策，必然要求维护自己国家的主权和安全。邓小平一贯重视国家主权问题，强调中国要维护自己国家的利益、主权和完整。在与英国谈判香港问题时，他严正表示，主权问题不是一个可以讨论的问题，中国在这个问题上没有回旋的余地。1989年后，邓小平进一步强调："国家的主权、国家的安全要始终放在第一位"，"任何违反国际关系准则的行动，中国人民永远不会接受，也不会在压力下屈服。"①

（上述 3 段内容，与前文《新世纪中国全球战略构想》有重复。此处删除了部分重复的内容。）

维护世界和平，是中国对外政策的基本目标。为坚持和实现这一目标，邓小平提出了解决国际争端的一系列重要思路。他说："世界上有许多争端，总要找个解决问题的出路。""要根据新情况、新问题，提出新办法。"②"我们主张用谈判方式解决国际争端，如同我国和英国通过谈判解决香港问题一样。"③对有些争议地区，可以搁置争议，共同开发。中国反对军备竞赛，主张根据公正、合理、全面、均衡的原则，有效地裁减军备，首先是裁减超级大国的核军备和其他军备。在处理国际事务中，要严格遵守联合国宪章和公认的国际关系准则。不应诉诸武力或以武力相威胁。

邓小平强调，处理国与国的关系，主要应基于国家利益而不是社会制度和意识形态。社会制度和意识形态的差别不应成为发展相互关系的障碍。中国愿意超越这种差别，在和平共处五项原则的基础上发展与世界各国的友好关系。中国尊重每个国家自己的选择，不把自己的社会制度和意识形态强加于人，同时也决不允许别国把自己的社会制度和意识形态强加于我。

在与尼克松谈话时，邓小平坦率地表示："我们都是以自己的国

---

① 《邓小平文选》第三卷，人民出版社 1993 年版，第 348 页。
② 《邓小平文选》第三卷，人民出版社 1993 年版，第 49、87 页。
③ 《邓小平文选》第三卷，人民出版社 1993 年版，第 70 页。

家利益为最高准则来谈问题和处理问题的。""考虑国与国之间的关系主要应该从国家自身的战略利益出发。着眼于自身长远的战略利益，同时也尊重对方的利益，而不去计较历史的恩怨，不去计较社会制度和意识形态的差别，并且国家不分大小强弱都相互尊重，平等相待。这样，什么问题都可以妥善解决。"①

改革开放以来，我们坚持走和平发展道路，坚定奉行独立自主的和平外交政策，全方位地发展与不同类型国家之间的关系。坚决维护国家主权、安全、发展利益，通过争取和平的国际环境发展自己，又以自身的发展维护和促进世界和平，扩大同各方利益的汇合点。根据事情本身的是非曲直决定自己的立场和政策，秉持公道，伸张正义。主张和平解决国际争端和热点问题，反对动辄诉诸武力或以武力相威胁，反对颠覆别国合法政权，反对一切形式的恐怖主义。推动全球治理机制变革，积极促进世界和平与发展，以更加积极的姿态参与国际事务，发挥负责任大国作用，共同应对全球性挑战，推动建设持久和平、共同繁荣的和谐世界。全方位地发展与不同类型国家之间的关系。把加强同第三世界国家的团结与合作，作为中国对外政策的基石，同广大发展中国家在各个方面相互支持、密切配合，共同维护正当权益。坚持以和平共处五项原则为基础，改善和发展同发达国家的关系，扩大互利合作，共同对付人类生存和发展面临的挑战。对彼此之间的分歧，坚持对话，不搞对抗，从双方长远利益以及世界和平与发展的大局出发，寻求妥善的解决办法。

由于始终坚持独立自主的和平外交政策，中国的各项外交工作积极开展，同各国的交流合作广泛加强，在国际事务中发挥越来越重要的建设性作用，代表性和话语权进一步增强，中国的国际影响不断扩大，国际地位不断提高，为全面建设小康社会和现代化建设争取了良好国际环境。事实证明，坚持实行独立自主的和平外交政策是完全正

---

① 《邓小平文选》第三卷，人民出版社1993年版，第330页。

确的。

四、坚持对外党际关系的重要原则

政党，是当今世界普遍存在的一种社会政治现象，是各国国家政权和政治生活的主导力量，也是国际社会中一种非国家的行为主体。发展对外关系，包括发展党与党之间的关系。

如何正确处理党与党之间的关系，是国际社会主义共产主义运动的一个大问题，也是世界上几乎所有政党面临的大课题。170年来，各国共产党、工人党在如何处理党际关系问题上走过了曲折的道路。中国共产党自身也有过许多经验教训，邓小平作为国际共产主义运动的老战士，曾经经历过国际共运的许多重大事件，因此对处理党际关系的经验教训有深刻的了解。中共十一届三中全会以后，在恢复和发展同外国政党关系过程中，他冷静地思考过去，也思考未来，发表了一系列重要谈话，从不同角度阐发了如何处理党际关系的重要思想。

邓小平指出："各国的事情，一定要尊重各国的党、各国的人民，由他们自己去寻找道路，去探索，去解决问题，不能由别的党充当老子党，去发号施令。我们反对人家对我们发号施令，我们也决不能对人家发号施令。这应该成为一条重要的原则。"[1]

这条重要原则，包含着丰富的内容。

第一，各国党与党之间的关系，应该是完全平等的关系，而不能是所谓"父子党"的关系。每个党都有自己独立的身份、主权和尊严，既没有必要，也不应该依附其他任何人和任何党。每个党不论人数多少、大小强弱、历史长短、执政与否，都应该一律平等。在国际共运中，不应该有什么领导中心。各个党之间，也不应该有什么上级和下级、领导和被领导之分。任何一个党，无论它历史多长、经验多

---

[1] 《邓小平文选》第二卷，人民出版社1994年版，第319页。

丰富、力量多强大，都没有凌驾于其他党之上的特权，决不能自封为领导中心或领导党，也决不能垄断马克思主义解释权，更不能到处挥舞指挥棒。

第二，任何党的国内路线方针，都只能由本国党和人民去判断和决定。一个国家革命的成功、社会的发展，归根结底要靠本国条件的成熟，靠本国党的努力，靠本国党的路线方针政策受到本国人民群众的拥护。只有立足于本国的土壤，这个党才可能有强大的生命力，否则就会成为无本之木、无源之水。本国的政党最了解本国的实际情况，同本国人民有着最直接、最密切的联系。因此，各国革命和建设的道路、方针、政策，完全应该由本国党从实际出发制定和贯彻执行，而不能由外国党或一个国际中心来干预和指挥。

过去，在国际共运中，曾经犯过越俎代庖的错误，通过一个国际中心来指挥很多党的革命，这在很大程度上压制了各国党的主动性和创造性。总结这些经验教训，邓小平明确指出："一个国家的革命要取得胜利，最根本的一条经验就是，各国共产党应该根据自己国家的情况，找出自己的革命道路。"[①]

第三，各国党要相互尊重对方的选择和经验，不能随便指手画脚，发号施令。对各国党道路、方针、政策是非对错的判断、评价，也应该由本国党和人民来进行，由本国的实践来检验。对相互之间在某些问题上的分歧和差异，应本着求同存异的精神，通过正常的交流，谋求相互理解和合作。对于难以统一的意见，可以各自保留，让历史去检验和解决。决不能以"老子党"自居，随便批评指责，把自己的观点和意志强加于人。更不能运用不正当手段，对别国党进行渗透、干预、控制乃至颠覆活动。

邓小平说，总结过去的经验，"我想有一点最重要，就是任何大党、中党、小党，都要相互尊重对方的选择和经验，对别的党、别的

[①] 《邓小平文选》第三卷，人民出版社1993年版，第27页。

国家的事情不应该随便指手画脚。对执政党是这样，对没有执政的党也应该是这样"①。

第四，社会主义没有固定的公式和模式，不能套用这种公式和模式来对待别的党。以往党际关系中的许多矛盾、冲突，所争论的大都是"谁是正统的马克思主义"。这种争论的背后，实际上都隐藏着一种错误的思想方法，即把马克思主义教条化、公式化、宗教化，把一国的经验模式化、神圣化，然后用来衡量、评判其他国家的情况。

邓小平抓住这个症结，一针见血地指出："一个党评论外国兄弟党的是非，往往根据的是已有的公式或者某些定型的方案，事实证明这是行不通的。各国的情况千差万别，人民的觉悟有高有低，国内阶级关系的状况、阶级力量的对比又很不一样，用固定的公式去硬套怎么行呢？就算你用的公式是马克思主义的，不同各国的实际相结合，也难免犯错误。"②

根据邓小平的这些思想原则，中国共产党不仅顺利解决了与很多党的历史遗留问题，恢复了友好关系，而且形成了建立党与党之间新型关系的四项原则。中共十二大指出："我们党坚持在马克思主义的基础上，按照独立自主、完全平等、互相尊重、互不干涉内部事务的原则，发展同各国共产党和其他工人阶级政党的关系。"③

后来，又把这四项原则扩大运用于同各种类型外国党的关系上，主张党际关系不以社会制度和意识形态的异同为条件。只要愿意遵循四项原则，都可以接触、交往和对话。中共十四大指出："我们将继续按照独立自主、完全平等、互相尊重、互不干涉内部事务的原则，同各国政党建立和发展友好关系，本着求同存异的精神，增进相互了解和合作。"④中共十五大强调要在这些原则的基础上，与各国政党发

---

① 《邓小平文选》第三卷，人民出版社1993年版，第236页。
② 《邓小平文选》第二卷，人民出版社1994年版，第318页。
③ 中共中央文献研究室编：《十二大以来重要文献选编》（上），人民出版社1986年版，第45页。
④ 《江泽民文选》第一卷，人民出版社2006年版，第244页。

展新型的党际交流和合作关系，促进国家关系的发展。中共十六大、中共十七大都要求同各国各地区政党和政治组织发展交流和合作关系。中共十八大指出："我们将开展同各国政党和政治组织的友好往来，加强人大、政协、地方、民间团体的对外交流，夯实国家关系发展社会基础。"①

根据邓小平和我们党提出的原则，30多年来，中国共产党的对外关系开创了新的局面，不仅同共产党，而且同社会民主类型的政党、民族民主类型的政党，以及其他有影响的政党，建立了不同情况不同形式的联系，为发展友好合作做了大量促进工作，夯实了国家关系的基础，对争取良好的国际环境起到了积极的作用。

五、清醒认识和对待国际形势的新变化

国际舞台时常会有风云变幻。如何认识和处理国际形势的各种变化，处变不惊，沉着应对，抓住机遇，迎接挑战，是对当政者智慧和能力的考验，更是关系党和国家命运的大课题。

1989年以后，国际局势发生急剧变动。苏联解体、东欧剧变，两极格局被打破，中国所处的国际环境发生了重大的变化。在重要的历史关头，邓小平冷静沉着，高瞻远瞩地提出了一系列重要的战略策略，不仅为我们从容应对严峻复杂的国际形势，争取一个有利的国际环境指明了方向，而且为1992年以后中国改革开放进入新的发展阶段奠定了思想基础。

第一，正确地预测和分析、判断形势。东欧剧变初起之时，邓小平就对形势的发展作出了正确的预测和判断，特别是预见到苏联的混乱是不可避免的，提醒全党对国际形势的剧变做好思想准备。剧变发生之后，中国面临的形势一度非常严峻。邓小平冷静地指出，国际局

---

① 《胡锦涛文选》第三卷，人民出版社2016年版，第652—653页。

势虽然有消极、严峻的一面，但也"不能看成一片漆黑，不能认为形势恶化到多么严重的地步，不能把我们说成是处在多么不利的地位。实际上情况并不尽然"。"我们可利用的矛盾存在着，对我们有利的条件存在着，机遇存在着，问题是要善于把握。"①

第二，坚持冷静观察、稳住阵脚、沉着应付、决不当头的方针。当苏东剧变的冲击席卷而来时，邓小平郑重交代："对于国际局势，概括起来就是三句话：第一句话，冷静观察；第二句话，稳住阵脚；第三句话，沉着应付。不要急，也急不得。要冷静、冷静、再冷静，埋头实干，做好一件事，我们自己的事。"②他特别强调："第三世界有一些国家希望中国当头。但是我们千万不要当头，这是一个根本国策。这个头我们当不起，自己力量也不够。当了绝无好处，许多主动都失掉了。"③

邓小平两次谈话所提出的冷静观察、稳住阵脚、沉着应付、决不当头十六个字，以及后来又强调的韬光养晦、善于守拙、抓住机遇、有所作为等，就成为当时及后来我们应对国际复杂局势的指导方针。这一方针，表现出了高度的远见和胆识，也表现出了高度的谋略艺术，对我们度过那段比较严峻的时期、从容应付复杂的国际局势，起了极为重要的指导作用。

第三，埋头实干，把中国自己的事情办好。面对西方国家的制裁和压力，邓小平坚定地表示：中国永远不会接受别人干涉内政。"一些国家对中国实行制裁。我认为，第一，他们没有资格制裁中国；第二，实践证明中国有抵抗制裁的能力。"④同时，邓小平强调，无论国际形势怎么变化，关键都在于我们自己。"中国能不能顶住霸权主义、强权政治的压力，坚持我们的社会主义制度，关键就看能不能争得较

---

① 《邓小平文选》第三卷，人民出版社1993年版，第354页。
② 《邓小平文选》第三卷，人民出版社1993年版，第321页。
③ 《邓小平文选》第三卷，人民出版社1993年版，第363页。
④ 《邓小平文选》第三卷，人民出版社1993年版，第359页。

快的增长速度,实现我们的发展战略。"① 为此,邓小平要求我们韬光养晦,埋头实干,沿着自己选择的社会主义道路走到底。党的基本路线规定的"一个中心、两个基本点"的战略布局,"我们一定要坚持下去,永远不改变"②。

邓小平对1989年后国际形势的精辟分析以及在此基础上制定的战略策略方针,虽然有当时特定的背景,但到今天,不仅仍然闪烁着睿智的光辉,展示着宏大的气魄,而且许多思想对于我们坚持正确的国际战略,仍有着重要的指导意义。

30多年来,国际环境不断发生着深刻的变化。党和国家按照邓小平的战略思路,科学应对,抢抓机遇,不仅使中国的国际环境越来越好,使中国的综合国力越来越强,而且也使邓小平的国际战略思想不断丰富和发展。中共十八大以来,以习近平同志为核心的党中央提出了一系列关于国际战略和对外政策的新思想、新观点、新论断,不仅充实了中国特色社会主义理论体系的宝库,而且进一步提升了中国的国际地位,在全球政治和经济舞台上发挥了更大作用。重温、坚持、丰富和发展邓小平的国际战略思想,我们能够得到很多深刻的启迪。坚持和发展邓小平的国际战略思想,我们就一定能在世界上开辟更加广阔的空间,为实现"两个一百年"奋斗目标创造更好的条件。

---

① 《邓小平文选》第三卷,人民出版社1993年版,第356页。
② 《邓小平文选》第三卷,人民出版社1993年版,第345页。

⦿ 坚定高举和平发展合作共赢的旗帜

纪事和说明：

本文是学习中共十九届五中全会精神的一篇文章，发表于2020年第6期《当代世界与社会主义》杂志。

中共十九届五中全会的主要议题和内容，是审议通过了《中共中央关于制定国民经济和社会发展第十四个五年规划和二〇三五年远景目标的建议》，这是夺取全面建设社会主义现代化国家新胜利的纲领性文件。

围绕学习贯彻中共十九届五中全会精神，我应邀给很多单位讲课，特别是撰写和出版了《中国规划》一书，也发表了多篇文章，其中涉及国际问题的一篇就是《坚定高举和平发展合作共赢的旗帜》。

文章认为，中共十九届五中全会在新的历史条件下，一如既往强调"高举和平、发展、合作、共赢旗帜"，具有十分重要的意义。和平发展、合作共赢的旗帜是改革开放的重要成果和鲜明标志；无论国际风云如何变幻，党和国家始终坚持高举这面旗帜；当今世界正处在

世界向何处去

一个重要的十字路口,面临着"世界向何处去"的重大问题;中国必须继续高举和平发展合作共赢的旗帜;这是中国党和国家本质的必然要求,也是中华民族根本利益的必然要求;人类社会需要和平而不是战争,需要合作而不是对抗,在国际关系中诉诸武力和战争不是人间正道;我们要善于在和平发展、合作共赢的旗帜下正确应对不断遇到的风险和挑战。

"高举和平、发展、合作、共赢旗帜"[①],这是我们已经很熟悉的一句政策宣示,但从中共十九届五中全会的《公报》和《建议》中再次读到这句话时,我们依然感到分外亲切。在当今世界发生重大变动的重要时刻,以习近平同志为核心的党中央重申这一重要立场和态度,对于处于十字路口的世界极为重要,对于正确应对当前复杂的国际形势极为重要,对于中国走向未来的前途和命运更是极为重要。

一、改革开放的重要成果和鲜明标志

"高举和平、发展、合作、共赢旗帜",这是改革开放以来,一届届党中央深刻总结历史的经验教训,科学分析世界发展的战略形势,从中华民族的根本利益出发,并以对世界负责的态度所作出的战略决策和郑重宣示,是改革开放的重要成果和鲜明标志,也是保障我国现代化建设不断顺利推进的政策基础和重要条件。

中国的发展离不开世界,世界的发展也离不开中国。怎样正确判断国际形势?实行什么样的外交政策和国际战略?按什么样的原则发展与世界的经济贸易关系?不仅关系到中国的改革开放和社会主义现

---

① 《中共中央关于制定国民经济和社会发展第十四个五年规划和二〇三五年远景目标的建议》,人民出版社2020年版,第43页。

代化建设事业,而且关系到世界的和平与发展。

中华人民共和国成立后,实行"一边倒"的外交政策,与苏联等国结成社会主义阵营。20世纪50年代,倡导和平共处五项原则,努力改善与其他国家的关系。70年代初,恢复中华人民共和国在联合国的合法席位,后又通过安排尼克松访华,实现了历史性的外交突破。但由于种种复杂的主客观原因,在很长时间内,特别是在"文化大革命"期间,中国的外部环境非常严峻。中国的发展和安全战略建立在备战的基础之上,对世界的大门处于封闭和半封闭的状态。

改革开放之后,邓小平高屋建瓴,从宏观全局把握国际战略形势,明确指出:"现在世界上真正大的问题,带全球性的战略问题,一个是和平问题,一个是经济问题或者说发展问题。"[1] 提出和平和发展两大问题,抓住了当代世界最突出的矛盾、最根本的变化和最主要的特征,向我们提供了观察和解决世界各种问题的基本着眼点和立足点,同时也指明了世界人民所要解决的最主要任务。

以时代主题的这一历史性变化为基础,党和国家制定了独立自主的和平外交政策。1980年,邓小平在《目前的形势和任务》中指出:"我们的对外政策,就本国来说,是要寻求一个和平的环境来实现四个现代化。这不是假话,是真话。这不仅是符合中国人民的利益,也是符合世界人民利益的一件大事。"[2] 1982年,中共十二大明确宣告,中国"坚持独立自主的对外政策"[3]。1986年1月,胡耀邦在中央机关干部大会上列举十一届三中全会以来党中央9个方面的重大决策,其中之一,就是"调整对外方针,坚定地奉行独立自主的和平外交政策"[4]。通过这一调整,我们打开了外交工作的新局面,改变了长期封

---

[1] 《邓小平文选》第三卷,人民出版社1993年版,第105页。
[2] 《邓小平文选》第二卷,人民出版社1994年版,第241页。
[3] 中共中央文献研究室编:《十二大以来重要文献选编》(上),人民出版社1986年版,第39页。
[4] 中共中央文献研究室编:《十二大以来重要文献选编》(中),人民出版社1986年版,第883页。

闭和孤立的状况，为中国的改革发展创造了有利的国际环境。1986年2月9日，在春节团拜会上，李先念强调："我们将继续实行独立自主的和平外交政策"①。

中共十四大以后，党和国家坚定不移地贯彻独立自主的和平外交政策，维护世界和平与促进共同发展，推动建立公正合理的国际政治经济新秩序，进一步改善了我国改革开放和现代化建设的外部环境，中国的国际影响日益扩大。

进入21世纪后，党和国家进一步强调和平与发展的重要性。中共十六大指出："和平与发展仍是当今时代的主题。维护和平，促进发展，事关各国人民的福祉，是各国人民的共同愿望，也是不可阻挡的历史潮流。"②"不管国际风云如何变幻，我们始终不渝地奉行独立自主的和平外交政策。"③

2004年8月22日，在邓小平同志诞辰100周年纪念大会上，胡锦涛明确宣告："我们要高举和平、发展、合作的旗帜，始终奉行独立自主的和平外交政策，坚持走和平发展道路，在平等互利的基础上加强和扩大同世界各国的交流合作，永远做维护世界和平、促进共同发展的坚定力量。"④

在此基础上，党和国家提出中国将始终不渝走和平发展道路。2005年底，中国政府发表《中国的和平发展道路》白皮书，阐述了中国走和平发展之路的立场和决心。

2006年8月21日至23日，中央召开外事工作会议，强调新世纪新阶段的外事工作，要高举和平、发展、合作的旗帜，坚持独立自主的和平外交政策，坚定不移走和平发展道路，全方位开展外事工

---

① 中共中央文献研究室编：《十二大以来重要文献选编》（中），人民出版社1986年版，第910页。
② 中共中央文献研究室编：《十六大以来重要文献选编》（上），中央文献出版社2011年版，第35页。
③ 中共中央文献研究室编：《十六大以来重要文献选编》（上），中央文献出版社2011年版，第36页。
④ 《胡锦涛文选》第二卷，人民出版社2016年版，第217页。

作，维护和用好重要战略机遇期，维护国家主权、安全、发展利益，努力为我国改革开放和社会主义现代化建设营造良好国际环境和有利外部条件，为推动建设持久和平、共同繁荣的和谐世界作出贡献。①

2007年的中共十七大明确指出："不管国际风云如何变幻，中国政府和人民都将高举和平、发展、合作旗帜，奉行独立自主的和平外交政策，维护国家主权、安全、发展利益，恪守维护世界和平、促进共同发展的外交政策宗旨。""中国将始终不渝走和平发展道路。这是中国政府和人民根据时代发展潮流和自身根本利益作出的战略抉择。"②

与此同时，中共十七大进一步提出了"共赢"的概念和理念，明确宣告："中国将始终不渝奉行互利共赢的开放战略。"③要求："在国际关系中弘扬民主、和睦、协作、共赢精神。政治上相互尊重、平等协商，共同推进国际关系民主化；经济上相互合作、优势互补，共同推动经济全球化朝着均衡、普惠、共赢方向发展；文化上相互借鉴、求同存异，尊重世界多样性，共同促进人类文明繁荣进步；安全上相互信任、加强合作，坚持用和平方式而不是战争手段解决国际争端，共同维护世界和平稳定；环保上相互帮助、协力推进，共同呵护人类赖以生存的地球家园"④。

2012年的中共十八大，在原先的"和平、发展、合作"的旗帜上，又加上了"共赢"一词，宣布"中国将继续高举和平、发展、合作、共赢的旗帜，坚定不移致力于维护世界和平、促进共同发展"。中共十八大重申："和平发展是中国特色社会主义的必然选择。要坚持开放的发展、合作的发展、共赢的发展，通过争取和平国际环境发

---

① 《胡锦涛文选》第二卷，人民出版社2016年版，第508页。
② 中共中央文献研究室编：《十七大以来重要文献选编》（上），中央文献出版社2009年版，第36页。
③ 中共中央文献研究室编：《十七大以来重要文献选编》（上），中央文献出版社2009年版，第37页。
④ 中共中央文献研究室编：《十七大以来重要文献选编》（上），中央文献出版社2009年版，第36页。

展自己，又以自身发展维护和促进世界和平，扩大同各方利益汇合点，推动建设持久和平、共同繁荣的和谐世界。""中国将始终不渝走和平发展道路，坚定奉行独立自主的和平外交政策。"①

2019年的中共十九大再次强调："中国将高举和平、发展、合作、共赢的旗帜，恪守维护世界和平、促进共同发展的外交政策宗旨，坚定不移在和平共处五项原则基础上发展同各国的友好合作，推动建设相互尊重、公平正义、合作共赢的新型国际关系。"②十九大还把"统筹国内国际两个大局，始终不渝走和平发展道路、奉行互利共赢的开放战略"③，作为坚持和发展中国特色社会主义基本方略的重要内容。

所以，高举和平、发展、合作、共赢旗帜，是改革开放以来党和国家的坚定立场，是多次党代会作出的郑重宣示，也是中国对世界的庄严声明和真实承诺。坚持高举和平、发展、合作、共赢的旗帜，不仅为中国赢得了40多年有利于发展的良好环境，而且为人类社会作出了重大贡献。中国日益成为国际社会公认的世界和平的建设者、全球发展的贡献者、国际秩序的维护者！

40多年来，我国改革开放和社会主义现代化取得的所有成就，都与高举和平、发展、合作、共赢的旗帜密切相关。没有在国际战略上实行的重大调整，没有独立自主的和平外交政策，不走和平发展的道路，不坚定高举和平、发展、合作、共赢的旗帜，就不可能有中国综合国力的大幅跃升，就不可能有今天中国在世界上的地位，也不可能有中国今天在世界上说话办事的那种底气。

---

① 中共中央文献研究室编：《十八大以来重要文献选编》（上），中央文献出版社2014年版，第12、37页。
② 中共中央党史和文献研究院编：《十九大以来重要文献选编》（上），中央文献出版社2019年版，第41页。
③ 中共中央党史和文献研究院编：《十九大以来重要文献选编》（上），中央文献出版社2019年版，第18页。

二、靓丽的旗帜在变幻的风云中挺立飘扬

和平、发展、合作、共赢的旗帜，为中国处理当代世界的各种问题以及与外部世界的关系指明了方向、规范了原则、奠定了基础。几十年来，这面旗帜一直在高高飘扬，即使遇到各种风险和挑战，也不减其靓丽的色彩，更没有被阵阵突袭的狂风吹倒。

20世纪80年代末90年代初，国际局势发生急剧变动，国内也发生政治风波。西方国家对中国实行制裁，中国所处的国际环境发生重大变化。一时间乱云翻滚，险象丛生，中国面临着极大压力和考验。在这重要的历史关头，邓小平高瞻远瞩，提出冷静观察、稳住阵脚、沉着应付、决不当头、韬光养晦、有所作为的战略策略方针。

邓小平指出："对于国际局势，概括起来就是三句话：第一句话，冷静观察；第二句话，稳住阵脚；第三句话，沉着应付。不要急，也急不得。要冷静、冷静、再冷静，埋头实干，做好一件事，我们自己的事。"[①]

邓小平特别强调："第三世界有一些国家希望中国当头。但是我们千万不要当头，这是一个根本国策。这个头我们当不起，自己力量也不够。当了绝无好处，许多主动都失掉了。中国永远站在第三世界一边，中国永远不称霸，中国也永远不当头。"[②]

这些重大的战略策略方针，不仅为我们从容应对严峻复杂的国际局面指明了方向，而且为改革开放进入一个新的发展阶段奠定了思想基础。1992年邓小平南方谈话之后，中国以自己改革开放的形象赢得了世界的认可和赞扬。中国的国际环境明显好转，同越来越多的国家和地区发展了贸易、科技、文化交流与合作，并更加深入地进入了国际社会，形成了越来越好的国际关系和周边环境。

---

① 《邓小平文选》第三卷，人民出版社1993年版，第321页。
② 《邓小平文选》第三卷，人民出版社1993年版，第363页。

世界向何处去

1997年下半年,东南亚国家爆发金融危机。党中央、国务院提出"坚定信心,心中有数,未雨绸缪,沉着应付,埋头苦干,趋利避害"①的指导方针,实施积极的财政政策和稳健的货币政策,采取扩大国内需求的一系列措施。面对周边许多国家货币大幅度贬值带来的巨大压力,中国政府权衡利弊,坚持人民币不贬值,确保人民币汇率稳定。中国政府负责任的积极态度,既赢得了国际社会的赞誉,也促进了中国金融业的平稳发展和国民经济的稳定增长,并对亚洲乃至世界金融和经济的稳定发展作出了积极的贡献。

1999年5月8日,以美国为首的北约飞机用导弹袭击中国驻南斯拉夫大使馆。中国政府立即发表严正声明,作出一系列强烈反应,严厉谴责这一野蛮暴行,要求以美国为首的北约承担全部责任。6月,美国总统和美国政府向中国政府和人民表示道歉。7月和12月,美国分别对中国受难及死难家属、中方财产损失作出赔偿。

由于始终坚持独立自主的和平外交政策,中国的对外关系不断发展,国际地位也明显提高。世纪之交,联合国召开千年首脑大会,同时根据中国的提议举行联合国安理会五个常任理事国首脑的会晤。江泽民作为中华人民共和国主席出席了这两个会议。

2008年9月中旬,由美国次贷危机引发的国际金融危机爆发。党中央、国务院果断采取措施,一方面力求减少危机对中国经济的冲击,另一方面积极与国际社会协调缓解金融危机的政策和措施。2008年10月24日至25日,中国作为东道主在北京召开第七届亚欧首脑会议,胡锦涛发表《亚欧携手 合作共赢》的讲话。2008年11月15日至26日,胡锦涛出席在美国首都华盛顿举行的二十国集团领导人金融市场和世界经济峰会,发表《通力合作 共度时艰》的讲话。至2010年11月,胡锦涛共5次出席二十国集团领导人峰会,促进了与

---

① 中共中央文献研究室编:《十五大以来重要文献选编》(上),人民出版社2000年版,第203页。

世界大国的合作。

坚持高举和平、发展、合作、共赢的旗帜，取得了明显的成就。在这面旗帜下，中国各项外交工作积极开展，同各国的交流合作广泛加强，在国际事务中发挥重要建设性作用，为推进小康社会和现代化建设争取了良好的国际环境。2009年11月，美国总统奥巴马对中国进行国事访问。胡锦涛同奥巴马举行会谈，双方发表联合声明，重申致力于建设21世纪积极合作全面的中美关系，并将采取切实行动稳步建立应对共同挑战的伙伴关系。2011年1月，胡锦涛对美国进行国事访问。两国发表联合声明，确认双方将共同努力建设相互尊重、互利共赢的中美合作伙伴关系。

中共十八大以来，国际形势发生新的变化。2017年的中共十九大一方面指出："世界正处于大发展大变革大调整时期，和平与发展仍然是时代主题。世界多极化、经济全球化、社会信息化、文化多样化深入发展，全球治理体系和国际秩序变革加速推进，各国相互联系和依存日益加深，国际力量对比更趋平衡，和平发展大势不可逆转。"另一方面又指出："世界面临的不稳定性不确定性突出，世界经济增长动能不足，贫富分化日益严重，地区热点问题此起彼伏，恐怖主义、网络安全、重大传染性疾病、气候变化等非传统安全威胁持续蔓延，人类面临许多共同挑战。"[①]

面对这种变化，党和国家丝毫没有动摇高举和平、发展、合作、共赢旗帜的决心。中共十九大向全党全国和整个世界宣告中国将高举和平、发展、合作、共赢的旗帜，充分显示了在这个重大问题上的战略定力。

---

① 中共中央党史和文献研究院编：《十九大以来重要文献选编》（上），中央文献出版社2019年版，第41页。

三、继续高举和平发展合作共赢的旗帜

中共十九大以后,世界形势加速变化。许多前所未有的事件不断发生,世界面临的不稳定性不确定性更加突出,很多人对未来的预期越来越深表忧虑。甚至连"第三次世界大战"都成了网上网下的热门话题,许多人摩拳擦掌,跃跃欲试,竭力鼓动展开新一轮军备竞赛,甚至急切期盼两个大国之间的战争对决。

鼓吹战争显然是错误的;对世界的担忧是可以理解的。今日世界,有许许多多令人惊喜的发展和进步,但面临的诸多问题也确实使许多人感到茫然。

今日世界,再一次处在了十字路口。

2018年11月17日,习近平主席在亚太经合组织工商领导人峰会上指出:"当今世界的变局百年未有,变革会催生新的机遇,但变革过程往往充满着风险挑战,人类又一次站在了十字路口。"①两年来的事实证明,习近平主席的判断是正确的。

站在十字路口,就有一个直行还是左拐或右拐甚至掉头走回头路的问题。所以,在2018年11月的"读懂中国"国际会议上,我即席发言,向世界的众多政要、智库、金融家、实业家提出了一个尖锐的重大问题:"世界向何处去?"两年多来,这个问题不仅没有消失,反而更加明显和突出了。

在历史的交汇点上,如何回答这一问题,决定着未来相当长时间的中国走向,也在相当程度上决定着国际关系的走向,从而影响着整个世界的走向。

2018年11月17日,习近平总书记在提出"人类又一次站在了十字路口"时,明确指出:"合作还是对抗?开放还是封闭?互利共赢还是零和博弈?如何回答这些问题,关乎各国利益,关乎人类前途

---

① 《习近平谈治国理政》第三卷,外文出版社2020年版,第455页。

命运。"①

中共十九届五中全会审议通过的《中共中央关于制定国民经济和社会发展第十四个五年规划和二〇三五年远景目标的建议》(以下简称《建议》),在某种意义上,对"世界向何处去"这一深层次、全局性的问题作出了坚定有力的回答。

第一,《建议》确认,要"积极营造良好外部环境"②。这是改革开放以来我们党和国家的一贯思想。"发展是解决我国一切问题的基础和关键"③,但发展需要有较好的国际环境。没有适当的外部环境,很多事就很难干好。中国对外政策的出发点,就是要为现代化建设创造和争取一个良好的外部环境。面对新的国际形势,我们首先要"保持战略定力",集中力量"办好自己的事"④,同时要深刻认识错综复杂的国际环境带来的新矛盾新挑战,更好统筹国内国际两个大局,确保改革开放和社会主义现代化建设顺利进行。

第二,《建议》确认:"当前和今后一个时期,我国发展仍然处于重要战略机遇期,但机遇和挑战都有新的发展变化。"⑤2002年,中共十六大提出,21世纪头20年,对我国来说,是一个必须紧紧抓住并且可以大有作为的重要战略机遇期。20年来,我们紧紧抓住这个机遇期,深化改革、扩大开放、推动发展,取得了举世瞩目的历史性成就。现在20年过去了,这个战略机遇期还存在吗?中共十九届五中全会的《建议》作出了明确回答。一是这个战略机遇期仍然存在,二是机遇和挑战都有新的发展变化。因此,我们必须增强机遇意识和风险意识,处理好机遇与风险的关系,积极应对外部环境变化带来的冲

---

① 《习近平谈治国理政》第三卷,外文出版社2020年版,第455页。
② 《中共中央关于制定国民经济和社会发展第十四个五年规划和二〇三五年远景目标的建议》,人民出版社2020年版,第43页。
③ 《中共中央关于制定国民经济和社会发展第十四个五年规划和二〇三五年远景目标的建议》,人民出版社2020年版,第8页。
④ 《中共中央关于制定国民经济和社会发展第十四个五年规划和二〇三五年远景目标的建议》,人民出版社2020年版,第4页。
⑤ 《中共中央关于制定国民经济和社会发展第十四个五年规划和二〇三五年远景目标的建议》,人民出版社2020年版,第3页。

击和挑战。

第三,《建议》确认:"和平与发展仍然是时代主题"①。在改革开放的进程中,党和国家一再强调时代主题没有改变。时代主题没有变,原则上党的基本路线就不能变,和平发展道路就不能变,对外开放的基本国策也不能变。中共十九届五中全会的《建议》指出了没有变的表现,也指出了新的变化和特点:当今世界正经历百年未有之大变局,新一轮科技革命和产业变革深入发展,国际力量对比深刻调整,人类命运共同体理念深入人心,同时国际环境日趋复杂,不稳定性不确定性明显增加,新冠肺炎疫情影响广泛深远,经济全球化遭遇逆流,世界进入动荡变革期,单边主义、保护主义、霸权主义对世界和平与发展构成威胁。②观察国际形势,必须正确处理两者之间的关系。

第四,《建议》确认:"高举和平、发展、合作、共赢旗帜。"③旗帜是指向,是标识,是态度,是形象。在当今世界向何处去的关键时刻,鲜明昭告继续高举和平、发展、合作、共赢旗帜,具有十分重要的意义。对内,既是统一思想,又是稳定军心,推动全党全国人民更加坚定地凝神聚力,全面推进建设社会主义现代化国家的事业。对外,既是展示形象,又是缓和矛盾,推动世界继续坚持多边主义而不是单边主义,求同存异,共克时艰,维护世界来之不易的和平局面。

第五,《建议》确认:"实行高水平对外开放,开拓合作共赢新局面。"④对外开放是中国的基本国策,无论遇到什么样的复杂情况都不能改变。对外开放的大门只能越开越大,而不能重新关闭。关闭就

---

① 《中共中央关于制定国民经济和社会发展第十四个五年规划和二○三五年远景目标的建议》,人民出版社2020年版,第3页。
② 《中共中央关于制定国民经济和社会发展第十四个五年规划和二○三五年远景目标的建议》,人民出版社2020年版,第3页。
③ 《中共中央关于制定国民经济和社会发展第十四个五年规划和二○三五年远景目标的建议》,人民出版社2020年版,第43页。
④ 《中共中央关于制定国民经济和社会发展第十四个五年规划和二○三五年远景目标的建议》,人民出版社2020年版,第30页。

是倒退，关闭只能落后。所以，《建议》坚定表示："坚持实施更大范围、更宽领域、更深层次对外开放，依托我国大市场优势，促进国际合作，实现互利共赢。"① 为此，要建设更高水平开放型经济新体制，推动共建"一带一路"高质量发展，积极参与全球经济治理体系改革。

第六，《建议》确认："推动构建新型国际关系和人类命运共同体。"② 在中共十八大以来的外交理论和实践中，习近平总书记提出了一个重要的概念和命题——"人类命运共同体"。构建人类命运共同体的理念，直面当今世界最重要问题，解决了人们心中最大的困惑，为世界发展和人类未来指明了正确方向。按照"推动构建人类命运共同体"的战略思想，中国积极构建全方位、多层次和立体化的全球伙伴关系网，推动构建新型国际关系，深度参与全球治理，为解决全球课题贡献了中国力量。推动构建人类命运共同体，是解决当今世界各种问题的根本道路和方法。

四、维护党和国家的底色和根本利益

"高举和平、发展、合作、共赢旗帜"之所以如此重要，中共十九届五中全会再次强调这一旗帜之所以如此引人注目和鼓舞人心，不仅因为这是改革开放以来党和国家的一贯政策，是多次党代会郑重宣示的重要立场，而且它实际上是我们党和国家的重要底色，关系着中华民族和广大人民群众的根本利益，同时也关系着世界的和平和发展，关系着人类的命运和未来。

第一，和平，是中国的基本主张，也是世界的热切期盼。热爱和

---

① 《中共中央关于制定国民经济和社会发展第十四个五年规划和二〇三五年远景目标的建议》，人民出版社2020年版，第30页。
② 《中共中央关于制定国民经济和社会发展第十四个五年规划和二〇三五年远景目标的建议》，人民出版社2020年版，第43页。

平，反对战争，是中国人民坚定的信念。同时，也是世界人民的共同愿望。中国外交政策的宗旨是维护世界和平、促进共同发展。中国坚持奉行独立自主的和平外交政策，既利用世界和平与发展的有利时机发展自己，又以自己的发展促进世界的和平与发展。中国永远是维护世界和平的重要力量。中国人民愿同世界各国人民一道，共同推进人类和平与发展的崇高事业，努力为人类作出更大贡献。

无论在20世纪还是21世纪，我们的根本任务都是推进社会主义现代化。第一个百年奋斗目标是全面建成小康社会。第二个百年奋斗目标是全面建成社会主义现代化强国。实现前后相继的这两个战略目标，需要有和平的国际环境。中国对外政策的核心目标，就是要为自己的现代化建设争取一个良好的国际环境。在和平的前提下，一心一意建设中国特色社会主义。中国没有富起来、强起来的时候需要和平，富起来、强起来之后更需要和平。

第二，发展，是中国的第一要务，也是世界的第一要务。发展自己，是中国人民梦寐以求的目标和希望。"要务"者，重"要"之"务"也。而且是"第一"，决不是第二、第三。中国共产党执政兴国，就是要紧紧抓住这个第一要务，聚精会神搞建设，一心一意谋发展，把坚持党的先进性和执政地位、发挥中国特色社会主义制度的优越性，落实到发展先进生产力、实现最广大人民的根本利益上。对于世界来说，不发展，就难以解决许多国家的贫困问题，也难以从根本上消除冲突、争端的根源。

中国的发展离不开世界，世界的繁荣也需要中国。中国发展的目的不是要损害任何人的利益。中国的发展只会有利于世界的和平稳定、共同繁荣，而不会妨碍任何人，也不会威胁任何人。中国发展起来决不会凌驾于其他国家之上。中国始终不渝地把自身的发展与人类的共同进步联系在一起。中国的发展，将是对世界和平与发展的重要贡献。

第三，合作，是中国的真诚愿望，也是世界的唯一选择。对外开放,是中共十一届三中全会以来中国的基本国策。中国的发展,不仅是和平的发展,而且是开放的发展、合作的发展。中国对外部世界,坚持高举合作的旗帜。面对经济、科技全球化趋势,坚定地把中国的发展建立在自己力量的基点上,主要依靠自己的力量和资源来促进发展。同时,坚持以更加积极的姿态走向世界,完善全方位、多层次、宽领域的对外开放格局,不断提高对外开放水平。改善投资和商业环境,健全法制,建立更加开放的市场体系。在更大范围、更广领域、更高层次上参与国际经济技术合作和竞争,有效利用国际国内两个市场、两种资源。

开放、合作,是人类社会发展的必然要求和趋势。经济全球化的发展,要求各国着眼于互利共赢和共同发展。坚持对话,扩大共识,维护和促进各国的共同利益。在平等互利的基础上,拓展合作渠道,丰富合作内涵,创新合作模式,扩大经贸往来。共同参与国际经济、金融、贸易规则的制定,推动国际经济、贸易、金融体制的改革,改善贸易和发展环境。

第四,共赢,是照顾各方利益的准则,也是化解矛盾冲突的现实途径。世界永远有无数复杂的竞争和利益纠葛。自古以来,许许多多的人们和国家,都曾经想"独赢""独享""独占",甚至欲置对方于死地而后快。但在全球化日益发展的今天,这样的做法和理念已经成为不可实现的梦想。欲壑难填,最后只能自取其辱。唯一现实的选择,只能是在实现自己利益的同时,也尊重和照顾别人的利益,即"共赢"。

共赢,是比较新一点的概念。在中共十六大及其之前的党代会报告中,从来没有出现过"共赢"这个词。但从中共十七大开始,我们党突出强调"共赢"的理念。中共十七大报告5次使用了"共赢"一词,明确宣布:"中国将始终不渝奉行互利共赢的开放战略。"[1]"在国际关系中弘扬民主、和睦、协作、共赢精神。"[2]"完善内外联动、互利共赢、安全高效的开放型经济体系"[3],"共同推动经济全球化朝着均衡、普惠、共赢方向发展"[4],"积极开展区域合作,共同营造和平稳定、平等互信、合作共赢的地区环境"[5]。

中共十八大报告6次使用了"共赢"一词,并且解释:"合作共赢,就是要倡导人类命运共同体意识,在追求本国利益时兼顾他国合理关切,在谋求本国发展中促进各国共同发展,建立更加平等均衡的新型全球发展伙伴关系,同舟共济,权责共担,增进人类共同利益。"[6]中共十八大宣布:"中国将继续高举和平、发展、合作、共赢的旗帜,坚定不移致力于维护世界和平、促进共同发展。"[7]"我们主张,在国际关系中弘扬平等互信、包容互鉴、合作共赢的精神,共同维护国际公平正义。"[8]"中国将始终不渝奉行互利共赢的开放战略"[9],"完善互利共赢、多元平衡、安全高效的开放型经济体系"[10],"坚持开放的发展、合作的发展、共赢的发展"[11]。

---

[1] 中共中央文献研究室编:《十七大以来重要文献选编》(上),中央文献出版社2009年版,第37页。
[2] 中共中央文献研究室编:《十七大以来重要文献选编》(上),中央文献出版社2009年版,第36页。
[3] 中共中央文献研究室编:《十七大以来重要文献选编》(上),中央文献出版社2009年版,第21页。
[4] 中共中央文献研究室编:《十七大以来重要文献选编》(上),中央文献出版社2009年版,第36页。
[5] 中共中央文献研究室编:《十七大以来重要文献选编》(上),中央文献出版社2009年版,第37页。
[6] 中共中央文献研究室编:《十八大以来重要文献选编》(上),中央文献出版社2014年版,第37页。
[7] 中共中央文献研究室编:《十八大以来重要文献选编》(上),中央文献出版社2014年版,第37页。
[8] 中共中央文献研究室编:《十八大以来重要文献选编》(上),中央文献出版社2014年版,第36页。
[9] 中共中央文献研究室编:《十八大以来重要文献选编》(上),中央文献出版社2014年版,第37页。
[10] 中共中央文献研究室编:《十八大以来重要文献选编》(上),中央文献出版社2014年版,第19页。
[11] 中共中央文献研究室编:《十八大以来重要文献选编》(上),中央文献出版社2014年版,第12页。

六、高举和平发展合作共赢的旗帜

中共十九大把"统筹国内国际两个大局，始终不渝走和平发展道路、奉行互利共赢的开放战略"①作为新时代坚持和发展中国特色社会主义的基本方略的重要内容。宣布："中国将高举和平、发展、合作、共赢的旗帜，恪守维护世界和平、促进共同发展的外交政策宗旨，坚定不移在和平共处五项原则基础上发展同各国的友好合作，推动建设相互尊重、公平正义、合作共赢的新型国际关系。""要同舟共济，促进贸易和投资自由化便利化，推动经济全球化朝着更加开放、包容、普惠、平衡、共赢的方向发展。"②

所以，坚持"高举和平、发展、合作、共赢旗帜"是我们党和国家以最正式、最权威的方式宣布的立场和原则、态度和意志。它是深刻总结历史的经验教训，顺应人类文明发展进步的潮流，把握国际形势发展变动的走势，坚定地维护中华民族的根本利益，同时推动世界的和平发展进步而提出的战略性主张。它是中国共产党和中华人民共和国根本性质的反映，是由中国党和国家的底色决定的必然选择，是维护和发展中国人民根本利益的必然选择，也是维护世界和平发展根本利益的必然选择。

"高举和平、发展、合作、共赢旗帜"不是权宜之计，更不是某种计谋和策略，想用就用，不想用就不用，需要时就用，达到目的后就不用。我们党的多次党代会，全国人大的多次会议，国务院所作的多份政府工作报告，一次又一次地强调坚定不移地高举这面旗帜，而且是长期高举，不是一时高举。因此，它在我们的治国方略中占有重要的地位。坚持高举这面旗帜，关系到中国共产党的形象，关系到中华人民共和国的形象。

和平、发展、合作、共赢的旗帜，既是中国的主张，更是世界的

---
① 中共中央党史和文献研究院编：《十九大以来重要文献选编》（上），中央文献出版社2019年版，第18页。
② 中共中央党史和文献研究院编：《十九大以来重要文献选编》（上），中央文献出版社2019年版，第41页。

潮流。既是中国自己的行为准则，也是对世界的希望和要求。既是为了中国的利益，也是为了世界的利益。对中国有利，对世界同样有利。因此，中国一直和世界各国一起，推动世界不断地在和平、发展、合作、共赢的道路上前进。

当然，现实的世界并不是那么美好。以美国为代表的一些西方国家以"世界警察"自居，对其他很多国家实行霸凌政策，动辄以武力和武装干涉相威胁，先后发动了多次战争。国际恐怖主义势力则完全不顾人类社会的基本规则，制造了滥杀无辜的一系列事件。某些国家不能正确处理相互间的各种争端，企图用武力解决问题。所有这些，都不符合联合国宪章的基本原则和国际法准则。

对所有这些行为，世界人民都要坚决反对，必要时要以正义战争反对非正义战争。但是，这不等于我们与恶狼较量，自己也先变成狼；有人违反了国际法，我们也要违反国际法；有人破坏了和平，我们也就不要和平。恰恰相反，和平、发展、合作、共赢的旗帜，正是当今世界法律和道德的制高点，也是与一切破坏和平、发展、合作、共赢的行为进行斗争的最有力武器，我们必须始终牢牢地抓在手上。如果哪一天丢弃了和平、发展、合作、共赢的旗帜，改革开放40多年来我们所作的努力都将付之东流，改革开放40多年来我们取得的所有成果，都可能毁于一旦。

五、在国际关系中诉诸武力和战争不是人间正道

面对当今世界的许多矛盾和危机，西方国家的一些人发表了不少鼓动战争的言论，国内一些人的"体温"也在急速攀升。对这种倾向必须高度警惕。要用理智和法律的语言提醒世界，也提醒我们自己：任何人、任何国家在国际关系中都不应指望用战争来达到自己的目的。

对此，中共十八大有一段经典的语言："人类只有一个地球，各

国共处一个世界。历史昭示我们,弱肉强食不是人类共存之道,穷兵黩武无法带来美好世界。要和平不要战争,要发展不要贫穷,要合作不要对抗,推动建设持久和平、共同繁荣的和谐世界,是各国人民共同愿望。"①

与和平相对的战争,是相互之间以军事力量展开的暴力对抗,是解决纠纷的一种最极端的行为。战争,不是小孩子的游戏,不是观众席上的狂欢。所有的战争,都会造成无数人的相互残杀,造成无数生命的破损终结,造成无数家庭的破碎离散,造成无数财产的耗费损失,甚至造成整个社会的动荡混乱。中国经历过太多战争的痛苦,受到过外国侵略的极大伤害,也进行过反抗侵略的正义战争。我们不怕战争,但不能因此说我们喜欢战争。习近平总书记说:"经历了战争的人们,更加懂得和平的宝贵。"②正因为中国人民尝到过战争的滋味,所以就更反对战争。

引发战争的因素是多种多样的。历史上特别是近现代,引发国家之间战争的直接动因主要有争夺势力范围、领土争端、边界纠纷、掠夺战略资源、争夺市场、意识形态斗争、宗教矛盾、民族矛盾,等等。国家内部的战争有争夺政权、反抗压迫、争夺控制区域和势力范围、利益纠纷,等等。

毫无疑问,战争有正义与非正义之分,有侵略与被侵略之分。非正义的、侵略的战争必须坚决制止和反对,而正义的、反侵略的战争必须坚持和支持。所以,我们不能一概反对战争。但考察历史和现实,我们发现,几乎所有的战争参与者,都会声称自己进行的是正义的战争。那么,怎样来判断战争是正义的还是非正义的呢?怎样判断战争是侵略的还是反侵略的呢?国际社会为解决这个极为复杂的难题

---

① 中共中央文献研究室编:《十八大以来重要文献选编》(上),中央文献出版社2014年版,第36页。
② 中共中央文献研究室编:《十八大以来重要文献选编》(中),中央文献出版社2016年版,第665页。

进行了长期的探索。所取得的成果，集中反映在联合国的宪章上，反映在以国际法为基础的国际秩序上。

历史上，曾经认为战争是获取自身利益的必要手段，甚至是强盛和力量的表现。但到1899年和1907年的两次海牙和平会议，开始对国家的战争权力加以限制。第一次世界大战以后成立的国际联盟，进一步限制成员国进行战争的权力，规定应以和平方式解决争端，成员国之间发生争端后，应提交仲裁或国际常设法院、国际行政院解决，只有在仲裁裁决、法院判决3个月后，方可进行战争。

1928年签订的《巴黎非战公约》，进一步宣布废弃战争作为国家政策工具，规定签约国之间可能发生的一切争端和冲突，不论性质及起因如何，只能用和平方法解决。这是第一次以法律文件的形式规定"非战原则"。

总结历史的经验教训，1945年，由联合国所有发起国签订的《联合国宪章》等文件，最终确立了不得进行侵略战争、禁止使用武力和武力相威胁的原则。同时，吸取国联软弱的教训，联合国设立安全理事会，赋予它可以使用武装部队来制止侵略、维护和平的权力。

第二次世界大战后，《欧洲国际军事法庭宪章》第6条和《远东国际军事法庭宪章》第5条规定，战争犯罪包括3类：破坏和平罪；破坏战争法规罪；反人道罪。据此，通过纽伦堡审判、东京审判等，惩处了一批第二次世界大战中的战犯。

1974年，联合国大会通过《关于侵略定义的决议》，确认："侵略是指一个国家使用武力侵犯另一个国家的主权、领土完整或政治独立，或以本定义所宣示的与联合国宪章不符的任何其他方式使用武力。"[①] 该决议列举了构成侵略的各种行为，并指出："国家违反《联合国宪章》的规定首先使用武力，即构成侵略行为的明显证据。"[②]

---

① 王铁崖主编：《国际法》，法律出版社1981年版，第73页。
② 周洪钧主编：《国际法》，中国政法大学出版社1999年版，第363页。

六、高举和平发展合作共赢的旗帜

（以上几段文字，与本书中的《坚定不移维护人类的和平与安全——牢牢记取中国人民抗日战争暨世界反法西斯战争的经验教训》重复。但为保持此处文意的完整性，且其是联合国宪章的一个重要精神和国际法的重要准则，很多人对此并不了解，为让更多人知晓，所以没有删除。）

所有这些规定，都是人类文明的进步，是人类社会经过漫长的历史之途，承受了战争造成的无数灾难后，终于逐步形成的国际法准则。虽然完全和严格地执行这些国际法，还非常困难，但毕竟是以文明代替野蛮，以和平代替战争的重大历史性进步。

总结国际关系领域的经验教训，最重要的，就是要坚定不移走和平发展道路，推动建设一个和平发展文明进步的世界，构建人类命运共同体。习近平总书记指出："近代以后，中华民族遭到了列强长期侵略和欺凌，但中国人民从中学到的不是弱肉强食的强盗逻辑，而是更加坚定了维护和平的决心。中国人民抗日战争和世界反法西斯战争的胜利给我们留下的最宝贵的启示，就是必须毫不动摇走和平发展道路。"[1]

习近平总书记还指出："偏见和歧视、仇恨和战争，只会带来灾难和痛苦。相互尊重、平等相处、和平发展、共同繁荣，才是人间正道。"[2]

当今世界，各种矛盾错综复杂。各种鼓吹战争的声音不绝于耳且愈演愈烈。在这种情况下，我们更应保持清醒的头脑。回顾、总结历史的经验教训，任何试图以战争手段来解决国家之间的矛盾都是不可能得逞的。世界一切国家和人民都应该珍惜来之不易的和平，坚决维护人类的和平与安全，坚决反对任何形式的侵略战争，不能允许也不能试图用战争手段来解决国与国之间的争端。这是人类文明的要求、

---

[1] 习近平：《在纪念中国人民抗日战争暨世界反法西斯战争胜利69周年座谈会上的讲话》，《人民日报》2014年9月4日。
[2] 中共中央文献研究室编：《十八大以来重要文献选编》（中），中央文献出版社2016年版，第666页。

当代国际法的要求，也是维护各国利益和整个人类利益的要求。

六、正确应对不断遇到的风险和挑战

中国的发展和世界的进步从来都不是一帆风顺的。无论改革开放之前，还是改革开放以来，我们都遇到过一系列风险和挑战。近年来，这种风险和挑战又在进一步加大。所以，我们党一再要求全党居安思危，增强忧患意识，清醒地看到日趋激烈的国际竞争带来的严峻挑战，清醒地看到前进道路上的困难和风险，应对"四大考验"，克服"四种危险"，不为任何风险所惧，不被任何干扰所惑。

2019年开局伊始，党中央就举办了省部级主要领导干部坚持底线思维着力防范化解重大风险专题研讨班。习近平总书记在讲话中就防范化解政治、意识形态、经济、科技、社会、外部环境、党的建设等领域重大风险作出了深刻分析，提出了明确要求。将近两年的实践证明，党中央的预见和决策是完全正确的。

2020年，中国遇到的、世界遇到的风险特别严重，国际关系和国际秩序出现了许多混乱现象。但在这一团乱麻中，我们不能让自己也变成一团乱麻。应对所有这些风险和挑战，不仅需要勇气，更需要理智，也更需要智慧。和平、发展、合作、共赢，就是世界一切负责任的国家应对所有国际风险和挑战的旗帜和正道。在这面旗帜下，一切负责任的国家和力量，都要善于运用合理合法的手段和办法，妥善处理矛盾而不要激化矛盾，巧妙化解危机而不要扩大危机。

《建议》明确指出："高举和平、发展、合作、共赢旗帜，坚持独立自主的和平外交政策，推进各领域各层级对外交往，推动构建新型国际关系和人类命运共同体。推进大国协调和合作，深化同周边国家关系，加强同发展中国家团结合作，积极发展全球伙伴关系。坚持多边主义和共商共建共享原则，积极参与全球治理体系改革和建设，加强涉外法治体系建设，加强国际法运用，维护以联合国为核心的国际体系和以国际法为基础的国际秩序,共同应对全球性挑战。积极参与重大传染病防控国际合作,推动构建人类卫生健康共同体。"①

这些主张,不仅为应对当前的国际风险和挑战指明了方向,而且也为应对这些风险和挑战指明了路径和方法,具有重要的指导意义。

十九届五中全会之后,习近平总书记又在不同场合提出了许多重要的指导意见。

2020年11月12日,习近平主席在第三届巴黎和平论坛发表题为《共抗疫情,共促复苏,共谋和平》的视频致辞。习近平主席指出:"当前,世界格局加速演变,传统安全和非传统安全威胁层出不穷,国际形势不稳定性不确定性明显上升。"但是,"和平与发展是时代主题,也是不可抗拒的历史潮流。面对人类面临的挑战,世界各国应该加强团结而不是制造隔阂、推进合作而不是挑起冲突,携手共建人类命运共同体,造福世界各国人民"。

习近平主席强调,"全球性威胁和挑战需要全球性应对"。为此,应该"坚持和平共处,尊重各国发展权利,尊重各国自主选择的发展道路和模式,坚持多边主义,反对单边主义、霸权主义、强权政治,反对各种形式的恐怖主义和极端暴力行径,维护世界公平正义和和平安全"。中方"呼吁各国维护国际法和国际关系基本准则,根据事情的是非曲直决定自己的立场,摒弃意识形态偏见和对立"。②

2020年11月21日晚,习近平主席以视频方式出席二十国集团领导人第十五次峰会第一阶段会议并发表重要讲话,强调二十国集团应该遵循共商共建共享原则,坚持多边主义,坚持开放包容,坚持互利合作,坚持与时俱进,在后疫情时代国际秩序和全球治理方面发挥更大引领作用。

---

① 《中共中央关于制定国民经济和社会发展第十四个五年规划和二〇三五年远景目标的建议》,人民出版社2020年版,第43—44页。
② 习近平:《共抗疫情,共促复苏,共谋和平——在第三届巴黎和平论坛的致辞》,《人民日报》2020年11月13日。

习近平主席建议，加强以联合国为核心的国际体系。应该坚定维护联合国权威和地位，恪守联合国宪章宗旨和原则，维护以国际法为基础的国际秩序。支持联合国更有效地凝聚全球共识，动员全球资源，协调全球行动，发挥更大作用。完善经济全球化的治理架构。坚定维护多边贸易体制，促进自由贸易，反对单边主义和保护主义，维护公平竞争。继续改革国际金融体系，筑牢全球金融安全网，提高发展中国家代表性和发言权。

2020年11月16日，在2020年创新经济论坛上，时任国家副主席王岐山通过视频发表主旨演讲，强调世界经济分工协作的逻辑并未改变，经济全球化的趋势并未改变。灾难和困难不应是世界分化撕裂的边界线，而应是携手合作的出发点。世界各国要行动起来，共建同舟共济的疫情防控合作机制，秉持科学精神和生命至上理念，坚决遏制疫情蔓延态势；共建协同共进的创新合作网络，减少创新要素流动障碍，推动成果共享；共建普惠共赢的开放型世界经济，使发展成果更好地惠及不同国家、不同阶层、不同人群；共建理性包容的社会氛围，在了解中加深理解，在合作中积累信任，在互鉴中共同进步。

2020年11月15日，时任国务院总理李克强在北京人民大会堂出席以视频形式举行的第四次区域全面经济伙伴关系协定（RCEP）领导人会议。东盟十国以及韩国、日本、澳大利亚、新西兰等国家领导人与会。会议举行了区域全面经济伙伴关系协定（RCEP）的签字仪式。协定历经8年谈判得以正式签署，具有历史性的重大里程碑意义。李克强总理强调："作为世界上参与人口最多、成员结构最多元、发展潜力最大的自贸区，这不仅是东亚区域合作极具标志性意义的成果，更是多边主义和自由贸易的胜利。"①

RCEP的签署，为在和平、发展、合作、共赢的旗帜下，正确处

---

① 《李克强出席第四次区域全面经济伙伴关系协定领导人会议 各方正式签署"区域全面经济伙伴关系协定"》，《人民日报》2020年11月16日。

理国家关系、解决各种复杂问题提供了典范。

党和国家领导人的一系列重要讲话和解决重大问题的各种努力，对《建议》的精神作了进一步的阐发和注解，也为我们坚定高举和平、发展、合作、共赢旗帜奠定了更加坚实的理论和实践基础。

七 从历史经验中汲取智慧

⦿ 新中国外交的历史经验

纪事和说明：

2019年，是中华人民共和国成立70周年。10月1日，在天安门广场举行的盛大庆典上，习近平主席庄严宣告："中国的昨天已经写在人类的史册上，中国的今天正在亿万人民手中创造，中国的明天必将更加美好。"

为庆祝中华人民共和国成立70周年，我撰写并由中共中央党校出版社出版的《共和国识别码》和《共和国之路》两本书，以关键词形式系统回顾和梳理了新中国的历程、成就和经验。

外交事业是新中国发展进步的一个重要组成部分，新中国外交事业的历史也"已经写在人类的史册上"。这部历史，如同其他各领域各方面一样，都积累了丰富的经验。研究和总结这些经验，对于我们更好地走向未来、更好地迎接挑战、更好地回答"世界向何处去"的问题，具有重要的启迪和导向作用。

2019年5月18日，中共中央党校（国家行政学院）国际战略研究院举行第七届中国国际战略研讨会,主题是"中国外交70年:回顾与展望"。

当年,中央党校涉及国际问题的教研室,曾分别归属于不同的教研部。我于1996年主持组建的政法教研部,就有一个国际政治教研室。1999年左右,校委会决定将所有国际问题的教研单位合起来,组建一个国际战略研究所,后来又改名为国际战略研究院。研究院的工作在国内外都产生了较大的影响。我是中央党校最早的国际政治博士生导师之一,后来调到中央党史研究室,仍一直在国际战略研究院带博士研究生,所以,也受邀参加研究院的一些学术活动。

在研讨会上,我作了一个15分钟的发言,内容就是这篇《新中国外交的历史经验》。该文将新中国外交的经验梳理概括为12个方面,并作了简要的分析说明。当然,如果换个角度,还可以总结其他若干条。这些经验,对于我们在新的历史变局中始终保持清醒头脑、坚持正确方向、掌握历史主动,是有启迪和教益作用的。

新中国的外交,伴随着中华人民共和国的成长,走过了70年的历程。认真研究70年积累的历史经验,对于进一步提高中国国际战略的科学性,提高对外交往的能力和水平,正确应对国际风云变幻,继续为中国现代化建设创造良好的国际环境,是十分重要的。

这些历史经验,细数起来很多。我认为特别值得注意的有以下12个。多是多了一点,但相对于70年来说,也不能算多。

一、站在人类文明的高度认识和处理国际事务

人类社会,是一个不断从愚昧走向文明,从低级文明走向高级文明的过程。如何处理国际关系,也是一个不断走向现代文明的过程。当年的殖民主义,曾经被西方当作天经地义的事情,现在被唾弃了。

原来国与国好勇斗狠，动不动用武力甚至战争来解决问题，现在至少在道义上和国际法上是受到谴责的。原来盛行的丛林法则，早已被认为是错误的，虽然现在又有人鼓吹这种法则，但这只是文明的倒退，不可能成为世界的主流。所以，我主张使用一个"外交文明"的概念。人类文明包括外交文明，外交文明反映人类文明。

对待国际舞台发生的各种事情，如何处理和应对，可以有不同的选择：有小孩子打架的方式，有愚昧好斗的方式，有零和博弈的方式……无论采用何种方式，说到底，都反映了文明水准的高下。人类文明越发展，处理国际问题就越理智、越平和、越守规则，也就是越文明。正确处理国际事务，就是要越来越减少原始野蛮的成分，越来越多地用现代文明的方式，不断提高外交文明的水准。

中国外交的发展，在某种意义上，也是不断认识和学习世界外交文明、弘扬中华自身文明、发展新的先进文明的过程。比较一下清王朝时期如何处理国际事务，再看看新中国 70 年来不同时期我们如何处理国际事务，都可以看到中国外交文明在艰难曲折中不断前行的步伐。看看邓小平如何处理国际问题，我们就能清晰地看到文明的回归和提升，看到文明外交的力量和成果。

总结经验教训，就要按邓小平所说，赶上时代，不断用更高水准的文明思维和文明方式来看待国际事务、处理国际事务，不断建设先进的外交文明，推动国际社会的外交文明。

站在人类文明的高度认识和处理国际事务，还包括正确处理人类文明多样性的问题。世界上客观存在着多种不同的文明类型。这些文明具有许多共同的价值和理念，但也存在着一定的差异。这种差异，会成为许多矛盾冲突的结构应力，但当代世界的冲突，不能完全归结为人类文明的冲突。人类文明是在交流融合中不断进步的。因此，不同文明应该互学、互鉴，并且要努力建立国际文明新秩序。从 20 世纪 90 年代开始，我们就不断呼吁建立国际文明新秩序。近来世界上某些好斗人士又重提文明冲突论。所以，我们在强调文明多样性的基础上，应该大力呼吁和推动建立国际文明新秩序。

21世纪以来，特别是中共十八大以来，中国在坚持文明多样性方面已经提出了很多主张。未来应继续在推动建立国际文明新秩序方面作出更大的努力和贡献。

二、坚持独立自主的根本原则

邓小平在中共十二大开幕词中明确宣告："中国的事情要按照中国的情况来办，要依靠中国人自己的力量来办。独立自主，自力更生，无论过去、现在和将来，都是我们的立足点。""把马克思主义的普遍真理同我国的具体实际结合起来，走自己的道路，建设有中国特色的社会主义，这就是我们总结长期历史经验得出的基本结论。"[①]

坚持独立自主，第一层含义是，无论在任何情况下，都要珍惜、爱护自己国家和民族的独立、主权，维护国家和民族的利益、尊严；完全自主地决定自己国家的发展道路和政策，决不仰人鼻息，决不允许外国干涉内政；主要依靠自己的力量建设国家，始终保持自强不息的精神；一切从本国的国情出发，选择自己的道路，建设中国特色社会主义。

独立自主的另一层含义，就是在国际舞台上，"坚持独立自主的和平外交政策，不参加任何集团。同谁都来往，同谁都交朋友"[②]。完全依据自己的利益、原则和判断决定对外政策，全方位地同各个国家搞好关系，对世界上的各个大国，不亲谁疏谁。谁对就支持，谁错就批评。坚持讲公道话，办公道事。

从新中国成立开始的"一边倒"政策，到后来"两个拳头打人"的外交，再到后来的"三个世界"理论，最后到改革开放以后独立自

---

① 《邓小平文选》第三卷，人民出版社1993年版，第3页。
② 《邓小平文选》第三卷，人民出版社1993年版，第162页。

主的和平外交政策，一路走来，我们尝到了各种酸甜苦辣。总结经验教训，结盟政策也许有历史的缘由和一时的必要性，但很难经得起历史的考验。稳定的外交政策，必须建立在独立自主的基础之上。

改革开放以来，正是在总结经验教训的基础上，党和国家得出重要的结论，创立了中国特色社会主义，也调整了外交战略，逐步确立了独立自主的和平外交政策，确立了互利共赢的开放战略，走出了一条和平发展道路，形成了中国特色的大国外交，推动构建和谐世界，推动构建人类命运共同体，取得了一系列外交成就。

三、科学统筹国内国际两个大局

内政与外交紧密联系，双向互动。国内大局的发展变动，从根本上决定着外交战略和政策的走向。外交的环境和态势，也会对国内大局产生深刻影响。在内政上坚持正确的路线方针，外交局面就能比较顺利地打开。反之，则会给我们的国际环境带来很多困难。国内建设和发展需要有一个良好的环境。良好的国际环境，也会为国内大局发展提供有利的条件。

过去一段时期内政上的"左"倾错误，有没有表现在外交上呢？答案是肯定的。当然，由于外交事务的复杂性，也由于没有像在处理国内事务那样经历过一个正本清源、拨乱反正的过程，现在，我们不便进行梳理和总结，也不便列举哪些具体事实。但党中央提出统筹国内国际两个大局，为我们在现实和未来处理好这两者关系指明了方向。

总结历史的经验教训，无论何时，我们都要在治国理政上认清历史发展的方向和规律，坚持正确的基本路线、思想路线、组织路线，珍惜改革开放积累的宝贵成果和经验，坚持不动摇、不懈怠、不折腾、不停滞，更不能走回头路。只有治国理政的方向和方略是正确的、科学的，外交工作才能有所作为。如果在治国理政的方向和方略上出了问题,在对外关系上必然表现出来,甚至乱了方寸,很多国际问题就难以解决,我们的国际环境就会趋于恶化。

统筹国内国际两个大局,还要求我们处理好内政外交两方面的工作,做到互相协调、互相配合。新形势下,不仅外交的内涵在扩展,而且内政与外交的关系更加紧密,日益构成为相互联动的统一整体。我们在国际舞台上的活动,已经不是单纯的国家政府机关进行的政务性对外交往活动,而是包括经济、政治、文化、科技、军事等在内的全部对外关系和对外事务。这样的对外关系和事务,与国家内部事务有了更加紧密的联系。一方面,它要服从于国内改革发展的需要;另一方面,它也要求国内事务与之配合。

例如,每参加一个国际组织和条约,我们都要全面地权衡对国家利益和内政事务的利弊得失;一旦加入,就必须承担国际义务,在有关的政策、活动方面加以调整,保证国内各有关领域都严格执行国际规则。同时,还要充分利用国际组织、条约、规则所带来的每一点权利和机遇,促进国内建设的发展,争取得到最大限度的收益。这样,国内国际就应该是一个相互联动的过程,内政外交也就要更加紧密地联系、交融在一起。

四、准确判断时代主题和世界形势

正确分析判断时代主题和国际形势,是我们科学地制定国内政策和对外政策的基础。70年来,我们所有的外交政策,都是与这种判断和认识联系在一起的。有时甚至是制定国内国际政策的前提和基础。

从20世纪40年代末开始,社会主义国家的体制暴露出很大弊病,南斯拉夫率先进行改革,其他社会主义国家也兴起改革潮流。相应地,其对外政策也开始调整,逐步缓和与西方国家的关系,开始限制军备竞赛和核武器的扩散。但当时,我们刚刚开始实行苏联的体制，内在的弊病还没有暴露出来，在对很多问题的认识上就与他们有了一个10年到30年的时间差。结果在很多方面重复了他们的错误，对他们已经认识的问题还无法理解，对改革的很多举措还当作错误的东西加以批判和反对。

邓小平评说当年中苏论战时，说双方都说了很多空话。今天去看看当年的"九评"，就知道那些空话不仅落后时代、难以理解，而且还与"文化大革命"有着密切的内在联系。为什么？就是因为我们的认识和实践已经与时代潮流、与世界形势的发展形成了一个时间差，没有对社会主义改革的潮流有充分的认识，没有对世界局势缓和的潮流有充分的认识。

20世纪六七十年代的"三线"建设，也是基于对国际形势判断而作出的重大决策。"三线"建设在一定程度上提升了中国的国防工业体系；在西部地区建成一大批重点企业和基地，改善了中国的工业布局；建成一批重要铁路、公路干支线，改善了西部地区的交通条件，促进了当地经济发展和社会进步；"三线"建设者们表现出崇高的爱国奉献精神。所有这些，都是应该肯定的。但是，"三线"建设的整个指导思想和战略部署都是从准备打仗，而且是准备大打、打核战争出发的。如果冷静思考，当时我们对国际形势的估计和应对之策是失之偏颇的，所以，"三线"建设的布局和选址主要适合战备需要，但与经济建设的规律并不相符，因而对整个经济建设造成了不小影响。改革开放后，不得不进行调整，将很多"三线"企业搬迁出来。有的被迫关闭和荒废，造成了巨大的浪费。

改革开放之后，邓小平的一个历史性贡献，就是对时代发展的潮流和国际形势的走向作出了科学的分析和判断，提出了和平和发展是当今世界两大问题的著名论断。在此基础上，提出了解决当今国际问题的一系列大思路、大政策。据此，对我国的外交政策和国际战略进行了重大的调整，开创了中国特色社会主义道路，开创了和平发展道路。

1989年以后,国际局势发生急剧变动。邓小平冷静沉着,高瞻远瞩地提出了冷静观察、稳住阵脚、沉着应付、决不当头、韬光养晦、有所作为的方针,不仅为我们从容应对严峻复杂的国际形势指明了方向,而且为1992年以后中国改革开放进入一个新的发展阶段奠定了思想基础。

现在,国际形势又出现了很多复杂的因素,各种矛盾有所加大。能不能正确把握战略形势和世界走向,关系到把中国引向何方的问题,关系到中国改革开放是前进还是倒退的问题,关系到国际舞台的合作博弈是回归野蛮的丛林法则,还是走向现代文明外交、建设文明世界的问题,需要我们高度警惕、认真研究、科学决策。

五、把国家利益作为外交政策的根本出发点

国家利益,是可供满足主权国家人民生存和发展需求的物质和精神条件。它包括经济利益、政治利益、安全利益,等等。国家利益有长远利益与当前利益;现实利益与潜在利益;国内利益与国际联系利益。有双边利益、地区利益、全球利益;共同利益、冲突利益和交叉利益等。在国际关系中,最大量的是联系利益,最棘手的是冲突利益。传统的国家利益,主要是在本国内部得到实现的。但是,随着世界各国之间经济、政治、文化、科技等各方面联系的日益紧密,特别是世界大市场的形成和经济全球化的发展,一国国家利益的空间范围,在一定意义上已经超出了有形的国界。

国家利益是一个主权国家的根本。一切对外政策和国际战略都必须首先从国家利益出发而不是从另外的什么因素出发。

从国际战略和外交政策来说,必须处理好国际战略与国家战略的关系。国际战略和外交政策与国家战略和国家发展战略,是服从和服务的关系,其任务是要为国家战略的实施和推进创造一个良好的国际环境。因此,它只能从属于国家战略,而不是相反。历史上,我们曾

把世界革命的战略置于国家战略或国家发展战略之上,其效果是很不理想的。在新的历史条件下,这个位置必须摆正,不能有任何偏误。

同时,还必须摆正国家利益与社会制度、意识形态的关系。过去一段时间,在发展国与国关系时,曾经把意识形态摆在第一位,结果使我们的朋友几乎只剩下了一盏"欧洲的明灯"。改革开放之后,我们提出国际关系不以意识形态定亲疏,取得了明显的成效。

我们经常说的"对世界作出更大的贡献",也要正确认识。首先要对世界有科学的认识。当年我们都以为世界上三分之二以上的人民还处在水深火热之中,发誓要解放全人类,后来才明白这几乎是个愚昧无知的笑话。即使对外援助,也要量力而行。1962年初,王稼祥建议应改变援外数量过大的状况,应根据我们的国力,实事求是,量力而行;在国际事务中不要四面树敌,对苏联、美国、印度等国的外交政策,应适当采取缓和方针。这些观点本来是完全正确的,但却被批为"三和一少",甚至"三降一灭","文化大革命"中遭残酷批斗,迫害致死。这样的教训太深刻了。至于接受中国援助最多的几个国家,后来与中国的恩恩怨怨,全世界都有目共睹。

六、坚定不移走和平发展道路

中国走什么样的道路,坚持什么样的国际战略和外交政策,不仅关系到中国的改革开放和现代化建设事业,而且关系到世界的和平与发展。

改革开放之后,邓小平高屋建瓴,从宏观全局把握国际战略形势,提出了和平和发展是当今世界两大问题的著名论断,制定了独立自主的和平外交战略和政策。打开了外交工作的新局面,改变了长期封闭和孤立的状况,为中国的改革发展创造了有利的国际环境。

进入21世纪后,党和国家进一步提出和平发展道路,强调中国将始终不渝走和平发展道路。2005年底,中国政府发表《中国的和平发展道路》白皮书，阐述了中国走和平发展之路的立场和决心。

走和平发展道路，就是利用世界和平的有利时机实现自身发展，又以自身的发展更好地维护和促进世界和平；就是在积极参与经济全球化和区域合作的同时，主要依靠自己的力量和改革创新来实现发展；就是坚持对外开放，在平等互利的基础上，积极发展同世界各国的合作；就是聚精会神搞建设，一心一意谋发展，长期维护和平的国际环境和良好的周边环境；就是永远不称霸，永远做维护世界和平和促进共同发展的坚定力量。

中共十九大再次强调和平发展道路，并将其作为坚持和发展中国特色社会主义基本方略的重要内容。

坚持走和平发展道路，是基于对时代主题的科学判断、深刻把握时代特征和中国国情，统筹国内国际两个大局，在研究借鉴其他大国发展经验教训的基础上提出的崭新发展道路，是中国特色社会主义的本质要求。既符合中国人民的根本利益，也符合世界人民的共同愿望。既是我国发展战略的重大抉择，也是我国对外战略的重大宣示。

七、坚持和平共处五项原则

1954年6月28日、29日，中国和印度、缅甸共同倡导了互相尊重主权和领土完整、互不侵犯、互不干涉内政、平等互利、和平共处五项原则，得到了世界的肯定。

当年，在与印度总理尼赫鲁会谈时，尼赫鲁提议双方在会谈后发表一个联合声明，周恩来表示同意，并请尼赫鲁起草。经双方磋商后发表的《中印两国总理联合声明》，不仅载入了和平共处五项原则，而且指出："这些原则不仅适用于各国之间，而且适用于一般国际关系之中"。"在亚洲及世界各地存在着不同的社会制度和政治制度。然而，如果接受上述各项原则并按照这些原则办事……这些国家就能和平共处并相互友好。这就会缓和目前存在于世界上的紧张局势，并有助于创造和平的气氛。"①

在1955年的万隆会议上,有些国家的代表当着中国代表的面攻击共产主义是"独裁",是"新殖民主义",甚至怀疑中国对邻国搞"颠覆"活动。面对会议可能走上歧途的危险,周恩来提出"求同存异"的方针,指出和平共处五项原则完全可以成为我们之间建立友好合作和亲善睦邻关系的基础。万隆会议消除了可能导致对抗的危险,最后通过处理国际关系的十项原则,成为和平共处五项原则的引申和发展。

1974年4月10日,邓小平在联合国大会第六届特别会议上再次强调国家之间的政治和经济关系都应建立在和平共处五项原则的基础上。1988年,邓小平又率先明确提出以五项原则为准则建立国际政治经济新秩序。

经过半个多世纪的实践检验,和平共处五项原则不仅成为中国对外政策的基石,也逐渐被国际社会普遍接受。

2014年6月28日,和平共处五项原则发表60周年纪念大会在北京举行。习近平主席发表主旨讲话,强调要弘扬和平共处五项原则,建设合作共赢美好世界。

八、坚持互利共赢的开放战略

中共十六届五中全会在关于"十一五"规划的建议中首先明确提出:实行互利共赢的开放战略,统筹国内发展和对外开放,不断提高对外开放水平,增强在扩大开放条件下促进发展的能力。②

中共十七大进一步确认:"中国将始终不渝奉行互利共赢的开放战略。"

---

① 《中印两国总理联合声明》,《人民日报》1954年6月29日。
② 中共中央文献研究室编:《十六大以来重要文献选编》(中),中央文献出版社2006年版,第1055、1065页。

习近平总书记对互利共赢问题作了多次阐述和强调。他指出："我们要坚持开放的发展，让发展成果惠及各方。在经济全球化时代，各国要打开大门搞建设，促进生产要素在全球范围更加自由便捷地流动。各国要共同维护多边贸易体制，构建开放型经济，实现共商、共建、共享。"①

坚持互利共赢的开放战略是我国长远发展的战略要求。改革开放40多年来，我国经济社会持续快速发展的一条重要经验，就是始终坚持互利共赢的开放战略。通过实施对外开放的基本国策，中国从世界获得了资金、资源、技术、管理经验，使中国获得了前所未有的发展。同时，中国对外开放，也有利于世界经济的发展，有利于国际资本的流动和发挥效益，也为世界各国提供了大量必需的商品，为世界经济作出了重大贡献。坚持互利共赢的开放战略，符合中国人民的根本利益和世界人民的共同利益。既可以实现自身发展，也为其他国家提供了发展机遇；既可以给中国人民带来实惠，也可以为世界人民提供机遇。

坚持互利共赢的开放战略也是推动构建人类命运共同体的必然要求。经济全球化的发展，是生产力发展的必然趋势。全世界不同地区和国家在全球化的进程中形成了谁也离不开谁的命运共同体。彼此开放、彼此开展经济交流和合作，对大家有利，对世界有利。任何国家试图谋取单赢的结局几乎是不可能的。在国际交往中实现双赢、共赢，符合时代潮流，符合全球化的客观规律和要求，体现了一种积极的开放观，有利于扩大同各方的利益汇合点，有利于推动建设持久和平、共同繁荣的和谐世界。

---

① 习近平：《谋共同永续发展 做合作共赢伙伴——在联合国发展峰会上的讲话》，《人民日报》2015年9月27日。

九、妥善处理与不同类型国家关系

积极发展同世界不同类型国家的友好关系，特别是改善和发展大国关系，建立均衡、稳定的世界战略格局，作为我们新世纪国际战略的基本布局。

建立良好的国际环境，首先需要在和平共处五项原则的基础上，全方位地发展与不同类型国家之间的关系。

周边环境，直接关系到我们的国家主权和安全，也是传统的国家利益的临界线和矛盾冲突的焦点。中国多年来与外部世界的直接矛盾，实际上大多是周边矛盾。这些矛盾，有的处理得很好，有的很不理想，有的甚至到现在还是麻烦。事实告诉我们，建立睦邻友好的周边关系，是我们战略布局中必须高度重视的重要一环。坚持独立自主的和平外交政策，就必须始终坚持睦邻友好的政策，妥善处理好与周边国家的关系，树立以互信、互利、平等、协作为核心的新安全观，推进地区安全对话与合作。

加强同发展中国家的合作，有助于增强中国的国际地位，有助于牵制霸权主义，有助于建立国际政治经济文明新秩序。力所能及地对发展中国家给予支持和援助，这也是国际道义应尽的义务。发展中国家社会制度和意识形态多样，与中国的关系也比较复杂，但总体上来说，与中国友好的国家为多。所以，要用长远的战略眼光看待同发展中国家的关系，继续把加强同发展中国家的团结与合作作为中国对外政策的基石。在国际事务中，一如既往地同发展中国家相互支持，密切配合，共同维护发展中国家的正当权益。除了传统的友好国家外，要加大对其他国家，包括同中国台湾有所谓"邦交"关系国家工作的力度。

发达国家在世界上具有举足轻重的作用，因此是我们改善和发展关系的重点。大国关系稳，世界就稳；中国与大国关系好，我们的外部环境就好，现代化建设的条件就更有利。发达国家对中国，有不够友好、利益摩擦和施加压力的一面，但也有对我友好、相互倚重、谋求合作的一面。所以，应该在和平共处五项原则的基础上，努力改善和发展同发达国家的关系。要寻求共同利益的汇合点，扩大互利合作，以更大的规模和速度发展相互间的经济、政治、文化、科技乃至军事的合作关系，共同对付人类生存和发展所面临的挑战。对彼此之间的分歧，坚持对话，不搞对抗，求大同，存小异，也可以求大同，存大异。在斗争与合作之间，斗是必要的，但合作才是我们的主要目的，也是我们的利益所在，应把谋求合作摆在首要的地位上。

十、积极拓展和运用多种外交形式

一个正确的国际战略，要通过多种恰当的活动形式来加以实现。经过多年的外交实践，我们已经熟练地掌握了很多国际交往的形式，进入21世纪以来，世界上的外交形式更加丰富多彩。中国与外部世界的联系渠道和联系方式也已经远远超出传统"外交"的范畴，变得日益多样化、泛外交化。

实践证明，要创造良好的国际环境，就必须加强在国际舞台的交往与合作，更加积极地参与国际组织的活动，参与或召集各种国际会议，参与制定各种国际规则，更加广泛地展开首脑外交、会议外交、礼仪外交、电话外交、政党外交、民间外交、非政府组织外交等，广交朋友，扩展中国的国际影响力。

比如，积极主动地参与国际组织的活动，具有特别重要的意义。第二次世界大战特别是冷战结束以来，不同形式的国际组织和国际会议不断涌现，作用日渐加强，活动范围日益扩展。它们超越传统的国家界限，使以国家为主要行为主体的国际关系增加了新的角色和内容。国际组织和国际会议有助于国际社会向着秩序化、民主化和规范化的方向发展。尽管国际组织和国际会议的类型、性质极为复杂，某些大国常常利用国际组织和国际会议为自己的政治目的和狭隘利益服务，发展中国家在不少国际组织和国际会议中处于不利的地位，但世界各国尤其是大国，都越来越重视国际组织和国际会议的作用，力图通过国际组织、国际会议以及相关的多边外交活动发挥自己的影响，促进国际问题的解决。一个国家与国际组织会议的关系，也成为衡量其国际地位和对外交往能力的重要尺度。进入21世纪以来，中国在这方面的活动越来越活跃，主办了很多大规模的主场外交，取得了良好的效果。

为了广交朋友，解决问题，必须积极主动地开展多种形式的国际交往活动。随着国家关系和科学技术的发展，许多新型的交往方式不断创造出来并发挥越来越大的作用。

如电话外交，第二次世界大战结束以来，先是一些大国的首脑间建立了热线电话，后来各国首脑间的电话联系越来越多，不仅首脑，而且不同层次的官员和人士，也有了更多的电话联系。这种沟通方式最及时、最便利，有助于了解情况，也有助于消除误解，而且能增进友谊和感情。两国间有什么事情，打个电话商量商量；双边磋商谈了什么问题，给第三国通个气；对方遇到什么喜庆，表示一下祝贺；哪里发生了什么灾难，表示诚挚的慰问；等等。举动不大，但意义不小。方式便利，运用灵活，既加强了双方之间的沟通，避免了一些误会的产生；又增加了国际交往中的人情味，平添几分温情、几分关切、几分友谊。

礼仪外交，也是加强双边和多边沟通的好形式。哪一国的元首、国王就任了，前往参加就职典礼；哪一国的领导人故去了，前往参加葬礼；哪一国发生什么灾难了，前往表示慰问……这类礼仪外交，有它特殊的重要性质。被邀或前往参加这类礼仪的，往往是相互关系比较深、彼此感情比较好的国家。对于增加接触、了解情况、加深感情，特别是增加元首之间的个人交往和友谊，起着不可忽视的作用。

新中国在20世纪50年代曾参加过这类活动，但后来，取消了许多年。直到20世纪末，一般都不参加外国首脑的就职或葬礼之类的活动，也不邀请外国元首参加中国的重大庆典之类的活动。这种做法，实际上是没有看到礼仪外交的特殊作用，失去了一种多边交往、联络感情的好机会。进入 21 世纪后，中国在这方面的活动多了起来，不时地派出一些特使参加外国的某些礼仪，从而增加了多边交往、联络情感的机会。

民间外交，这是我们的老传统。70 年来，在不同的时期发挥了特殊的作用。

十一、不断提升全球治理水平

中共十八届三中全会把推进国家治理体系和治理能力现代化作为改革的两大目标之一。"治理"的层面和领域很多，包括全球治理、国家治理、政府治理、经济治理、社会治理、社区治理、法人治理、环境治理、综合治理、系统治理、依法治理、源头治理等。

中共十八大以来，中国日益明确地提出全球治理的问题。这是十分必要的。不仅有利于中国发挥负责任大国的作用，而且对解决当代世界各种复杂问题提供了正确方向。

社会需要治理，国家需要治理，世界也需要治理。随着科学技术的迅速发展、交通和通信方式的巨大改进、经济全球化的日益推进，整个世界已经越来越紧密地联系在一起。当代世界的所有国家，都已经是"一损俱损，一荣俱荣"的关系。人类在发展进步的同时，也面临许多紧迫的问题，比如贫困问题、气候问题、环境问题、资源问题、难民问题、粮食问题、贸易问题、毒品问题、恐怖主义问题等，都需要各国的共同努力、互相帮助和密切配合。因此，也就需要全球治理。如果人类不主动地加以治理，某些问题就会越来越严重，威胁人类自身。

国家内部的治理需要有政府，世界的治理也需要政府。展望未来，世界肯定会出现一个新型的跨越国家界限，在世界范围内承担治理责任的世界政府。我们期待这样的政府早日出现，但由于世界利益的多样性和矛盾冲突的复杂性，这种世界政府在很长时间还难以形成。但现有的联合国等国际组织，应该就是未来世界政府的雏形，是目前全球治理的重要平台。

迄今为止，联合国等国际组织在全球治理方面已经发挥了重要作用，作出了重要贡献。但是面对现有世界的复杂局面，还需要进一步提高全球治理水平。

中国在全球治理上，已经发挥了一定作用，也贡献了一定的治理经验和方案。如中国的贫困治理，在世界上就是非常独特的，也是非常有效的。

当然，还需要继续努力。比如，在解决世界热点地区、热点问题上，中国所发挥的作用还比较有限，需要继续努力。

十二、推动构建人类命运共同体

在中共十八大以来的外交理论和实践中，习近平主席提出了一个重要的概念和命题——人类命运共同体。

还在2011年，《中国的和平发展》白皮书提出，要以"命运共同体"的新视角，寻求人类共同利益和共同价值的新内涵。

2013年3月，习近平主席在莫斯科国际关系学院首次向国际社会提出命运共同体理念。

几年来，中国政府和领导人通过重要国际组织、系列主场外交、多边峰会等不同层面，在全球范围内积极倡导构建人类命运共同体。从国与国双边的命运共同体，到区域内的命运共同体，到人类命运共同体，党和国家领导人在国际国内重要场合100多次谈及人类命运共同体，就人类命运共同体的内涵、实践路径、路线图等做了详细阐述。

在中共十九大报告中，"人类命运共同体"被摆在非常突出和鲜明的位置。报告第十二部分的标题就是"坚持和平发展道路，推动构建人类命运共同体",这充分说明了这一命题和主张的重要性。"人类命运共同体"的概念先后被写进新修改的党章和新修改的宪法。推动构建人类命运共同体,成为新时代中国特色大国外交的重要理念和生动实践。

人类命运共同体理念内涵丰富,涉及政治、安全、经济、环境等诸多领域。超越种族、文化、国家与意识形态的界限,为思考人类未来提供了全新的视角,为推动世界和平发展给出了一个理性可行的行动方案,得到了国际社会越来越多的认可与赞扬,并被写入联合国的有关决议中。

命运共同体有"自在"和"自觉"两种存在形式。在现实中,这种命运共同体已经是客观存在。人类只有一个地球,各国共处一个世界。经济全球化让"地球村"越来越小,社会信息化让世界越来越平。不同国家和地区已经是你中有我、我中有你。不论人们身处何国、信仰如何、主观意愿如何,实际上都已经处在一个命运共同体中,这就是"自在"的存在。

问题在于,对于这种命运共同体的存在,我们是否都充分意识到了呢?是否都清醒认识到不同国家的命运已经紧紧绑在一起了呢?是否已经采取实际的行动来维护我们这个命运共同体呢?

也许意识到了,也许还没有意识到;也许有的国家认识到了,有的国家还没有意识到;也许在某些方面意识到了,有些方面还没有意识到;也许道理明白了,但在行动上还不够有力、不够迅速。

所以,我们还需要努力将人类命运共同体从"自在"的存在转化为"自觉"的存在。要从伙伴关系、安全格局、经济发展、文明交流、生态建设等方面作出更大的努力。政治上,努力形成平等相待、互商互谅的伙伴关系;安全上,努力消弭冲突,化解种种热点、燃点、爆炸点;经济上,积极推动共同发展与合作共赢;文化上,坚持相互尊重、兼收并蓄和开放包容,努力让世界成为一个真正的和平共同体、发展共同体、命运共同体。

⦿ 中国共产党对外工作的历程和贡献

纪事和说明：

这是我 2019 年 10 月 25 日在中共中央对外联络部和求是杂志社共同举办的"习近平外交思想与新中国成立 70 年·党的对外工作理论创新研讨会"上的致辞。

这次会议的开幕式由中联部副部长钱洪山主持，中联部部长宋涛讲话，求是杂志社总编辑陈扬勇致辞。随后则由李慎明、我和张宏志分别致辞。开幕式后，数十位专家学者分三个议题作了发言讨论。

我最早是在中共中央党校从事国际共产主义运动史研究和教学的，还曾经培训过中联部的干部，与中联部的工作和很多领导、专家关系密切，也多次受中联部邀请给外国政要讲课，对中国共产党的对外工作比较熟悉。因此，在庆祝中华人民共和国成立 70 周年之际，应中联部邀请，撰写了《中国共产党对外工作的历程和贡献》一文，以此对党的对外工作作一个系统的梳理。

本文分四个阶段梳理了中国共产党对外工作的内容、发展、成绩

七、从历史经验中汲取智慧

和贡献。这四个阶段的划分与十九届六中全会历史决议的划分一致。通过这样的梳理，文章指出，中国共产党的对外工作，是随着党和国家的事业发展不断探索、发展和前进的。这一工作对党的发展壮大，对中华人民共和国的发展和进步，对世界的和平与发展，起了巨大的促进作用，作出了突出的贡献。

我原来是在中央党校搞国际共运史的，与中联部工作关系密切。1991年曾参加中央苏东局势研究组的工作。后来，又到中央党史研究室工作，也就是说，从研究全世界共产党转到了研究中国共产党。我在任时曾负责中国共产党专门史的研究工作，其中包括中联部承担的"中国共产党对外工作史"。当时是艾平同志抓的。所以，我的发言主要是梳理一下中国共产党对外工作的历程和贡献。

一、新中国成立前党的对外工作的历史基础

要了解和总结新中国成立70年来中国共产党的对外工作，必须回溯到新中国成立前，否则很多事情就无法理解。

新中国成立前中国共产党的对外工作，又分两段。

第一是1943年5月之前的共产国际时期。

中国共产党是在共产国际帮助下成立的。1921年7月，中共一大通过的《中国共产党第一个决议》专门规定："党中央委员会应每月向第三国际报告工作。""在必要时，应派一特命全权代表前往设在伊尔库茨克的第三国际远东书记处。此外，应派代表赴远东各国，以便商讨发展和配合今后阶级斗争的进程。"[①]

[①] 中共中央文献研究室、中央档案馆编：《建党以来重要文献选编（1921—1949）》第一册，中央文献出版社2011年版，第6页。

1922年，中共二大专门通过决议，正式加入共产国际，成为共产国际的一个支部，受共产国际领导。这个决议对以后几十年中国共产党的发展产生了深远的影响。与此相关，中共二大制定的第一个党章规定："已经加入第三国际所承认之各国共产党者，均得为本党党员。"①

此后一直到中共六大的历次党代会，都对中共与共产国际的关系作出了明确的规定。1935年，共产国际下放权力，增加了各国党的自主性。到1943年，共产国际解散，中国共产党与共产国际的组织关系结束。

在这一阶段，中国共产党的对外工作都是在共产国际的大框架内进行的。中国共产党与其他国家共产党都是世界革命队伍中的战友，一度还曾有跨党党员。苏联共产党给中国共产党很大的支持。中国共产党也以不同方式帮助和支持了其他共产党，特别是亚洲国家的共产党。中国共产党的路线方针政策，党所经历的成功与挫折，都与共产国际和苏联共产党有密切的关系。

第二是共产国际解散之后到1949年新中国成立。

这时候，中国共产党已经走上独立自主的道路。对外，主要是处理与苏联共产党的关系。两党的沟通和联系非常密切，在很多涉国际问题上都会交流意见。共产国际解散后，其领导人很多进入联共（布）中央国际部，以苏联共产党的名义与各国共产党保持联系。苏联共产党对中国革命给予了很大支持，斯大林对中国共产党提过很多建议，其中不乏高招。当然，苏联共产党也表现出大国沙文主义的倾向。但中国共产党愈益走上独立自主的道路，虽然在大事上仍征求苏联和斯大林的意见，但多数决策都是自主确定的。

在1945年和1949年的两次国共谈判中，苏联都发挥了重要作

---

① 中共中央文献研究室、中央档案馆编：《建党以来重要文献选编（1921—1949）》第一册，中央文献出版社2011年版，第164页。

用，斯大林提出了重要的建议。在筹建中华人民共和国过程中，米高扬访问西柏坡。1949年6月到8月，刘少奇与王稼祥等秘密访问苏联，就筹建新中国的几乎所有问题与苏联方面全面广泛地交换了意见，达成了一系列共识。其中既有党的问题，也有国家问题；既有理论问题，也有实际问题。苏联答应对新中国给予各项援助。

除苏联共产党外，中国共产党与其他国家共产党特别是亚洲国家共产党，也保持着密切的联系。日本、越南等国共产党的领导人，都曾在中国居留和工作。东欧、亚洲一些国家的共产主义政党相继掌握政权后，中国共产党与这些国家既有国家关系，也有党际关系。

这一时期，中国共产党逐步扩展了对外交往的范围，不仅与一些国家共产党、工人党联系，也与一些外国政府进行交往。1939年到1946年的中共中央南方局，开展了很多这类活动。南方局的外事组，专门负责这方面的工作，收到了良好的效果。特别是董必武作为中国共产党的代表，参加了中国代表团，前往美国参与制定联合国宪章，在联合国成立过程中发挥了重要作用。1947年5月1日，在原军委外事组基础上成立了中共中央外事组，其中一项任务就是编译毛泽东著作、七大党章、党章报告，编译各种对外宣传材料等。后来又为革命胜利后开展外交工作准备材料，研究各种外交对策。1949年10月后，外事组全部人员转入外交部工作。

这一时期中国共产党的对外工作，已经发展成为一种"准外交"，不仅协调和处理党与党的关系，而且以党与党关系的形式解决国家与国家之间的关系问题，并为建立正式的国家外交关系做准备。这些工作，对中华人民共和国的成立准备了充分的国际条件，作出了重要的贡献。

二、1949年到1978年党的对外工作的展开和曲折

这一时期中国共产党的对外工作，有过兴旺发达的时期，也经历

了复杂曲折的过程。

1949年到1956年，是中国共产党对外工作的兴盛时期。中共中央高度重视党际关系问题。1949年10月，政务院设立中央人民政府外交部，主管国家外交工作。那时候的外交工作对象，很多都是苏联阵营的社会主义国家，许多事情都是通过党际交往来沟通、商量、协调和促进的。1951年1月，中共中央决定成立中央对外联络部，负责与各国共产党的联络工作，重点是同东方各国共产党进行联络。1956年中共八大以后，党的对外联络工作突破了东方共产党的范围，扩大到与世界各国共产党、工人党建立联系。中联部成立后的五六年间，就与世界上60多个国家的共产党和进步政党建立了联系。

通过党与党的交往，与苏联东欧等传统社会主义国家建立了外交关系，并结成了社会主义阵营。随后，党际关系和国际关系并行不悖地发展，互相促进。很多重大问题都通过党际交往沟通磋商，达成共识。政党外交的特色非常鲜明，甚至一定程度上主导和影响着国与国的外交关系。以苏联为首的社会主义阵营一度团结兴旺，中国共产党与其他共产党、工人党之间的关系也非常密切。1956年中共八大时，有59个国家的共产党、工人党、劳动党和人民革命党的代表团前来祝贺，其规模之大是历史上的第一次，后来再也没有过，是唯一的一次。

苏共二十大之后，中苏两党首先在意识形态问题上产生分歧，进而矛盾扩大，逐步影响到国家关系。1957年11月2日至21日，64个共产党和工人党以及其中12个社会主义国家共产党和工人党代表团在莫斯科举行会议，讨论国际局势和为实现社会主义而斗争的迫切问题，还就各社会主义国家的关系问题交换意见，发表了《莫斯科宣言》和《和平宣言》。毛泽东率领中共代表团参加了这两个会议。1960年11月10日至12月1日，81个共产党和工人党的代表在莫斯科举行会议，讨论国际形势和国际共运的一系列重要问题，通过了《莫斯科声明》和《告世界人民书》。这两次会议是国际共产主义运动的大事件,也是中国共产党对外党际交往的大事件。

但是,中苏两党关系仍持续恶化。1963年6月14日,中共中央发表《关于国际共产主义运动总路线的建议》。随后,中苏两党展开了关于国际共产主义运动的大论战。从1963年9月6日至1964年7月14日,中共中央以《人民日报》和《红旗》杂志编辑部的名义,接连发表了九篇重要的论战文章。苏联方面也采取各种形式,对中国进行全面的攻击和批判。其他国家的共产党、工人党基本上都站在苏共一边,有的也发表文章和声明,对中共进行指责和批判。国际共运形成大分裂的局面。1966年3月起,中苏两党关系基本中断。两国关系也不断恶化,出现了多起外交事件,特别是1969年3月发生珍宝岛流血冲突。

20世纪60年代初,王稼祥冷静思考、科学分析当时复杂的国际形势,就如何改进我们党和国家的对外政策提出了重要的建议。但在当时"左"倾错误日益发展的情况下,他的这些正确意见不仅未被接受,反而被指责犯了所谓"三和一少"的错误。"文化大革命"中,又被上纲上线污蔑为"三降一灭"的"修正主义外交路线",党的对外工作受到严重的影响。

之后,特别是在"文化大革命"中,中国共产党的对外工作,总体上处于非常困难的局面。国际共产主义运动大分裂,中国共产党除了与少数共产党、工人党还保持着友好关系外,与其他多数政党基本上都断绝了来往。

三、改革开放以来党的对外工作的重大调整和蓬勃发展

1977年8月30日至9月8日,南斯拉夫总统、南共联盟主席铁托访问中国,中南两党恢复正常关系。

1977年12月,经中共中央批准,中联部增加同第三世界各国民族民主政党联系的任务。到1987年底,中国共产党先后与世界各国

的247个共产党、社会党以及发展中国家的民族民主政党建立了不同形式的联系。

总结历史的经验教训,邓小平明确指出:"各国的事情,一定要尊重各国的党、各国的人民,由他们自己去寻找道路,去探索,去解决问题,不能由别的党充当老子党,去发号施令。我们反对人家对我们发号施令,我们也决不能对人家发号施令。这应该成为一条重要的原则。"①1980年11月24日,邓小平会见西班牙共产党总书记卡里略时指出,党与党之间的关系是兄弟党关系,不是父子党关系,不要拿我们的观点、模式强加于人。

根据邓小平的这些思想,中国共产党形成了建立党与党之间新型关系的四项原则。中共十二大报告指出:"我们党坚持在马克思主义的基础上,按照独立自主、完全平等、互相尊重、互不干涉内部事务的原则,发展同各国共产党和其他工人阶级政党的关系。"②

根据这党际关系四项原则,中国共产党顺利解决了与很多共产党的历史遗留问题,与这些党的关系实现了正常化。1989年5月16日,邓小平会见来访的戈尔巴乔夫,中苏关系实现正常化。

中国共产党还把这四项原则扩大运用于同各种类型外国党的关系上,主张党际关系不以社会制度和意识形态的异同为条件。只要愿意遵循四项原则,我们都愿意同他们进行接触、交往和对话。

据此,中国共产党不仅同其他国家共产党,而且同社会民主类型的政党、民族民主类型的政党,以及其他有影响的政党建立了不同情况不同形式的联系,对争取良好的国际环境起到了积极的作用。

在此基础上,中国共产党大力开展政党外交,为中国的国际战略服务,并与世界其他政党一起,共同致力于维护世界和平,促进共同发展,共同致力于推动构建和谐世界,取得了显著的成就。中国共产

---

① 《邓小平文选》第二卷,人民出版社1994年版,第319页。
② 中共中央文献研究室编:《十二大以来重要文献选编》(上),人民出版社1986年版,第45页。

党与世界上不同类型的政党建立和发展了党际关系，形成了全方位、多层次、宽领域的政党外交新格局。

2010年3月31日至4月1日，首届中美政党高层对话在北京举行，中国共产党与美国民主、共和两党机制化交往正式启动。至2011年12月，对话共举行4届。

2010年5月24日至25日，首届中欧政党高层论坛在北京举行。李长春出席开幕式并发表《加强政党对话，推动共同发展》的主旨讲话。至2012年5月，论坛共举行3届。

中国共产党积极开展对外工作，目的是为中国的现代化建设争取和平的国际环境，促进中国同世界各国在和平共处五项原则基础上的国家关系健康、稳定地发展，为维护世界和平、推动经济发展、促进人类进步作出应有的贡献。

中国共产党积极同一切愿与中国共产党交往的各国政党发展新型的党际交流与合作关系。同世界上各种类型的政党和组织建立了不同形式的联系和交往，形成了全方位、多层次、宽领域的政党外交新格局。它们当中既有执政党、参政党，也有重要的在野党和与中国没有外交关系的国家的政党；既有共产党和工人党，也有社会党、工党和保守党；既有欧、日等发达国家政党，也有亚、非、拉广大发展中国家的政党。中国共产党与社会党国际、基民党国际等政党国际组织也都有联系。

通过不同形式、不同层次、不同渠道的友好交往，中国共产党与各种不同类型的政党就共同关心的各种问题坦诚深入地交换意见。既谈双边关系，也谈国际问题；既探讨兴邦立国之道，也交流建党治党之策。这种以相互尊重、求同存异为基础的对话和交流，不仅有助于加深彼此的了解、友谊与合作，推动整个国家关系的全面发展，而且对世界和平、发展和进步也发挥了重要作用。

四、新时代党的对外工作的新局面

中共十八大以来,中国特色社会主义进入了新时代。2013 年 3 月 23 日,习近平主席在俄罗斯莫斯科国际关系学院发表演讲,强调人类越来越成为你中有我、我中有你的命运共同体,呼吁各国共同推动建立以合作共赢为核心的新型国际关系。

在党际关系和党的对外工作问题上,习近平总书记多次发表重要论述,强调:"政党在国家政治生活中发挥着重要作用,也是推动人类文明进步的重要力量。""不同国家的政党应该增进互信、加强沟通、密切协作,探索在新型国际关系的基础上建立求同存异、相互尊重、互学互鉴的新型政党关系,搭建多种形式、多种层次的国际政党交流合作网络,汇聚构建人类命运共同体的强大力量"。①

根据习近平总书记的要求,中国共产党坚持独立自主、完全平等、相互尊重、互不干涉内部事务的四项原则,坚持世界上所有政党,不分大小,不分执政党还是在野党,一律平等。中国共产党人不"输入"外国模式,也不"输出"中国模式,不要求别国"复制"中国的做法。提倡求同存异、开放包容、文明交流、互学互鉴,主张超越意识形态差异,不同民族、不同信仰、不同文化和谐共存、和睦相处。

仅仅几年间,中国共产党就举行和参加了"中国共产党与世界对话会""中欧政党高层论坛""中非政党理论研讨会"和"中美政党对话机制"等诸多双边、多边政党交流。

2016 年 10 月 13 日至 15 日,"2016 中国共产党与世界对话会"在重庆举行。刘云山出席开幕式并发表《为完善全球经济治理贡献政党智慧和力量》的主旨讲话。2017 年 7 月 12 日至 19 日,刘云山出

---

① 习近平:《携手建设更加美好的世界——在中国共产党与世界政党高层对话上的主旨讲话》,《人民日报》2017 年 12 月 2 日。

席在布加勒斯特举行的"2017中国—中东欧政党对话会"。

2017年，中国共产党首次成功举办了"中国共产党与世界政党高层对话会"。这是中国共产党为世界各国政党建立的具有广泛代表性和国际影响力的高端政治对话平台。来自世界120多个国家近300个政党和政治组织的领导人共600多名中外代表，出席中国共产党与世界政党高层对话会，一致通过《北京倡议》。习近平总书记发表题为《携手建设更加美好的世界》的主旨演讲，在阐明构建人类命运共同体政党责任的同时，提出了许多政党政治与政党外交新理念，特别是提出建立新型政党关系的倡议，标志着当代中国政党外交进入新时代，达到新境界，极大地促进了中国同世界各国人民和政党的对话和交流合作。

截至2018年底，中国共产党与世界上160多个国家和地区的500多个政党和组织保持经常性联系，建立了中国共产党与世界政党高层对话会、万寿论坛、"一带一路"智库合作联盟等交流对话平台，以及中美、中俄、中英、中非、中阿、中拉和金砖政党对话等不同形式的交往机制。一个全方位、宽领域、多层次的政党外交格局和国际政党交流合作网络已经形成，党的对外工作在服务党和国家中心工作中的地位更加突出、成效更加显著。

梳理中国共产党对外工作的历程，我们可以看出，中国共产党的对外工作，是随着党和国家的事业发展不断探索、发展和前进的。这一工作对党的发展壮大，对中华人民共和国的发展和进步，对世界的和平与发展，起了巨大的促进作用，作出了突出的贡献。中国共产党对外工作的方针，也在探索中总结经验，不断与时俱进，不仅形成了丰富的实践，也形成了一系列重要的理论。特别是中共十八大以来，习近平总书记提出了建立新型政党关系、开展政党外交的一系列论述，指导新时代党的对外工作取得了新的成绩，开创了新的局面。

⦿ 论我党在国际共运中处理党际关系的历史经验

纪事和说明：

1991年，是中国共产党成立70周年。党中央召开庆祝大会，江泽民发表讲话，阐述了建设有中国特色社会主义的经济、政治、文化的基本特征和主要内容。同时，举行了理论研讨会。

这时，东欧剧变已经开始，苏联局势快速演化，国际关系、党际关系都呈现极为复杂的局面。我深切感到，对外党际关系是党的历史的一个重要组成部分，也是当时形势下具有特殊意义的一个重要课题。于是，便撰写了这篇《论我党在国际共运中处理党际关系的历史经验》。经过评审，论文入选，并被安排在大会上发言。但我发言时没有照念这篇论文，而是探讨分析了应如何认识和应对当时国际形势的问题。论文被收录进会议论文集。

七、从历史经验中汲取智慧

　　这里收录的是论文本身。这篇论文将党的活动与国际共运的宏观背景联系起来，系统考察了中国共产党对外党际关系的发展过程，概括分析了处理党际关系的基本经验，根据当时形势特点提出了若干对策性建议。

　　论文的第一部分"党际关系发展的曲折历程"，描述了70年来中国共产党对外党际关系发展的基本脉络，划分两个时期七个阶段，分析了每个时期的特点和各个阶段的主要状况，简要评述了成就和失误。

　　第二部分"处理党际关系的经验教训"，概括了中国共产党在国际共运中处理党际关系的五条历史经验：一、正确对待外国经验，从实际出发，走自己的路；二、正确处理国际联合与国内事务的关系，着重把国内的事情办好；三、坚持党际关系四项原则，积极发展同各国党的关系；四、正确处理党际关系与国家关系相交织的复杂现象，用不同的原则和方式处理不同领域的问题；五、正确处理意识形态的差异和分歧。

　　第三部分"总结历史经验，处理好当前党际关系"，分析了当时国际共运形势的五个特点，提出了新形势下处理党际关系应注意的几个问题。

　　中国共产党的70年，是作为国际共产主义运动的一部分而载入史册的。中国共产党在其活动过程中，不断地与世界各国的共产主义政党或其他类型的进步政党发生着交往、联络或合作关系。因此，如何处理与其他国家党的关系，构成党的历史的一个重要方面，也是党的建设不断需要解决的一个重要课题。党际关系的状况以及如何处理党际关系问题，不仅关系着整个国际共运的面貌，而且在很大程度上制约着中国共产党自身的活动和发展。

　　70年来，中国共产党在处理国际共运中党际关系问题上积累了许多宝贵的经验。近年来，由于东欧剧变和其他原因，国际共运的整体态势和内部关系发生了很大变化。如何适应新的形势处理和发展党际关系，成为一个重要的战略和策略问题。因此，正确地总结中国共产党在处理党际关系上的历史经验，对于我们创造尽可能良好的外部环境，更好地建设有中国特色的社会主义，同时推进国际共产主义运动的发展，具有十分重要的意义。

一、党际关系发展的曲折历程

70 年来，在不同的历史条件下，中国共产党的对外党际关系有不同的情况和特点。为寻求正确地处理党际关系的原则和形式、方法，我们党走过了曲折的道路。

从 1921 年到 1949 年的新民主主义革命时期，中国共产党在国际共运中所处环境、地位及党际关系的特点是：

第一，中国共产党的基本任务是夺取反帝、反封建的新民主主义革命的胜利。因此，党际关系所要解决的主要问题，是处理好中国革命与外部环境的关系，争取各国共产主义政党在革命斗争中相互支持、相互帮助。

第二，由于中国共产党尚未取得执政地位，所以对外主要是处理和发展党际关系，还没有以执政党的身份直接处理国家关系问题，也还没有直接面对党际关系与国家关系相交织而带来的一系列复杂情况。

第三，1943 年前，中国共产党是共产国际的一个成员，组织上、政治上受共产国际领导（1935 年后情况有较大变化）。因此，在相当长的时间内，中国共产党的对外关系基本上处在以共产国际为指导中心的世界共产主义政党体系的框架之内，并受到这种框架的制约。

第四，为处理好党际关系，中国共产党经历了艰难曲折的探索过程。以毛泽东同志为主要代表的中国共产党人不断总结经验教训，终于确立了实事求是、独立自主等重要原则，走出了一条独特的符合中国国情的革命道路，这是在处理党际关系方面取得的最大成就。

新民主主义革命时期，中国共产党的对外党际关系大致经历了四个发展阶段。

第一个阶段，从1921年至1927年初。中国共产党在共产国际的帮助下建立并加入共产国际。由于西方革命的退潮，东方革命成为共产国际世界革命的战略重点。中国共产党在共产国际的组织体系内积极发展与俄国布尔什维克党的联系，接受共产国际的领导，并在其帮助下实现了第一次国共合作，掀起了大革命高潮，推进了北伐战争。同时，党在组织上和思想理论上也越来越受制于共产国际。党际关系上的偏差是造成大革命失败的原因之一。

第二个阶段，从1927年至1935年初。中国共产党与共产国际的联系更加紧密，并与其他国家共产党在革命斗争中互相支持。毛泽东从中国实际出发，开创了农村包围城市的新道路。但由于受到共产国际的过度干涉，实行布尔什维克化，党的独立自主性严重削弱，以致先后发生三次严重的"左"倾错误。遵义会议开始确立以毛泽东同志为主要代表的马克思主义正确路线在党中央的领导地位，使中国革命出现历史性的转折，也使中国共产党的对外党际关系走向了新阶段。

第三个阶段，从1935年至1943年初。中国共产党虽仍属共产国际，但自主性已大为增强。在毛泽东领导下，中国共产党基本上能独立地决定自己的路线、方针和政策，把革命和抗战的立足点放在自力更生的基础上，并通过延安整风，解决了思想路线、政治路线问题。中国共产党与外部世界的联系逐步扩大。中国的抗日战争得到其他国家共产党和人民的支持，中国共产党也声援、支持和配合了苏联、西班牙等国人民的反法西斯斗争。

第四个阶段，从1943年至1949年。随着共产国际的解散，中国共产党隶属于一个国际组织并在党际关系方面受之制约的状况完全结束。在新的条件下，中国共产党独立自主地走自己的路，先后取得了抗日战争和全国解放战争的胜利。苏联党和红军对我夺取抗日战争最后胜利以及之后革命力量的发展提供了很大帮助。欧亚人民民主国家相继建立并互相声援。这些国家共产党，包括中国党在内的党际关系日益紧密，并开始遇到在党际关系基础上如何处理国家关系的问题。

中华人民共和国成立后，中国共产党在马列主义、毛泽东思想指导下，领导全国各族人民推进社会主义革命和建设。中国共产党对外党际关系的发展进入了一个新的历史时期。这一时期党际关系的主要特点是：

第一，随着党的历史任务、工作中心的转移，中国共产党在党际关系方面所要解决的问题也发生变化。不仅要与各国党在革命斗争中互相声援、支持，还要与一些党在社会主义建设中彼此交往、相互合作；不仅要坚持无产阶级国际主义原则，支持各国人民的正义斗争，还要坚持国际关系的正确原则，创造有利于国家发展的外部环境，争取世界的和平与安全，促进人类的进步与发展。党的任务不仅更艰巨了，而且更复杂了。

第二，中国共产党已取得执政地位，所以，在对外关系方面，不仅要考虑党的利益与党的关系，而且要考虑国家利益和国家关系。中国共产党所面对的，既有执掌国家政权的共产党，又有处于在野或地下状态的共产党；既有保持友好关系国家中的党，又有尚无外交关系国家中的党；既有意识形态上完全一致的党，又有存在不同观点乃至分歧的党。党际关系与国家关系的交错融合，使中国共产党遇到了许多新的复杂的问题。

第三，新中国成立 40 多年来，中国共产党的对外交往关系逐步扩大，不仅发展了与相同社会制度国家共产党的关系，而且发展了与不同制度国家共产主义政党的关系；不仅发展了国际共运内部的党际关系，而且广泛发展了同其他类型友好、进步政党的关系。中国共产党已经同世界上 280 多个政党建立了不同形式的联系。因此，中国共产党的党际关系取得了一种全方位的态势和特点。

第四，40多年来，中国共产党基本坚持了独立自主的原则，一方面注意学习外国党的经验，扩大交往和合作，另一方面反对外来干涉与控制，努力探索有中国特色的社会主义道路。在如何具体处理不同条件下党际关系的复杂问题时，在寻求科学的党际关系指导原则的道路上，也经历了曲折的过程，多多少少有过失误。通过不断总结经验教训，到改革开放后，中国共产党在处理党际关系方面已经比较成熟起来。

从1949年新中国成立至今，中国共产党的对外党际关系大致经历了三个发展阶段。

第一个阶段，从1949年新中国成立至50年代末。中国共产党积极发展对外交往和合作关系，与全世界共产党一起，推进国际共运、工运以及民族解放运动的发展，特别是支持亚非拉人民反对外国侵略的斗争。由于客观上存在着一个与帝国主义阵营相对抗的社会主义阵营，中国共产党的党际关系很大程度上是一个以阵营关系为主体，再包含阵营之外党的多层次结构。中国共产党既维护过阵营关系，也受到过阵营关系的制约。在与苏联党和国家的全面合作中，既照搬了苏联体制的模式和经验，也在某些方面进行了独立的探索。由于一系列复杂的原因，中国共产党先后与南斯拉夫和苏联等党出现意识形态上的分歧。

第二个阶段，从20世纪60年代初到70年代后期"文化大革命"结束。中国党与苏联党在意识形态上的分歧进一步加剧，乃至公开展开关于国际共运总路线的大论战。苏共的大党大国主义受到强有力的冲击，中国共产党不再奉行"一边倒"的政策。大论战客观上造成了国际共运的大分裂，严重损害了社会主义事业的发展。随后，中国发生"文化大革命"的十年内乱。社会主义国家相互间的关系也愈益紧张，中国共产党同大多数外国党的联系都中断了。

第三个阶段，粉碎"四人帮"和召开中共十一届三中全会以来。中国共产党实现历史的伟大转折，对外工作方针也进行了重大调整，并提出了处理党际关系的四项原则。本着实事求是的精神,中国共产党逐步同 60 年代中断关系的外国共产党恢复了关系,同第三世界友好政党,以及各国社会党、社会民主党、工党建立了联系。特别是与苏联共产党实现了关系正常化。中国党与外国党之间,开展了比过去范围更加广泛、内容更加丰富充实、形式更加多样化的友好往来,使中国共产党的对外党际关系出现了崭新的局面。

二、处理党际关系的经验教训

中国共产党 70 年来走过的艰难道路,提供了大量有关处理党际关系的经验教训。这些经验教训,是中国共产党历史宝库的一个重要组成部分,是不可忘记和忽视的宝贵思想财富。

第一,正确对待马克思主义理论和外国经验,坚持从实际出发,根据本国特点,走自己的革命道路,建设具有本国特色的社会主义。

70 年来,中国共产党在党际关系上遇到的一个根本问题,就是从外国经验和模式出发还是从本国实际出发来制定党的路线、方针、政策的问题。各国的社会主义运动和建设,都有各自特定的社会历史条件。科学的思想方法要求我们正确处理共性与个性、个性与个性的关系,不仅要善于将马克思主义的普遍真理同本国实际结合起来,而且要善于从本国的实际出发来学习和运用外国的经验。

中国共产党在建立之初,并不十分清楚这一道理,因而曾经简单地照搬苏联的经验,被动地接受共产国际的指示。新中国成立后,在经济、政治体制上,也曾经照搬了苏联模式。这种照抄照搬的后果,一次又一次地教训了我们。正是在总结这些经验教训的基础上,毛泽东提出并坚持实事求是、独立自主的原则,领导中国共产党走出了一条符合中国国情的革命道路、一条独特的社会主义改造道路。邓小平又总结中国共产党数十年的探索过程,深刻指出:"把马克思主义的普遍真理同我国的具体实际结合起来,走自己的道路,建设有中国特色的社会主义,这就是我们总结长期历史经验得出的基本结论。"①

当然,这一结论不仅是对中国共产党自己的要求,也应该是用于对待别人的原则。每个国家都有自己的国情,我们应该允许别人从自己的国情出发决定自己的政策,不能把中国的经验和认识也当作普遍适用的原则和模式强加于别人。过去,党在这方面也有过失误。例如,曾经把南斯拉夫依据本国国情实行的改革政策和自治社会主义,当作现代修正主义的典型,指责南共联盟背叛马列主义。这种做法,如同别人这样对待我们一样,都是错误的和有害的。

第二,正确处理国际联合与国内事务的关系,把重点放在本国的革命和建设上,自力更生、扎扎实实地把自己的事情办好。

马克思主义历来认为:"在无产者不同的民族的斗争中,共产党人强调和坚持整个无产阶级共同的不分民族的利益",并号召"全世界无产者,联合起来!"同时又指出:"如果不就内容而就形式来说,无产阶级反对资产阶级的斗争首先是一国范围内的斗争",②各国无产阶级政党应把基点放在独立自主、自力更生的基础上。

中国共产党对这两者关系的认识,经历了一个逐步深化的过程。在历史上曾经出现过将他国利益误认为世界革命整体利益,进而置于中国革命利益之上的情况。例如,1929年和1931年九一八事变时,曾提出"武装保卫苏联"的口号,这显然是错误的。当然,从总体上看,特别是毛泽东掌握领导权后,中国共产党基本上正确处理了两者关系,能够坚持自力更生的原则,把重点放在解决本国革命和建设的问题上。

作为无产阶级国际主义者,中国共产党同其他国家共产党一样,都负有支援世界革命、推进社会主义历史进程的责任。但是,如何理解和承担这种责任,却是一个值得研究的问题。过去,特别是在"文

---

① 《邓小平文选》第三卷,人民出版社1993年版,第3页。
② 《马克思恩格斯选集》第一卷,人民出版社2012年版,第413、435、412页。

化大革命"中，中国共产党曾经把中国看作世界革命的根据地，试图通过大量支持和援助外国共产党人达到推进世界革命的目的。

但实践证明，在世界范围内以社会主义取代资本主义是一个极其复杂的自然历史过程，它不是靠某个党、某个国家的主观愿望和力量所能实现的。革命不能人为鼓动和加速，社会主义也不能通过对外输出去实现。超越自身力量的限度，去追求一些超越现实的目标，承揽一种力所不及的责任，这种做法，于己于人，都未必有益。中国还是一个发展中国家，只有扎扎实实把自己的改革开放搞好了，把社会主义现代化搞好了，我们才能在世界人民面前树立起社会主义的良好形象，也才能在世界上有较大的发言权。当然，这并不是说对世界社会主义的命运无动于衷，而是要在适当的时机，以适当的方式，发挥适当的影响。

第三，坚持"独立自主、完全平等、互相尊重、互不干涉内部事务"的原则，积极发展同各国共产党及其他各种进步和友好政党的关系。

独立自主不等于排斥一切对外联系、交往和合作。如果说，中国共产党在一些历史时段曾经较为注重独立自主的话，那么，对于对外开放必要性的认识及这一政策的实行，却较为迟缓。中共十一届三中全会以后，中国共产党较好地将这两者结合了起来。实践证明，社会主义国家在对外关系上，要注意反对两种倾向：一种是妄自菲薄，崇洋媚外，丧失独立自主的地位；另一种是夜郎自大，闭关锁国，忽视对外交流和开放，人为地将自己孤立起来。

实行对外开放，既需要通过政府渠道，也应该充分发挥政党渠道的作用。积极发展对外党际关系，不仅对于扩大开放、推动中国社会主义现代化建设，而且对于争取世界和平，促进人类进步，都具有十分重要的意义。

发展党际关系要以正确的原则作指导。中共十二大提出发展党际关系的四项原则，这是对国际共运和中国共产党自身历史经验的高度概括和总结,是中国独立自主对外关系总原则在对外党际关系领域的贯彻和体现。

所谓独立自主,就是完全根据自己的认识和判断,在将马克思主义基本原理同中国具体实际相结合的基础上,完全由自己决定自己的路线、方针、政策和党内的一切事务,并向本国人民负责;同时,依靠自己的力量走向或建设社会主义,决不仰人鼻息。

所谓完全平等,就是不论大党还是小党、老党还是新党、执政党还是非执政党,都没有尊卑贵贱之分,不能由一个党充当领导和旗手角色,对别的党发号施令,不能由一个党垄断马克思主义的解释和发展权,更不能把一个党的纲领、路线、政策和观点,当作共同的原则强加给其他党。

所谓互相尊重,就是承认任何党都有自己的主权和尊严,都有自己的优点和缺点,长处和短处,成就和失误,因此,各党应彼此尊重,平等相待,互相学习,取长补短。

所谓互不干涉内部事务,就是各国党的内部事务,必须由各国党自己去处理,任何其他党都无权干涉。即使对犯了错误的党,也不能指手画脚,随便干预和讨伐。任何企图对别国党进行渗透、干预、控制乃至颠覆的活动,都应该受到谴责。

党际关系的这四项原则,不仅适用于各国共产党之间的关系,也适用于共产党同社会党、社会民主党和工党之间的关系。

第四,正确处理党际关系与国家关系相交织的复杂现象,用不同的原则和方式解决不同领域的问题,以党际关系促进国家关系。

取得全国政权前,中国共产党的对外关系主要是基于共同阶级利益的政党关系。但在中华人民共和国成立后,中国共产党不仅要发展党际关系,而且要积极发展和处理国家关系。党际关系与国家关系相互交织,由此而提出了一系列需要回答的新课题。

首先是阶级共同性与国家利益关系问题。作为社会主义国家的执政党,中国共产党既是无产阶级的先锋队,又是整个国家的管理者和领导者。因此，中国共产党在处理与其他党及其他国家关系时，不仅要注意各国党之间共同的阶级性质，发扬无产阶级国际主义，而且要注意代表和维护整个国家和民族的利益，坚持社会主义的爱国主义。要把国际主义与爱国主义结合起来，这是我们发展对外关系的基本出发点。

其次是如何处理同是共产党执政的社会主义国家相互间的关系，这也是一个新课题。社会主义国家间，存在着党际关系和国家关系两类关系。这两者既有联系，又有差别，不能简单等同。早在1953年12月，中国就倡导了和平共处五项原则。但在很长时间内，主要还是运用于不同社会制度的国家之间，而对相同制度的社会主义国家，主要是强调无产阶级国际主义的相互支持和相互援助的原则。随着社会主义国家相互间一些悲剧性事件的发生，中国共产党越来越认识到，社会主义国家间首先必须遵守和平共处五项原则。如果连和平共处五项原则都做不到，那就根本谈不上无产阶级国际主义。所以，和平共处五项原则，不仅是不同制度国家间，而且也是相同制度国家间相互关系的准则。

党际关系和国际关系分属于不同的领域，但党际关系又是国家对外活动不可缺少的组成部分，应该通过发展党际关系为国际关系服务，促进国际关系的发展。由于党际交往的形式更加方便、灵活，且不受某些特殊条件的限制，因而能够起到国家交往所不能起的某些作用。几十年来，中国共产党积极发展党际关系，为中国的对外友好关系作出了不可估量的贡献。

第五，正确处理意识形态的差异和分歧，坚持实事求是、平等协商、求同存异、不计前嫌的原则，**超越意识形态的差异，谋求相互间的了解与合作**。

国际共运历史上，曾经多次出现过意识形态的严重分歧和冲突。毋庸讳言，中国共产党在处理这些分歧时，确实犯过错误；在新的历史条件下，又终于比较妥善地解决了历史遗留的问题。经验教训告诉我们,多样性是社会主义发展的基本特点之一,各国党在意识形态上绝对同一是不可能的。我们只能承认、尊重这种多样性,而决不可能消除这种多样性。只能在多样性的基础上寻求统一性,而决不可用统一性来限制、消灭多样性。因此,对于各国党在意识形态上的差异和分歧,我们不必有任何的大惊小怪。

一方面,在意识形态问题上,中国共产党有自己的原则立场。我们将马克思主义基本原理同中国具体实际相结合,坚持四项基本原则和改革开放,建设有中国特色的社会主义。凡是我们认为符合马克思主义和中国国情的,都要坚持;反之,都要加以拒绝和抵制,在某些情况下,还要采取措施清除外来的影响。这就是中国共产党在原则上的坚定性,也是被历史证明特别需要注意的问题。

另一方面,这种政治立场上的原则性,并不排斥党际关系上的原则性。处理意识形态上的分歧,必须坚持党际关系的四项原则,尊重别党自己的选择,不干涉别党的内政。在此基础上,还应注意做到实事求是,平等协商,求同存异,不计前嫌。这也是中国共产党多年积累起来的经验。

实事求是,就是要尊重事实,准确理解对方的立场和观点,不要攻其一点,不及其余,上纲上线,无限拔高。要从对方实际出发来判断其政策是否符合他们的实际,而不要从我们的经验出发来要求对方。正如邓小平指出的:"一个党评论外国兄弟党的是非,往往根据的是已有的公式或者某些定型的方案,事实证明这是行不通的。""就算你用的公式是马克思主义的,不同各国的实际相结合,也难免犯错误。"[①]

平等协商,就是要以平等的立场和态度,进行讨论和协商,增进了解,消除误会,交换意见,沟通思想。切不可动辄论战、批判,更不能以辱骂代替战斗,甚至以开除出阵营或使用武力相威胁。

---

① 《邓小平文选》第二卷,人民出版社1994年版,第318页。

求同存异，就是要正确判定敌我友关系，尽量寻找各方的共同点并促进在这些共同点上的团结合作。要允许各党保留意见。原则上，任何分歧都可以留待实践和历史去作结论，而不为彼此争论不休。即使讨论分歧点，也是为了消除分歧而不是扩大差异，是为了寻求合作而不是增强对抗，是为了将同志或盟友拉过来，而不是将同志或盟友推过去。

不计前嫌，用邓小平的形象说法，就是对以往的分歧和矛盾采取"一风吹"①的方法，把着眼点放在现在的团结和未来的发展上，即团结一致向前看。

总之，处理意识形态上的分歧，既要坚持原则上的坚定性，又要注意策略上的灵活性；既要坚持政治观点上的原则，又要坚持党际关系上的原则。这是我们在处理党际关系方面的重要经验。

三、总结历史经验，处理好当前党际关系

近年来，由于一系列复杂的原因，国际共产主义运动的整体态势和内部关系发生重大变化，出现了第二次世界大战以来从未有过的复杂而严峻的局面。

第一，国际共产主义运动遇到严重挫折。由于东欧发生剧变、苏联陷于困境以及其他党和国家也面临不同程度的困难，国际共产主义运动确实遇到了严重的挫折。社会主义的世界体系客观上受到削弱，在与资本主义世界体系并存对峙的战略格局中，滑到了较为不利的地位。社会主义的历史进程暂时受到阻滞。

第二，国际共运的内部关系发生分化、改组。东欧一些国家的原共产党奉行民主社会主义后，与坚持传统社会主义的政党拉大了距离，他们相互间严格说来已不是传统意义上国际共运内部共产主义政

---

① 《邓小平文选》第二卷，人民出版社1994年版，第319页。

党之间的关系。但是，在这些国家内部，他们又是一种与右翼势力相抗衡的左翼力量。苏联党迫于国内的困难，只要他们还真正想坚持社会主义阵地，就必然要与中国党加强联系和合作。目前，这种接近的趋势正在加强。其他一些共产党执政的国家，也有与中国接近的趋势。相反，资本主义国家的许多党与中国和其他一些党却拉大了彼此距离。

第三，国际共运遇到一系列重大理论问题的挑战。如何认识当代世界的性质、特点、总体格局和发展趋势？如何加速发展社会主义国家的经济，满足人民群众日益增长的物质文化需要？如何建设高度的社会主义民主，使社会主义焕发出活力和动力？如何搞好社会主义改革，建立起良性运行的经济、政治等体制？等等。这些都是关系国际共运命运的基本问题。此外，国际共运中长期争论的无产阶级专政、党的先锋队性质、民主集中制、革命道路、所有制形式等问题，不仅没有解决，反而更加尖锐。围绕着这一系列问题，各国党都在进行反思、探索。意识形态上的分歧已成为当前国际共运的一个重要特点。从根本上说，只有把马克思主义与当代现实相结合，科学地回答和解决这些问题，才能使国际共运走出困境，出现新的高涨。

第四，国际共运内部的动荡局势尚未结束，但目前已由前一阶段的直线下滑趋势转为两种趋势并存的状态。即一方面，有的国家内部斗争激烈，局势很不明朗，如果找不到解决危机的出路，形势可能进一步恶化；另一方面，许多国家的马克思主义政党和力量，在顶过了最猛烈的冲击波后，正开始吸取教训，聚集力量，为捍卫社会主义的价值而斗争，国际共运出现了某种程度的反弹。东欧国家的党和人民也在尝试以新的形式进行斗争。

第五，中国党在国际共运中处于更加突出的地位。1989年北京风波后，中国党曾受到不少党的指责，一度处境艰难。但东欧剧变和苏联危机加剧后，中国国内的稳定恰与之形成鲜明的对照。特别是中国改革开放取得的成就，为许多党和许多国家、许多人士所赞赏和羡慕。他们在很大程度上把社会主义的命运与中国联系了起来。因此，中国党在国际共运中的地位提升，影响扩大，人们寄予的希望也更大了。

面对这种复杂的新形势，如何处理党际关系，成为中国共产党需要回答的一个紧迫课题。70年来，中国共产党在处理党际关系上积累的丰富经验，对于指导当前的现实，具有非常重要的价值。吸取历史的经验教训，并根据当前形势的特点，我们认为，处理党际关系时，在战略策略上，目前应特别注意以下几点。

第一，**要冷静观察局势**。无论在国际政治领域，还是在国际共运领域，局势都还处在变动中。旧的格局打破了，新的秩序尚未建立。在这种过渡时期，存在着许多不确定和不稳定的因素。因此，我们宜保持谨慎的态度，稳妥行事，不要四面出击。

第二，**要继续立足于把自己国内的事情办好**。当前中国在世界上处于突出的地位，既逢机遇，又遇挑战。能否把中国的社会主义搞好，特别是把经济搞上去，不仅关系中国共产党的命运和中华民族的盛亡兴衰，而且关系到能否在世界上树立一个社会主义的成功范例，从而扭转社会主义下滑趋势，振兴世界社会主义。因此，要在当前的国际条件下有所作为，对国际共运和社会主义事业有所贡献，关键是把自己的事情办好，特别是把改革开放搞好，把经济搞好。

第三，**要适应新的形势，全方位地发展对外党际关系**。中共十一届三中全会以来，中国共产党的对外联络工作已经不限于国际共运的范围内。在新的形势下，更需要进一步拓宽交往面。既要与共产主义政党发展关系，也要与社会党、社会民主党和工党发展关系；既要与社会主义国家的党发展关系，也要与发达资本主义国家、第三世界国家的政党发展关系；既要与执政党发展关系，也要与非执政党发展关系。总之，要尽量多交朋友，少结冤家，以争取对我最有利的国际环境，避免人为孤立。当然，这种交往要有一定的原则，要按照不同对象，区别不同类型，采取不同渠道和方式，在不同的层次、级别和领域进行，内外有别，亲疏适宜，既是全方位的，又是多层次、多形式的。

第四，要正确处理意识形态领域的分歧。一方面，坚持原则，划清界限，对广大干部和党员、群众加强教育，抵制各种错误思潮的干扰；另一方面，要尊重别国党和人民的选择，不要搞大批判，不要公开论战。别人的是非曲直由他们自己去检验和认识。我们不干涉别国党的内部事务，也不利用党的关系去干涉别国内政。我们与某些党在一些问题上有不同看法，但在他们处于困难和摇摆的时刻，我们应着眼于拉，而不是着眼于推。要从世界战略全局的高度考虑问题。

第五，调整对东欧国家政党的关系。（略）

第六，在坚持党际关系四项原则和和平共处五项原则的前提下，也要适当地对国际共运施加一些积极的影响。例如，正面阐述和宣传我党对国际共运和社会主义的立场、观点，介绍和传播中国特色社会主义建设和改革开放的经验，交流加强党的建设的措施和经验，内部对国际共运的一些重大问题交流看法，采取一些适当而又必要的合作措施，通过政府与政府的渠道提供适当的经济援助，等等。如果尽我们所能帮助一些党和国家渡过难关，促进社会主义在国际上的复兴，那么反过来对我们自己也是有利的。

八　世界胸怀和全球眼光

⦿ 世界，您好

纪事和说明：

这是我 2009 年 9 月 29 日应约为中国网庆祝中华人民共和国成立 60 周年而写的社评。题目和角度都很新颖，原因和道理在文章中已经讲得很清楚了。

文章实际上表明了我们在处理中国与世界关系上应该具有的全球眼光、世界胸怀和文明水准。

如何正确处理本国与世界的关系，是一个非常复杂的问题。在某种意义上，也是检验一个国家文明水准的尺度。至于个人，如何认识和对待本国与外国的关系，多少也能反映出他的文明水准，甚至能反映出他是否具有起码的良知和人性。

当年的希特勒、墨索里尼和一步步将日本推上侵略战车的日本少壮派军人，都是狂热的所谓爱国主义者，或者说是狂热的民族沙文主义者。他们都认为自己的民族比其他民族优越，把本国的利益（当然实际上只是一小撮权势人物的利益）看得高于一切，由此一步步发展到军国主义和法西斯主义,最后,不惜以发动战争的手段,凶狠地杀戮其他国家的人民,企图大大扩充自己的所谓生存空间,凌驾于其他一切民族、国家和人民之上。结果,给世界带来巨大的灾难,自己也被永远钉在了历史的耻辱柱上。

相反,一个真正具有良知、责任和智慧的政治家,都能比较正确地处理本国与外部世界的关系。他们是爱国主义者,也是国际主义者。

比如,马克思、恩格斯在《共产党宣言》中有一句名言——"工人没有祖国"[1]。为何?宣言里说了他们的道理。至于他们自己,马克思很明确地说过:"我是世界的公民,我走到哪儿就在哪儿工作。"[2]而且事实上,马克思还真的"没有祖国",因为直到他生命的尽头,都还没有国籍。原因是他当年并不受"祖国"普鲁士的待见。他曾试图恢复国籍,但未能如愿。其责任,显然在普鲁士政府身上。所以,甚至去世后,他都没有能回到自己的"祖国"。

又如,邓小平说:"我荣幸地以中华民族一员的资格,而成为世界的公民。我是中国人民的儿子,我深情地爱着我的祖国和人民。"[3]"中国人民的儿子",其意不言自明,而"世界公民"这一称谓,则很有特色,清楚地表明了邓小平的世界眼光和博大胸怀。

所以,如何正确处理一国与他国、一国与世界的关系,始终值得所有国家的人们思考。

在举国同庆中华人民共和国成立60周年之际,我们最想说的、最充满深情的一句话是:"祖国,您好!"

---

[1] 《马克思恩格斯文集》第2卷,人民出版社2009年版,第50页。
[2] 《回忆马克思恩格斯》,人民出版社1973年版,第2页。
[3] 中共中央文献研究室编:《邓小平年谱(1975—1977)》(下),中央文献出版社2004年版,第714页。

但是，作为负责向世界介绍中国国情、展示中国形象的国家级网站，我们却必须同时向全球24个时区的人们真诚地说一声："世界，您好！"

"祖国，您好"与"世界，您好"是紧紧联系在一起的。因为，祖国与世界本来就是紧紧联系在一起的。"祖国"不能没有"世界"，"世界"也不能少了"祖国"。尤其当13亿人的目光都集中在"祖国"一词上时，我们有责任提醒所有的同胞，不要忘了祖国所在的世界；我们也真诚地希望，世界在听到中国"祖国，您好"之声的同时，也能清晰地听到遍及中国发自内心的问候："世界，您好！"

世界是一个整体。祖国，是世界的一个部分。在人类文明发展的历史进程中，祖国，曾经在世界上占有重要的地位，甚至引领过世界文明的发展。但是，世界也曾经给祖国以某些不公正的待遇。祖国也曾经一度脱离世界而独自发展。因此，祖国与世界的关系多少也有种种曲折。酸甜苦辣，风霜雨雪。祖国与世界之间，多少也有一些芥蒂、误解、摩擦甚至斗争。

但是，无论如何，我们别忘了，人类是在同一个地球上生存，人类也只有一个地球。无论住在世界哪一个半球、哪一个时区、哪一个角落，我们照射的毕竟是同一个太阳，沐浴的毕竟是同一种雨露，呼吸的毕竟是同一种空气。世界的春天，会给所有的"祖国"带来美的风光；世界的秋天，也会给所有的"祖国"带来成熟的硕果。

中国，作为13亿人口的祖国，在与世界的双向互动中发展和前进。特别是改革开放以来，中国打开了与世界交往的大门。中国给世界以惊喜，中国也从世界获得了大量急需的建设资金、先进的科学技术、现代的机器设备、丰富的管理经验。中国的学子跨洋越海，接触到人类文明的许多先进成果；世界各种先进的文化，也逐渐进入华夏，给祖国带来了生气和活力。中国在发展进程中，从世界找到了更多的可供利用的资源，也向世界拓展了日益广阔的市场。中国对世界的贡献率逐步上升，中国对世界的依存度也越来越高。中国的发展得

八、世界胸怀和全球眼光

到了世界很大的帮助和支持。

祖国今天的成就,根本上是中国人民自身努力和奋斗的结果,但无疑也包含着世界的帮助和贡献。所有的中国人,都不会,也不能忘记这一基本的事实。所以,当我们在总结新中国60年,特别是改革开放30多年取得的成就时,完全应该对世界真诚地说一声:"谢谢您,世界!"

祖国发展的成就虽然非凡,但对这些成就的估价必须十分清醒和客观。中国的经济总量在世界上已经排名第三,但如果被13亿这个大数字一除,就远远地排到了世界100名之后。在科学技术、文化教育、管理方式、民主法制、思想观念等方面,我们还有很多不足和缺陷。与世界先进水平相比,还有很大差距。

面向未来,我们要赶上时代、赶上世界,还有很长的路要走。即使到21世纪中期基本实现现代化之时,我们也只是达到届时世界中等发达国家的水平。如同毛泽东当年所说,万里长征只是走完了第一步。之后还有许许多多的第二步、第三步。所以,我们向世界道一声"谢谢"。还有一个原因,就在于她始终作为祖国的一个重要参照系,能够防止我们听到几句好话就飘飘然起来,忘记了自己准确的历史方位,忘记了自己还仅仅是处在一个新的历史起点上。

祖国的发展离不开世界,世界的发展也离不开中国。经过30多年的改革开放,中国与世界的关系发生了历史性的变化,中国的前途命运已经日益紧密地同世界的前途命运联系在一起。所以,发展中的祖国,就更要处理好与外部世界的关系。面向未来,我们一定要将内政与外交更加紧密地结合起来,善于统筹国内国际两个大局,努力实现和平发展、开放发展、合作发展、清洁发展、安全发展、和谐发展、可持续发展。

在国际社会中,我们将继续奉行独立自主的和平外交政策,坚定不移推动建设和谐世界,在国际关系中大力倡导民主、和睦、协作、共赢的精神;坚定不移走和平发展道路,利用和平的国际环境发展自己，同时用自己的发展促进世界和平与发展；坚定不移奉行互利共赢的开放战略，扩大同各方面利益的汇合点，在实现本国发展的同时，兼顾对方的正当关切；坚定不移在和平共处五项原则基础上，同所有国家发展友好合作关系。

怎样认识和处理祖国与世界的关系，说到底，是一个国家和民族价值观念、文明水准的重要体现，也是衡量一个国家和民族是否成熟的重要标志。脱离国情，失去自我，照抄照搬外国的模式，甚至唯某些外国马首是瞻，甘愿被国外某些敌对势力操控和侵蚀，那是危险的。但盲目地夜郎自大，在祖国与世界之间筑起一道高墙，简单地排斥外部世界，拒绝向外部世界学习，也是错误的。看不到60年来取得的伟大成就，缺乏自信，甚至自暴自弃，是可悲的，应该防止的；但过高估计自己的成绩，扬扬自得，妄自尊大，再也看不起别人，也是可叹的，必须警惕的。

我们要始终坚持从中国的实际出发，从社会主义初级阶段的国情出发，坚定不移走自己的路，建设中国特色社会主义，在实践中展示更多更美的中国特色。同时，又要始终有世界眼光和博大胸怀，虚心向世界学习，勇于到世界舞台上"博弈"。随时随地关注世界潮流的变动，紧紧瞄住世界文明发展的前沿，海纳百川，兼收并蓄，不断充实和提升自己。中国特色加世界眼光，祖国根基加世界胸怀。特色要鲜明，视野要广阔。根基要扎实，胸怀要博大。两者紧密结合起来，我们才能真正立于时代的峰巅，引领世界潮流的前进。

从根本上来说，人类文明是多样化的统一。各种类型的文明，总是在互相学习、取长补短中成长和前进的。随着经济全球化、信息网络化的发展，每个国家和民族的文明，将继续对人类文明作出新的贡献，同时，也必然更多地吸收和借鉴世界其他类型的文明。每种文明的活力和发展程度，都越来越取决于其吸收外来文明的能力和自我更新的能力。

因此，中国，作为我们的祖国，将永远坚持开放兼容的方针，珍视传统，博采众长。在很多方面，我们将继续向世界学习，善于向世界求教。不仅当历史的学生,也当世界的学生。某些方面,可以当世界的先生,某些方面,则勇于当世界的学生。敢于当学生,善于当学生,这应该是一件值得赞赏的好事,而不是什么丢面子的问题。我们完全相信,作为东方文明代表之一的中华文明,在走向未来、走向世界的过程中,完全有充分的自信力,在熔东西方文明精华于一炉之后,焕发出更大的光彩。

祖国,我们期待着;世界,我们期待着。

让我们用自己的心,坚定地呼唤:祖国,您好!世界,您好!

⦿ 中国特色与世界胸怀

纪事和说明：

2018年5月4日，在纪念马克思诞辰200周年大会上，习近平总书记提出要"学习和实践马克思主义关于世界历史的思想"。由党和国家主要领导人直接倡导学习马克思主义的世界历史思想，这还是第一次。

马克思、恩格斯认为，在人类历史发展进程中，始终奔涌着一条世界化的洪流，这就是由民族历史向世界历史的转变。"各民族的原始封闭状态由于日益完善的生产方式、交往以及因交往而自然形成的不同民族之间的分工消灭得越是彻底，历史也就越是成为世界历史。"[①] 马克思、恩格斯当年的预言，现在已经成为现实。

中国特色社会主义也是世界历史进程中的一条径流、一个样本，是在中国与世界的双向互动中产生和发展的。中国特色社会主义，是中国特色与世界眼光的统一，是中国国情与世界环境的统一，是中国

---

① 《马克思恩格斯选集》第一卷，人民出版社2012年版，第168页。

八、世界胸怀和全球眼光

选择与世界博弈的统一,也是中国利益与世界胸怀的统一。

我在很多文章和著作中都讲到了这个道理。这里收录的是2019年所写的一篇。

《中国共产党章程》的总纲里,有一段是对国际问题的立场和态度:"中国共产党坚持独立自主的和平外交政策,坚持和平发展道路,坚持互利共赢的开放战略,统筹国内国际两个大局,积极发展对外关系,努力为我国的改革开放和现代化建设争取有利的国际环境。"这是中国共产党基本的对外战略,是中国共产党对中国与外部世界关系的基本认识和理念。

中国特色社会主义中的"中国特色"四个字,强调了中国的国情、中国的根基、中国的创造、中国的特点,但是,它并不意味着仅仅是中国的产物而与外部世界无关。"中国特色"是与"外部世界"相对应的。准确把握中国道路,就必须注意把握中国特色与世界眼光、中国特色与世界胸怀的辩证统一。

世界是个大系统,一个国家发生的事件和变动,往往会有一定的国际背景并会产生不同程度的国际影响;而整个世界的变动、趋势和潮流,也同样会反转来影响到某个国家内部。世界还是一个竞争和博弈的大舞台。一个国家要促进自己的发展、维护自己的利益,不能离开这个舞台,而必须勇敢地走上这个舞台,顺应潮流,应对挑战,正确谋划和处理与外部世界的关系。

中国特色社会主义,就是在这种中国与世界的双向互动中走出来的。

中国共产党从1922年的二大起,就参加了共产国际,成为共产国际的一个支部。在长期革命斗争中,得到共产国际和苏联的支持、指导和帮助,但也受到不正确的干预,受到过严重的损失。后来,以毛泽东同志为主要代表的中国共产党人,经过艰难探索,走出了一条中国式的革命道路。新中国成立后,中国共产党创建的各种基本制度,根据中国国情,作出了有一定甚至很大特色的创造,但总体上还是学习了苏联的经验。特别是管理体制上,很大程度照搬了苏联的模式。在对社会主义的很多认识问题上,把苏联的一切体制和做法等同于社会主义,把经典著作上的一些论断当作教条对待。结果带来了很多复杂的问题,造成了很大弊端。

总结经验教训,邓小平在中共十二大开幕词中指出:"我们的现代化建设,必须从中国的实际出发。无论是革命还是建设,都要注意学习和借鉴外国经验。但是,照抄照搬别国经验、别国模式,从来不能得到成功。这方面我们有过不少教训。"[1] 正是郑重地研究、总结、吸取了这些历史的经验教训,邓小平才得出了"走自己的道路,建设有中国特色的社会主义"[2] 的基本结论。这个结论,标志着中国社会主义的立足点,将坚定地放在中国国情的基础上。

但是,坚持走自己的道路,并不等于埋头拉车不看世界;强调中国特色,也并不等于关上国门不与世界交往。

改革开放前的中国,由于"左"的错误的干扰,曾经实行封闭半封闭的政策,拉大了与发达国家的差距。"文化大革命"一结束,无数的人突然发现,当时的世界经济快速发展,科技进步日新月异,人类社会生活正在以前所未有的速度发生深刻的变化。社会主义已经面临严峻的挑战,中国也面临着严峻的挑战。

所以,1978年春夏,中国高层组织了两个赴国外考察团。开眼看世界,深感世界之大、变化之快,中国不应自我封闭,而应扩大对外经济文化交流和吸引外资,参与国际市场竞争。考察团回国后,把所见所闻及其认识报告中央,受到中央决策层的重视。

邓小平等老一辈革命家,把握世界发展的趋势和潮流,客观分析

---

[1] 《邓小平文选》第三卷,人民出版社1993年版,第2—3页。
[2] 《邓小平文选》第三卷,人民出版社1993年版,第3页。

中国与世界的差距和内在联系,果断决策并强调,实行改革开放,是现代化大生产的客观要求,是世界经济发展的必然产物,是中国走向现代化的必由之路。中国必须通过改革开放尽快赶上时代潮流。如不改革,就很可能要被开除球籍。邓小平一再要求放眼世界、放眼未来、放眼一切方面,也放眼当前。他强调:"我们要赶上时代,这是改革要达到的目的。"[1]所以,"改革"二字,一开始便与开放联系在一起。改革就要开放,开放也是改革。

40多年来,中国坚持对外开放的基本国策,加快发展开放型经济。从建立经济特区到开放沿海、沿江、沿边、内陆地区再到加入世界贸易组织,从大规模"引进来"到大踏步"走出去",利用国内国际两个市场、两种资源水平显著提高,国际竞争力不断增强。随着开放的不断扩大,中国成功实现了从封闭半封闭到全方位开放的伟大历史转折。与世界日益广泛深入的合作加快了中国经济发展,也为世界经济发展作出了重大贡献。

在开放的过程中,中国既坚持和弘扬自己的优良传统,又虚心学习世界文明发展的优秀成果。中国派出大量留学生和科研人员到国外学习,通过引进外资、引进外国机器设备学习先进技术和管理经验。通过人员往来和信息交流,紧紧瞄准世界生产力、科技文化发展最前沿的动向和趋势。

通过开放,中国加强了与世界文明的融合,甚至现在不少文件上的用语,如可持续发展、环境友好型社会、软实力等,都是向国外学来的。中国随时随地关注世界潮流的变动,兼收并蓄,海纳百川,使中国的经济、政治和文化,都充分体现了时代精神和创造精神,使中华文明越来越赶上潮流,走在时代前列。

不仅如此,中国还越来越勇敢地到世界舞台上去博弈。始终站在国际大局与国内大局相互联系的高度,审视中国和世界的发展问题,

---

[1] 《邓小平文选》第三卷,人民出版社1993年版,第242页。

思考和制定中国的发展战略，坚持独立自主的和平外交政策，坚持走和平发展道路，坚持互利共赢的开放战略，推动建设持久和平、共同繁荣的和谐世界，为中国发展争取良好的国际环境，也为世界和平与发展作出重要贡献。

中国人民既坚持自己选择的社会制度和发展道路，把独立自主、自力更生作为自己发展的根本基点，把国家主权和安全放在第一位，坚决维护国家主权、安全和发展利益，反对外部势力干涉我国内部事务。同时，又坚持在和平共处五项原则基础上同所有国家开展交流合作，积极促进世界多极化、推进国际关系民主化，尊重世界多样性，反对霸权主义和强权政治。推动经济全球化朝着均衡、普惠、共赢的方向发展，共同呵护人类赖以生存的地球家园，促进人类文明繁荣进步。始终高举和平、发展、合作、共赢旗帜，利用和平的国际环境发展自己，又通过自己的发展维护世界和平。

所以，中国特色社会主义，既是基于中国国情的必然选择，也是基于当今世界发展潮流的必然选择；既是基于中国历史文化传统的必然选择，也是基于应对世界各种风险挑战的必然选择；既是拒绝照搬国外各种模式的必然选择，也是大胆吸收世界先进文明成果的必然选择。中国特色社会主义，是中国特色与世界眼光的统一，是中国国情与世界环境的统一，是中国选择与世界博弈的统一，也是中国利益与世界胸怀的统一。

⦿ 领导干部要有环球大视野

纪事和说明：

本文发表于1994年第2期《领导科学》上。虽然已经29年，但仍然有现实意义。

随着中国的大门向世界打开，中国与世界的关系日益紧密，世界进入中国，中国也走向世界。这种历史性的变化对领导干部的素质提出了新的要求。参与治国理政的各级干部必须尽快拓展视野，更多地了解和认识外部世界，学会如何与外部世界打交道，及时掌握外部世界的重要信息，以便更好地为中国的改革开放和现代化建设服务。

本文及时把握改革开放以来的这一趋势，比较早地提出了"领导干部要有环球大视野"的命题和要求。

现在，改革开放已经进行了40多年，各级领导干部的国际视野已经大大拓展，处理国际事务的能力已经大大提高。但在现实中，一些领导干部在这方面的素质和能力还需要大大提高。特别是在"世界向何处去"的大背景下，有没有国际视野、世界胸怀，对于我们能不

世界向何处去

能正确处理国际事务，仍然是一个非常重要的问题。

党的十九届六中全会通过的《历史决议》，把"坚持胸怀天下"作为党的百年历程的宝贵经验之一，强调："党始终以世界眼光关注人类前途命运，从人类发展大潮流、世界变化大格局、中国发展大历史正确认识和处理同外部世界的关系，坚持开放、不搞封闭，坚持互利共赢、不搞零和博弈，坚持主持公道、伸张正义，站在历史正确的一边，站在人类进步的一边。"①

我们要牢牢记住这一要求。

环球大视野，这是中国随着时代潮流进步以后向每一个领导干部提出的新的更高的要求。

新中国成立后的几十年内，中国曾长期被隔绝于世界大系统之外，主要靠自己的艰苦奋斗，独立地创造着一种自给自足的经济体系和乡村田园般的简朴生活。但是，中共十一届三中全会以后的中国，终于打开了面向世界的大门。邓小平倡导的改革开放政策，把中华民族推向了恢宏壮阔的世界大舞台。展现在我们眼中的今日世界，无论经济、科技，还是社会生活，都出现了许许多多的新变化、新特点、新趋势。五光十色的天地，奔涌竞逐的潮流，既向我们提出了挑战，也给我们提供了机遇。外部环境越来越经常、深入、迅速地影响着我们国内的事务。

在这样的形势下，井底之蛙已无生存之地，鼠目寸光只会处处碰壁。这就需要我们用高瞻远瞩的大视野，去认识国门外的世界，从而去确定自己在人类坐标系中的方位。

以往，国际形势、世界动向，主要是中央领导、外事部门、有关

---

① 《中共中央关于党的百年奋斗重大成就和历史经验的决议》，人民出版社2021年版，第68页。

八、世界胸怀和全球眼光

专业研究者所需要经常关注、研究或决策的问题。其他领导干部，大多是从增加知识、时事教育的角度关心和了解一些国际形势问题。至于领导工作本身，对此并无特殊要求。然而，随着改革开放的发展，领导工作的传统地域范围正在被打破，国际问题也正在从传统的封闭圈子里冲出来。一个好的领导者，不仅要熟悉自己主管范围内的情况，而且还要有宏观全局的观念，善于高屋建瓴，从全地区、全部门乃至全国的范围内来思考问题。在某些方面，而且是越来越多的方面，还应该从国际的角度、世界的角度来进行观察、比较和研究，根据国门之外的某些情况作出国门之内的决策。

中共十四大作出建立社会主义市场经济体制的重大决策，中共十四届三中全会通过《中共中央关于建立社会主义市场经济体制若干问题的决定》，把中国的改革开放推向一个新的发展阶段。市场经济已经被当代世界大多数国家所接受和采用，并正在成为经济跨国界运行的一种通用机制。在这种机制的基础上，又形成了许多国际通行的标准、规则和习惯。中国建立社会主义市场经济体制，首先要从中国实际出发，同时又不可避免地要与世界范围内的市场经济接轨，以便比较顺利地实现能源、资源、科技、产品、服务的流通和交换。

这种历史性的跨越，将从根本上打破经济生活的区域藩篱，推动我们每一个区域、部门的经济走向全球化的国际大市场。不仅整个国家，而且每一个地区、每一个部门乃至许许多多的企业、单位，都要扩大开放，自觉地利用国内国际两个市场、两种资源，积极参加国际竞争和国际经济合作，使国内经济与国际经济实现互接互补互利，不断提高国际竞争能力。

这一崭新的历史性任务，向我们的各级干部提出了前所未有的要求。一个干部，只有跳出一井之地，扩大环球视野，增强国际意识，才能充分利用国际市场和国际意识，从容应付来自国际社会和世界经济的冲击和挑战，从而才能适应建立社会主义市场经济体制的要求。

从领导工作的内容来看，随着改革开放的发展，各级干部的领导工作正在逐步从传统化走向现代化，从区域化走向国际化。领导者的工作范围和职责已经增加了许多国际性的内容和因素。随着改革开放走向一个新台阶，这种趋势必将进一步发展，档次也将进一步提高。

择其要者，具有国际性的领导工作内容有：吸引外商投资；引进国外技术和专门人才；组织国际科学、文化和体育交流；开展双边友好交往；发展跨国界经营；与国际组织合作共事；等等。诸如此类的工作，虽然都有专门的涉外业务人员具体操作，但是，我们的分管干部，包括主要领导干部，不可能不予关注、过问。在很多情况下，还需要领导拍板、决策或综合协调。尤其当某些活动事关本地区、本部门经济社会发展的全局时，更是如此。

除了上述具有直接国际性的工作外，各地区、各部门的整个发展战略，包括许多方面的具体工作，今后也都将越来越多地需要参照国际形势、国际环境、国际市场、国际惯例和国际经济来决定和实施。

例如，产业结构的调整、生产力配置和布局、经济管理的方式、宏观调控的进行、科研项目的确定、新产品新技术的开发、财务会计制度的实施、社会保障制度的建立、商标和专利等知识产权问题等，都需要随时随地掌握国外的动态，进行国际性的比较、借鉴。

具体来说，如一座城市的建设，作为一项大的系统工程，已决不能仅仅靠自身的经验和力量来进行。要建设现代化的新型城市，就必须认真学习、运用国外的经验教训，取其之长，避免走别人已走过的弯路；必须大量学习、运用国外的先进科学技术和管理技术，进行现代化的城市规划和城市管理；必须引进国外的资金和技术设备，进行设施的改造；必须广泛招商，调整产业结构，推动城市第三产业的繁荣兴旺；必须按照国际标准进行城市生态环境的监测、控制，改造城市生活质量；等等。

所有这一切，都说明我们领导工作的范围已经大大拓宽。区域性、封闭型、小生产式的领导方式必然要被现代化、开放式、国际型的领导方式所代替。这是领导工作的一个十分重要的新趋势。我们

八、世界胸怀和全球眼光

要敏锐把握这一趋势,自觉地扩展自己的视野和思路,及时调整领导内容,改进领导方法,使我们的领导工作及时跟上新潮流,跨上新台阶。

科学的认识需要大视野,搏击的雄心需要大视野。大视野创造新感觉,大视野升华新境界。

大视野所及之处,纷纭复杂,千头万绪,并不需要我们都尽收眼底。作为领导干部,胸中要有战略,眼中要有目标。放开视野,展望世界,应该着重抓住以下几个主要方面。

一是看趋势。

因为趋势是由各种事件的变化贯通而形成的某种必然性的联系,它反映着事物的本质,预示着世界形势发展的方向,很可能对我们产生稳定而又持续的影响。把握这种趋势,是我们决定工作方针、实施发展战略、制定某些政策的前提和基础。宏观的,如世界安全环境和发展环境,直接制约着我们国内的事业;专门的,如世界产业结构的发展方向,科学技术的最新成果,对此加以注视和把握,会有助于我们相应地制定自己的战略;更具体的,如国际市场某些产品的供求信息、价格走势,国际资金流转的方向、趋势,及时掌握,对决定相应的商品生产和投资意向,将有重要意义。所以,环视全球,首先要把握趋势,只有这样,才能因势利导,提高领导工作的预见性、科学性。

二是抓机遇。

邓小平一再强调要抓住机遇。这里的机遇,既包括国内的机遇,也包括国际的机遇。我们领导干部应该增强机遇意识,在观察国际形势时,特别注意抓住那些对我们有利的机遇。不仅是宏观全局的机遇,而且包括各种具体的机遇。例如,外国财团、企业的投资意向、国际市场某种产品的需求状况、进出口商品的价格变动等,都可能隐含着对我们有利的机遇。抓住一个小的机遇,就可能是一场漂亮战役的开始。

三是取经验。

外国经济社会建设和科学文化事业方面有许多经验值得我们学习。特别是在建设市场经济方面，我们刚刚入门，而外国已有几十年、几百年的经验，所以更需要学习。领导干部放开视野，就要善于搜索和获取对我们有用的经验。例如，国外现代企业制度，管理严密、方法科学、效率很高，我们在创建现代企业制度的过程中，有很多都可以借鉴。国外的税收制度，非常严密和完善。在税制发达的国家，偷漏税者很少，有敢于冒险者，法律也严惩不贷。学习其经验，我们将大大减少国税流失现象。

四是找市场。

国际市场是战场，也是宝藏。如果敢于拼搏，善于利用，我们就能得到许多宝贵的东西。领导要善于利用国内国际两种资源，也要善于开发国内国际两个市场。国际市场，虽早已有人捷足先登，但我们仍要想法打进去。关键是要对国际市场作综合性的分析，区别不同情况，寻找对我们有利的区域、国家或行业。领导者既要有全局观念，又要有敏锐目光。找到一个市场，就可能带动起一个产业、一批企业、一个地区。找市场，这是我们环球大视野的目标之一。

五是学规则。

参与国际事务，展开国际竞争，利用国际资源，不仅要有胆略，而且要会操作。为此，就要学习和运用国际上的各种规则，世界上有各种各样的国际组织，它们有自己的规则。世界经济的各个领域，也有一套比较完整的规则。不懂规则，就会像刘姥姥进了大观园，手足无措。例如，会计制度不一致，也很难进行进出口往来。现在，我国的经济体制已逐步与国际接轨，包括金融、财务、税务、投资、保险等，都要争取按国际惯例办事。我们的领导干部，应该适应形势要求，抓紧学习了解海外经济的运作程序和规则，尽快使自己成为现代市场经济的行家里手。

环球大视野，升华新境界。拓展视野，归根结底是提高我们领导干部的思想境界、领导境界。如果我们的领导干部都有洞察世界的战略目光,都有运筹帷幄的战略头脑,那么,我们的改革开放和现代化事业就更有希望。

九 不能忘记的惨痛教训

电视专题片解说词

⦿ 黑色恐怖

——法西斯主义的崛起和覆亡

纪事和说明：

　　1995年，为纪念世界反法西斯战争（现均规范地称为"中国人民抗日战争暨世界反法西斯战争"）胜利50周年，中央党校音像中心录制了一部四集电视内参专题片，主要供中央党校干部学员观看，后由中央党校求索音像出版社出版发行。

　　1991年底，我在中央苏东局势研究组工作时，已经为该中心写过一部重要的电视内参专题片《苏东剧变启示录》。此时，答应再次为其写一部解说词。经研究，我决定将该电视内参专题片的主题和片名定为《黑色恐怖——法西斯主义的崛起和覆亡》。在该中心提供的

九、不能忘记的惨痛教训

国外音像资料①基础上，我撰写了四集解说词。

这部电视内参专题片，通过解说词和真实的画面，系统地介绍了当年德意日法西斯如何崛起、如何发动第二次世界大战、如何穷凶极恶给人类造成巨大灾难，最后如何走向覆亡并受到历史审判的全过程；用刻骨铭心的事实，揭露了法西斯主义专制残暴的本性，揭示了侵略战争的非正义性和必然给人类带来的灾难；告诫人们一定要谨防法西斯主义的复活，谨防发生或挑起任何侵略战争，谨防由专制独裁而走向军国主义和侵略扩张的邪路。

法西斯主义的曾经肆虐，给人类提供了惨痛的教训。在当今世界向何处去的关键时刻，回顾法西斯主义崛起和覆亡的历史，能够得到很多重要的启示。所以，虽然该电视片已经录制了 28 年，但仍然没有过时，其史实和教训仍然需要记取。所以我还是把它收到本书中，以便大家更清楚地了解法西斯的凶残面目，更准确地辨析当今世界的各种思潮，更清醒地选择维护世界和平与安全的道路。

法西斯，一个恐怖的字眼。

从 20 世纪 20 年代起至 40 年代，法西斯曾经疯狂一时，给世界人民造成了一场无法言状的恐怖性灾难。

今天，当我们隆重纪念国际反法西斯战争胜利 50 周年的时候，当我们就要告别 20 世纪、走向新的未来的时候，我们不能忘记法西斯主义所曾带来的灾难，更要警惕法西斯主义的复活。

第一集　黑色疯狂

一捆棍棒，中间插着一把斧头，这就是"法西斯"一词的原意，

---

① 资料从何而来我不清楚，但即使已过去 28 年，还是要感谢原始的提供者和研究者。

它象征着暴力和强权。

法西斯主义，是一种极端反动的沙文主义、种族主义、军国主义和恐怖主义的政治思潮和社会运动，是公开实行极权主义和种族迫害、疯狂对外侵略扩张的恐怖独裁政权。

贝尼托·墨索里尼，这个最后倒悬于米兰广场的战争罪犯，就是法西斯主义的首创者。

1883年7月29日，墨索里尼出生于意大利北部一个叫多维亚的村子里。其父是铁匠，母亲是小学教师。

墨索里尼在社会底层干过许多工作。早年曾参加社会党，担任过报纸编辑。第一次世界大战爆发后，因主张参战，被社会党开除。

1915年，墨索里尼应征入伍，作战勇敢，还经常给报纸写报道。有一次受伤，身上嵌进40多块炸弹碎片，为此做了27次手术。

战争使60万意大利人付出生命代价，150多万人受伤或成了残废，意大利经济陷于崩溃。250万人从前线回来想要享受胜利的果实，却遭到失业和贫困。意大利作为战胜国提出的领土要求，在巴黎和会上被拒绝。意大利人感到被英法欺骗了，他们强烈地要求复仇。

就在这社会动荡和民族情绪日益强烈的环境中，墨索里尼组织起一批失业者、退伍军人和其他不满分子，于1919年11月建立起一个名为"战斗的意大利法西斯"的半军事组织。法西斯主义出现了。

法西斯最初是社会下层的小资产阶级运动。但是产业界和政府中的富人向墨索里尼提出，只要他用法西斯势力镇压左翼力量，他们便向他提供财政支持。于是墨索里尼收下钱，毫无廉耻地进攻罢工工人，焚烧左翼报纸。

政府为墨索里尼提供充足的武器、弹药和交通工具，甚至规定法西斯分子的暴力行动不受警察和军队的干涉。

九、不能忘记的惨痛教训

1921年11月，墨索里尼将"战斗的意大利法西斯"改名为"国家法西斯党"，以古罗马的"棒束"标志为党徽，自己任领袖，决心夺取政权，建立极权统治，恢复罗马帝国的霸业。

法西斯的活动日益猖獗。法西斯的党徒们身着黑色制服，号称"黑衫党"。他们杀气腾腾，行为粗野，私设法庭，横行霸道。大街上经常可以听到他们"杀！杀！杀！"的狂叫声，警察却袖手旁观。

1922年10月，墨索里尼组织3万名法西斯党徒向罗马进军，各地法西斯分子一哄而起，纷纷夺权。国王无奈，遂邀请墨索里尼担任首相，组织内阁。

10月30日早8点半，39岁的墨索里尼身穿借来的西装，离开米兰赴罗马首相府执政。

进军罗马的法西斯分子来到王宫前的广场，接受墨索里尼和国王的检阅。墨索里尼在阳台上发表了第一次演说。

世界上第一个由法西斯为主导的政权就这样出现了。

墨索里尼努力改善与王室、罗马教廷、军队将领的关系，采取了一系列有利于经济、政治寡头的措施。

墨索里尼逼迫内阁和国王同意解散除国民军以外的所有党派武装，却建立了一支完全由他控制的国家安全志愿民兵，实际是把法西斯战斗队改编成他的"御林军"。这支法西斯武装到处进行恫吓和暗杀，逮捕进步人士。

1924年6月10日，法西斯党徒杀害统一社会党总书记马泰奥蒂。全国上下群情激愤，纷纷讨伐法西斯的罪行。墨索里尼非常沮丧，说："我们一切都完了。"但国王袒护墨索里尼，让他轻松地过了关。

墨索里尼站稳脚跟后，立即反攻倒算，清除反对派。1925年至1926年，他将内阁中的其他党派成员统统赶出去，集大权于一身。

宣布实行个人独裁，从而确立了法西斯极权统治。

他制定了一系列法西斯法律，取消一切民主权利，规定所有政府成员都要像士兵一样，服从领袖的命令；

他建立秘密警察，破坏共产党组织，逮捕包括共产党在内的所有左翼党派领导人；

他取缔一切反对派政党，将所有反对派议员赶出了国会；

他修改学校的课程设置，灌输法西斯主义，用书和枪当作青年运动的象征，要他们宣誓信仰领袖的天才；

他要全国的小法西斯分子学习现代战争，对学习的最高奖赏就是参观领袖的办公室或在领袖的办公室外站岗；

他大力扩充军备，建立新空军，扩充海军，准备对外侵略。虽然军官们欺骗他，让他检阅的飞机有的连发动机也没有，但他还是为这表面上的壮观和强大而陶醉。

墨索里尼是个出色的"演员"，阳台就是他的舞台。在这个舞台上，他鼓吹暴力，鼓吹扩张，鼓吹战争。他说意大利人是纯粹的雅利安人的嫡系，是高贵的人种，他们完全有理由要求生存空间，拥有向外扩张的权力。

他亲自为战争募捐。被他的狂热煽动起来的意大利人，群情激昂，纷纷捐出自己的财物，支持战争。墨索里尼回赠给他们每人一枚钢制的戒指。

墨索里尼作为法西斯主义的鼻祖，收到过成千上万崇拜者的来信。其中，有一个当时还名不见经传的德国下士，请求得到一张有墨索里尼本人签名的照片。这个请求被粗暴地拒绝了。这个德军下士，就是阿道夫·希特勒。

九、不能忘记的惨痛教训

希特勒,这个德国纳粹党党魁,第二次世界大战的头号战犯,1889年4月20日出生于奥地利邻近德国边境的布劳恩诺小镇上。其父是海关官员。

希特勒中学成绩很差,他怪罪于教师,为此而终生仇恨教师。他父亲希望他将来当个公务员,但他执意要当个画家。他曾报考维也纳美术学院,没有录取。很可惜,假如他进了美术学院,世界上可能就不会出现第三帝国了。

他在维也纳流浪、寻找工作,卖画换几个钱谋生。颠沛流离的生活使他对一切都感到憎恶,尤其憎恶他称为"蛆虫"的犹太人。

1913年,希特勒来到德国的慕尼黑。第一次世界大战爆发后,他应征入伍。曾两次受伤,得到两枚勋章。

1918年11月,德国战败投降,德皇退位。这个消息使希特勒极度悲伤和愤慨。他说:"我再也忍受不了了。眼前突然又是一片漆黑。我跌跌撞撞地摸索到病房,把头往床上猛撞。"他认为德国中了国内卖国贼的暗箭。从这时开始,他就下定决心要当一名政治家,领导大伤元气的德国从屈辱、惨败中振作起来。

战败后的德国一片混乱。通货膨胀恶性发展,人民叫苦连天;左派和右派进行着夺权与反夺权的较量。这时,希特勒在慕尼黑担任教官,负责监视被将军们认为有颠覆思想的人。他奉命监视一个叫"德意志工人党"的组织,结果却加入了这个组织,成为领导人之一。他提出一份《二十五点纲领》,要求所有日耳曼人在一个大德意志国家内统一起来,废除《凡尔赛和约》。

1920年4月1日,德意志工人党改名为民族社会主义德意志工人党,旧译德国国家社会主义工人党,简称"纳粹党"。纳粹由此诞生。"纳粹"是音译,本名是"民族社会主义"或"国家社会主义",

实际不是社会主义。纳粹既仇视资本主义，又反对社会主义。

希特勒组织一批退伍军人组成纠察队。1921年10月5日定名为冲锋队。冲锋队员穿褐色制服，后来成为纳粹最凶恶的打手。

希特勒亲自设计了纳粹的标志。党徽是一个"卐"字，党旗是红地白圆心，中间嵌一个黑"卐"字。"卐"字古代就有，本是日轮的象征。希特勒拿来作为纳粹标志。他解释说："黑色代表为战争失败而悲伤，红色象征我们这个运动的社会思想，白色象征民族主义思想，'卐'字象征争取雅利安人胜利的斗争使命。"

不久，他又给冲锋队员和党员的制服设计了"卐"字臂章，后来又设计了纳粹的锦旗。规定抬臂礼并要口呼"万岁"。

希特勒想当画家没有成功，但他的"天才"用到这里却产生了奇特的效果。他要用鲜明的标志和风格，使党员产生庄严的使命感，鼓动人们聚集在纳粹的旗帜之下。

希特勒玩弄权术，当然也靠他惊人的才能和狡猾的手段，当上了纳粹党的"元首"，拥有独裁的权力。在他身边先后纠集了戈林、赫斯、戈培尔、罗姆、希姆莱等一大批法西斯党棍。这些人都是凶狠、残暴、劣迹累累的家伙。

1923年11月8日，希特勒手持手枪，率领一批冲锋队员冲进当地有3000人聚会的酒馆，发动了"啤酒馆暴动"。他的谎言与讹诈竟把在场的官员吓住了。但第二天，他的党徒与警察一交锋，顿作鸟兽散，他也被捕归案。

按法律，他应判无期徒刑。但对他友好的法官只判了他5年监禁，事实上他服刑不到9个月就出狱了。

在狱中，他被待为上宾，有专门的房间，可以读书看报。利用这个机会，由他口授、鲁道夫·赫斯执笔，开始撰写《我的奋斗》

一书。

在这本大杂烩式的书里,他把日耳曼人看成世界最优等的民族,上天让它来统治世界是当之无愧的。希特勒坚信,他本人就是上帝指定的领袖和导师。

他说民主是敌人,是万恶之源。民主、基督教教义和共产主义是犹太教的三位一体,是邪恶的。必须打倒马克思主义和议会民主,建立元首独裁统治。

他认为波兰人、犹太人、斯拉夫人、俄罗斯人都是劣等民族,出路只有两条:要么做奴隶,要么就杀掉。

他悍然向全世界宣布,年轻的日耳曼民族将成为全球的霸主。德国必须夺取新的生存空间,要打倒传统的敌人法国,然后挥师东进,吞并东欧,吃掉幅员辽阔的苏联。

这就是野心勃勃的希特勒的计划,后来不幸都成为事实。西方的政治家们如果早一点认真读一读这本书,也许就不会对他心存幻想而一再让步了。

《我的奋斗》后来成为纳粹党人的圣经。向新郎、新娘送一本《我的奋斗》,几乎成了当时德国人的时尚和义务。

1929年从美国开始的世界经济大危机,使德国陷入水深火热之中,希特勒又一次抓住了机会。1930年的大选使希特勒喜出望外,纳粹由原来居于第九位的小党一跃而为仅次于社会民主党的第二大党,戈林竟当上了国会议长。

纳粹最初反映了小资产阶级中下阶层的情绪,希特勒有时打着反资本主义的旗帜,骗取了不少工人的信任。但"啤酒馆暴动"后,他加紧与上层寡头勾结,争取权势集团的支持。

不少有影响的大银行家、大企业家听信他的话,每年都拿出大批的钱支持纳粹党。

德国国防军的将领们，原先根本看不起纳粹党这一伙街头流氓。但希特勒用各种方法争取军队的支持，并保证要建立世界上最强大、行动最快的军队。

权势寡头们越来越需要希特勒做他们的代理人。1932年11月，沙赫特、梯森、克虏伯、西门子等大资本家联名上书，要求兴登堡总统"委托民族运动的最大集团的领袖"希特勒组阁。

1933年1月30日，兴登堡召见希特勒，请他出任总理并组织政府。

当晚，在柏林街头，纳粹党徒如痴似狂地举行游行，长筒皮靴在马路上咔嚓作响，"卐"字旗在火炬中狂舞。站在总理府窗口的希特勒手舞足蹈，兴高采烈。他们在庆祝：法西斯终于上台了。

希特勒上台后，立即向共产党开刀，到处拘捕、迫害共产党人，查抄共产党的报纸，封闭共产党中央委员会大楼。2月27日，戈林指使冲锋队员放火焚烧国会大厦，然后嫁祸于共产党，制造了震惊世界的"国会纵火案"。

希特勒颁布紧急法令，取消宪法中规定的人身、言论、出版、集会、结社等民主自由权利，大规模逮捕共产党人、社会民主党人和其他进步人士。短短几天，仅普鲁士就有10万多人被捕，德共主席台尔曼也落到警察手中。

在全副武装的冲锋队员的恐吓下，希特勒强迫国会通过《授权法》，取得了不受宪法约束颁布法令的特权。

利用这一特权，他颁布一系列法令，实行法西斯主义的"一体化"，全面确立法西斯极权体制，将整个国家和社会生活置于纳粹的严密控制之下。

他取缔了各工人政党，随后又取缔了其他各类政党，包括资产阶级政党,实行纳粹一党专政。

他废除联邦制,取消联邦议院,清洗官员队伍,建立起俾斯麦、威廉二世都未敢建立的高度中央集权制的国家。

他建立起秘密警察盖世太保,连同前已建立的冲锋队、党卫军、钢盔团等,构成一整套实施法西斯统治的暴力工具,严厉惩罚任何有不同意见的人。

犹太人受到的迫害最为悲惨。纳粹法令规定,剥夺所有犹太人的德国公民籍,让他们沦为侍臣。犹太人与非犹太人不准通婚。犹太人不得担任任何公职,不得占有土地,不得收听无线电和享有艺术。犹太人任意受鞭挞、入狱、遭惨杀。

他在全国建立起许多集中营,每个冲锋队都私设集中营。2/3被捕者被关进集中营,遭到严刑拷打,或残害致死。

在戈培尔指挥下,所有的大学城举行"焚书日",将进步思想家、文学家、科学家的大量著作付之一炬。爱因斯坦等1000多名学者、教授被驱逐出国。

1934年8月2日,兴登堡病死。兴登堡去世前几小时,希特勒就正式公布自己秘密拟定的《国家元首法》,规定总统与总理职务合并为一,总统原有权力移交给希特勒。于是,希特勒成了帝国元首兼总理,并拥有国防军的最高统帅权。

当天,国防军、帝国部长和官员们,不是向宪法和总统,而是向希特勒本人宣誓效忠。

至此,法西斯掌握了德意志全部国家权力,希特勒成为集党政军大权于一身的大独裁者。

在德意法西斯扩张和上台的同时,日本也出现了有所不同的天皇制法西斯主义。

日本是一个后起的、有着浓厚封建传统的资本主义国家,也是带有明显军国主义色彩的帝国主义国家。第一次世界大战之后，同德意一样，日本也陷入严重的社会、经济和政治动荡之中。

1919年8月，日本出现第一个民间法西斯主义团体"犹存社"，从而拉开了日本法西斯运动的序幕。从20年代起，在军队、官吏、政党中出现了"一夕会"等法西斯组织上百个。

与德、意不同，日本没有统一的法西斯政党，也没有希特勒、墨索里尼那样的党魁。日本法西斯从产生之日起就与军队密切结合，它的大本营就是以垄断资产阶级和封建官僚阶级为后台的军部，许多高级将领都是法西斯组织的成员。一批少壮派军人从狂热的爱国主义走向狂热的军国主义。

日本法西斯在政治上要求改造国家，建立军部法西斯独裁统治；经济上，全面实行国民经济军事化；思想文化上，鼓吹"天皇归一"的忠君思想；对外政策上，主张日本取代欧美列强，成为亚洲的霸主。

日本法西斯不断推动对外扩张的步伐，一步一步地侵占中国和其他东亚国家的领土。同时从1931年至1936年，具有狂热爱国主义和军国主义思想的少壮派军人，连续制造了多起暗杀和政变事件，迫使国家政权一步步走向专制和军国主义。在内外相互作用的过程中，直接推动了日本政权的法西斯化。

1931年，军方法西斯分子策划制造了侵占中国东北的九一八事变。此后，不断煽起侵略扩张的军国主义恶浪，逐步扼杀了政党政治。1934年，法西斯统制派在军部取得统治地位，提出系统的政治纲领，实现了军部的法西斯化。

1936年3月，广田弘毅内阁上台，军部确立了对内阁的政治地位，初步实现了日本政权的法西斯化。

同年 11 月，日本与德国签订《反共产国际协定》，从而与德意一起结成了国际法西斯侵略集团。

第二集 战争机器

如果说，战争是恐怖的杀人竞赛的话，那么，法西斯就是一架用来杀人的战争机器。

法西斯掌握国家政权以后，不仅在国内疯狂地制造黑色恐怖，而且迅速扩军备战，接连不断地发动侵略战争，直至挑起世界大战，把黑色恐怖扩展到了更大的范围。

在德、意、日 3 个法西斯中，实际上是日本最先走上了侵略扩张的道路。

1927 年 6 月，日本田中内阁召开东方会议，提出著名的"田中奏折"，建议首先占领中国，再利用中国的富源，征服印度及南洋群岛，进而再征服小亚细亚以及欧洲。

1931 年 6—7 月，日本参谋本部制订了侵略中国东北的计划。9 月 18 日，发动突然袭击，同时反诬中国，向中国军队大举进攻。仅仅 3 个月，就占领了东北三省。1932 年 1 月 28 日，发动对上海的武装进攻。2 月 16 日，发表宣言，决定成立伪满洲国，把清朝末代皇帝溥仪抬出来当政。9 月 15 日，胁迫伪满签订"日满议定书"，用法律形式固定了日本强占的各项殖民特权。随后，进一步向华北扩张势力，准备占领整个华北。

1936 年 8 月，日本召开首相、陆相、海相、外相、藏相五相会议，制定《国策基准》，确定其"根本国策是依靠外交和国防确保帝国在东亚大陆上的地位，同时向南方海洋扩张发展"，从而从法律上确认了对外侵略扩张政策。

1937年7月7日，日本驻中国平津地区军队，借口一名士兵在演习中失踪，挑起卢沟桥事变，向中国军队大举进攻，发动了全面侵华战争。8月13日，又在上海发动进攻，占领了上海。

中国军民奋起抗战，并建立起抗日民族统一战线，以正面战场和敌后战场两种基本形式，开始了全民族抗战。

日军相继攻占华北、华中和华南的广大地区。国民政府组织了一系列大会战进行抵抗。1938年10月，日军占领广州、武汉，抗日战争进入战略相持阶段。中国共产党领导人民群众广泛开展敌后游击战争。日军遂将作战重心移向占领地区。

在欧洲，德国和意大利的法西斯独裁政权建立以后，迫不及待地要扩大"生存空间"，因此，加紧扩充军备，煽动战争狂热，迅速走上了发动侵略战争的道路。

希特勒德国违犯《凡尔赛条约》的规定，大量建造潜水艇、大型巡洋舰、军用飞机等，扩充海军，建立空军，实行征兵制，着手建立一支世界上最强大的军队。

意大利的实力不强，但野心很大。墨索里尼自封为"新恺撒"，扬言要重建"新罗马帝国"，把地中海变为"意大利湖"。

1934年，两个独裁者第一次见面。墨索里尼此时仍然不怎么看得起希特勒。他对助手说，希特勒让他想起一个提着夜壶的水暖工，而且还是一个疯疯癫癫的水暖工。

希特勒想吞并奥地利，策动奥地利的纳粹党发动叛乱，杀死了陶尔斐斯总理。同样对奥地利怀有野心的墨索里尼立即作出反应，派军队到意奥边境。英法也表示要"维护奥地利独立"。于是德国只得暂时作罢。

墨索里尼则想吞并埃塞俄比亚。他说：我们的土地不足以哺育我们的人民，我们必须扩张，不然意大利就会爆炸。

1935 年 10 月 3 日，30 万意大利军队发动突然袭击，分北、东、南三路侵入埃塞俄比亚。

飞机狂轰滥炸，坦克横冲直撞。意大利军队还投下毒气弹，使 27.5 万人毒死。法西斯在这片土地上制造着流血的恐怖。

1936 年 5 月 5 日，意大利军队攻入首都亚的斯亚贝巴。次日，意大利宣布吞并埃塞俄比亚。

墨索里尼头上插上了一根羽毛。他的自我陶醉达到了极限，认为亚历山大大帝、恺撒大帝、拿破仑大帝加在一起，也不及他伟大。

但他与希特勒比起来，恐怕只能算是小巫见大巫了。

1936 年 3 月 7 日凌晨，希特勒命令 3.5 万名德军开进莱茵非军事区，进行了一次闪电般的军事冒险。当时德军力量远逊于法军，希特勒色厉内荏，害怕法国军队反击。德军手中有一份遇到法军出动才能拆阅的命令，规定如遇法军抵抗，便立即撤退。然而，拥有 100 个师兵力的法军居然一枪不发。由此，英法痛失制止希特勒战争冒险的大好时机。

1936 年 7 月 17 日，西班牙的佛朗哥发动反对共和国的法西斯叛乱。就在叛乱即将失败之际，德意两国派出飞机运送叛军，随后又运去大批军火和所谓志愿人员，武装干涉西班牙。

在战争中，德军共有 5 万人进入西班牙作战，花费 5 亿马克。意大利派 25 万军队、上千架飞机以及大量武器装备。德意法西斯把对西班牙的武装干涉当作世界大战的一次大演习。

西方国家惧怕甚至想讨好希特勒和墨索里尼，表示中立，实行所谓"不干涉"政策。西班牙共和国浴血奋战，但得不到应有的支持，到 1939 年 3 月，终于被德意法西斯和叛军颠覆。三年的内战使西班牙倒下了上百万人员，其中有许多是用实际行动支援西班牙共和国的工人阶级战士，还有一些中国人。世界又一次失去了抵制希特勒法西斯发动世界大战的机会。

德意法西斯在奥地利问题上有矛盾，但它们共同武装干涉西班牙，却使两个法西斯强盗结成了联盟。

1936 年 10 月，墨索里尼的女婿、外长齐亚诺前往德国，会见希特勒，与德国达成互相合作的秘密协议。墨索里尼称德意间形成了一个"柏林—罗马轴心"，欧洲各国都将围绕这个轴心旋转。

11 月，德国、日本之间签订《反共产国际协定》。12 月，意大利与日本也订立了意、日两国协定。

1937 年 9 月，墨索里尼又一次访问德国。他被当作凯旋的英雄，受到希特勒夸奖。他参观工厂，观摩军事演习，检阅了党卫队和军队的阅兵式，用德语发表演说。

希特勒是想让墨索里尼对德国的力量留下深刻印象。他的目的达到了。墨索里尼害怕希特勒，同时又相信他的前途在希特勒一边。于是，他成了希特勒的追随者和小伙伴。

一个月后，意大利参加了《反共产国际协定》。随后，又退出了国际联盟。

于是，德、意、日侵略集团正式形成。希特勒宣称："三个国家联合起来了。起初是欧洲轴心，现在是世界的大三角。"这是"伟大的政治三角"。

后来，到 1939 年 5 月，德意签订为期 10 年的军事和政治同盟协定。1940 年 9 月，德、意、日在柏林签订三国同盟条约，从而又正式结成了军事同盟。

九、不能忘记的惨痛教训

随着德意轴心的形成，希特勒开始征服欧洲了。

他用暗杀、恐怖、威胁等卑鄙手段，在奥地利制造事端，并发布最后通牒，逼迫奥地利政府下台。

1938年3月11日，德军越过边境，侵入奥地利。13日，宣布德奥合并，奥地利成为德国的一个省。这样，希特勒不费一枪一弹就使德国领土扩大了17%，人口增加了700万人。

希特勒凯旋式地进入他曾经流浪过的维也纳。他充满胜利的得意之情，同时又燃烧着报复的怒火。于是，纳粹党徒们肆无忌惮地发泄他们的仇恨和兽性。成千上万的犹太人被关了起来，许多人被逼去打扫厕所，擦洗街道。他们的财产被没收或抢走。

党卫队成立了"犹太移民局"。此后这个机构共组织了对400多万人的屠杀。希姆莱和海德里希在这里建立了毛特豪森集中营。

下一个目标就是捷克斯洛伐克了。面对希特勒的战争讹诈，英国的张伯伦、法国的达拉第大搞"绥靖政策"，逼迫捷克斯洛伐克向希特勒让步。

1938年9月29日，张伯伦、达拉第、希特勒、墨索里尼在德国慕尼黑开会，签订了臭名昭著的《慕尼黑协定》，将捷克斯洛伐克的苏台德区"转让"给德国。

张伯伦回到英国时，受到热烈的欢迎，他被当成挽救了和平的"英雄"。但这种和平却使捷克斯洛伐克失去了约1万平方英里土地和350万居民。

法西斯答应的和平不过是一张空头支票。1939年3月15日，希特勒24个师的军队开进捷克斯洛伐克，占领了捷的全境。

而墨索里尼，则侵占了阿尔巴尼亚。

侵略者欲壑难填。希特勒进一步走向了挑起更大战争的道路。

1939年8月23日，法西斯德国与苏联签订《苏德互不侵犯条约》及其秘密附属议定书，德国得以放心大胆地发起世界大战。

世界向何处去

1939年9月1日凌晨，德国按照早就制定的"白色方案"，出动50多个步兵师、坦克师、机械师，先以2000多架飞机空袭，又以2000多辆坦克为先导，兵分三路向波兰发动了突然袭击。

华沙街头一片和平景象。但转眼之间，飞机轰炸，枪弹齐鸣，人们大祸临头。

作为波兰盟国的英国、法国不得不对德宣战。第二次世界大战全面爆发了。

当时法国拥有100个师的世界上最强大的陆军，德国在西线只有23个师，但法军却躲在钢筋混凝土的工事里守株待兔，以致使希特勒在东线放手大干。

到9月28日，华沙陷落。波兰西部被德国占领，东部被苏联占领，德苏两军在布列斯特胜利会师并举行联合阅兵式。德苏共同瓜分了主权国家波兰。

德国灭亡波兰之后，进一步扩军备战，在半年多时间里，就武装了146个师，制造了4000架飞机，并把大批部队调往西线。

1940年4月9日凌晨，德国对丹麦、挪威发动突然袭击，在一天内就占领了丹麦全境。至6月20日，占领了挪威全境。

5月10日凌晨，德国出动3800架飞机、136个师、2600辆坦克，从瑞士边境到北海岸边800公里的西方战线上，同时向荷兰、比利时、卢森堡发动进攻。英法联军驰援荷兰。

5月13日，德军出其不意地以大批坦克插入阿登山脉。次日，强渡马斯河，猛攻法国要塞，冲破法军防线，直扑西海岸边。到5月27日，把近40万英法联军围截在敦刻尔克海边。

敦刻尔克是一块窄小的三角地带，前面是波涛汹涌的大海，后面是如虎似狼的追兵。英法组织从巡洋舰到小帆船的各种船只，进行了空前规模的大撤退。经过几个昼夜苦战，英法和其他盟国军队

33.8万人渡过海峡，进入英国。另有4万多法军未及撤退，当了俘虏。243艘大小船只在撤退中沉没。英国远征军10个师的武器装备全成了德军的战利品。

6月5日，德军200万人在600公里的战线上对法国发起总攻。纳粹军队像决堤的洪水一般涌向法国。法军节节败退。坚固的马其诺防线成了一堆废铁。

法国宣布巴黎为不设防城市。6月14日，德军兵不血刃地进入巴黎。6月20日，卖国的贝当政府宣布投降。

6月22日，希特勒在贡比涅森林的一节车厢里，重现了第一次世界大战德国战败时的情景，但此时的他，是作为一个胜利者而接受了法国的投降。

而苏联，则与德国相呼应，开辟了东方战线，从1939年至1940年，先后占领了芬兰部分领土和立陶宛、拉脱维亚、爱沙尼亚三国，增加领土46万多平方公里，在枪口下将波罗的海三国并入苏联。

由于欧洲大陆的沦陷，大英帝国危在旦夕。但这时的英国，已由丘吉尔担任首相。5月13日，他在下院发表演说：

"我没有别的，我只有热血、辛劳、眼泪和汗水贡献给大家。"

"我们的政策就是用上帝所给予我们的全部能力和全部力量在海上、陆地上和空中进行战争；同一个在邪恶悲惨的人类罪恶史还从来没有见过的穷凶极恶的暴政进行战争。"

"我们的目的是什么？我可以用一个词来答复：胜利——不惜一切代价去争取胜利。"

希特勒诱英媾和，但遭到英国的拒绝。于是从7月10日起，德国空军开始空袭英国的港口和船只。8月1日，希特勒下达对英国进行海空作战的指令。戈林夸下海口，说4天之内摧毁英国南部沿海的防御力量，4周之内摧毁英国空军。

从1940年8月9日起，德军每天出动数百架次甚至上千架次的飞机，对英国进行全面轰炸，同时对英国四周海域进行全面封锁。伦敦等大小城市，每天都可以看到冲天的火光，弥漫的硝烟，倒塌的楼房。

但英国没有屈服。他们使用雷达，成功地捕捉到德国飞机的踪迹。在一连串的空战中，顶住了德军的袭击，而且第一次袭击了柏林。

9月17日，希特勒无奈地下令无限期推迟占领英国的"海狮计划"。

灭亡苏联是希特勒一贯的野心和既定方针。1939年8月签订的《苏德互不侵犯条约》，只是为了利用苏联，避免两线作战。随着西线战事的平息，希特勒认为西线大局已定，遂将兵力调往东线。

1940年12月5日，希特勒批准德军参谋总部制订的"巴巴罗萨"计划，规定德军武装部队必须在英国战役结束之前就准备好以一次快速的战役击溃苏俄。预定在1941年5月15日以前完成准备工作。

各种迹象都显示一场暴风雨就要降临苏联。中国获得德国进攻苏联时间的准确情报，通报给了苏联，但斯大林不为所动，依然信任希特勒。

1941年6月22日凌晨，苏联西部的边界线上一片宁静。当时针指向3点半时，突然，德军的千万发炮弹打破了凌晨的寂静，德军的千百架飞机压向苏联领空，千百辆坦克驶上了苏联国土。希特勒进攻苏联的"巴巴罗萨"计划付诸实施了。

德军出动190个师，3700辆坦克、5000多架飞机、193艘舰艇，共500多万兵力，在北起摩尔曼斯克、南至黑海的2000公里战线上，向苏联发起闪电般的大规模进攻。

由于斯大林对希特勒的意图判断失误,麻痹大意,苏军准备不足,指挥混乱,战争初期,德军占有明显的优势,苏军严重失利,大规模溃败和后退。

但苏联人民奋起进行英勇的抗击。6月22日中午,莫洛托夫发表广播演说。6月30日,苏联成立国防委员会。7月13日,斯大林发表广播演说,号召苏联人民紧急行动起来,捍卫每一寸苏联国土。

苏联红军实施战略防御的方针,消耗敌人的有生力量,逐渐顶住了法西斯的疯狂攻势。

在北路,德军占领波罗的海地区,于7月逼近列宁格勒。从8月下旬开始,苏联军民进行了空前壮烈的列宁格勒保卫战。直到战争后期苏军大反攻,坚持长达900天。

在中路,德军占领明斯克等大片地区,但在斯摩棱斯克受阻一个多月,延缓了进攻莫斯科的时间。

在南线,德军迅速逼近乌克兰首都基辅。苏军7月至9月进行基辅保卫战,8月至10月进行敖德萨保卫战。两地最后陷落,但也大量杀伤了敌军。

莫斯科,是德军进攻的主要目标。10月,德军集中最精锐的部队向莫斯科发起攻势。希特勒严令10月12日攻占莫斯科,并扬言要在莫斯科红场上检阅德军。戈培尔下令德国各报留出10月12日的头版位置登载重要消息。

但苏联军民誓死保卫莫斯科,坚决阻滞了敌军的进攻。11月6日,苏联军民在莫斯科地铁车站里举行了庆祝十月革命24周年大会。斯大林发表讲话,号召彻底击溃德国侵略者,11月7日,数十万红军战士在红场举行传统的阅兵式,然后直接开赴前线。

11月15日,德军向莫斯科发动新的攻势。12月2日,德军一个侦察营，进到距莫斯科最近的地方，德国人第一次但也是最后一次看到了克里姆林宫的尖顶。德军在冬季来临之际，没有棉衣和保暖设备，盲目自信的希特勒根本没有冬季作战的准备，像过去拿破仑一样，德军在严冬季节逼近莫斯科大门，但却陷入了困境。

12月6日，苏联红军大规模反攻。到1942年2月底，取得莫斯科战役的胜利。德军损失50多万人，向西撤退150—300公里。这是希特勒发动第二次世界大战以来的第一次大失败。它粉碎了德军天下无敌的神话，宣告了希特勒闪电战计划的破产。

在欧洲战场烽火连天之际，日本在亚洲也进一步扩大侵略。

1940年，日军南下侵占印度支那，与美英之间的矛盾扩大。

1941年4月，日本与苏联签订《苏日中立条约》，将中国的领土和主权当作合作的筹码，苏联宣布承认伪满洲国，日本承认外蒙古独立。

苏德战争爆发后，日本加快南进步伐。1941年10月，东条英机组阁，加紧准备发动太平洋战争。

1941年12月7日早晨，珍珠港美国太平洋舰队基地，阳光灿烂，海面平静。就在这时，经过长途秘密航行到达珍珠港附近的日本军队，出动大批飞机向美军发动突然袭击。美国太平洋舰队遭到惨败。

罗斯福早就希望参战打击法西斯德国，但无奈国内孤立主义情绪严重。此时，美国直接受到打击，顿时全国群情激愤。次日，美国对日宣战，正式参加了第二次世界大战。

日本在偷袭珍珠港的同时，向东南亚和西南太平洋各岛屿发动进攻。日军于12月8日侵入马来亚和泰国，12月10日侵入菲律宾和关岛，12月9日进攻中国香港。1942年1月至5月，日军先后侵占了新加坡、印度尼西亚、新几内亚和所罗门群岛等地。

至此，日本侵略势力扩大到了东起中途岛、西迄印度东岸、北至中国东北、南临澳大利亚北岸的广大地区，面积达 700 万平方公里，人口 5 亿人左右。

第三集 恶极必反

法西斯，随着其势力的扩张，把它的野蛮和恐怖行为也带到了它所占领的每一处地方。

德国在其所占领的每个国家，都剥夺了人民的一切公民权利，取缔了人民的一切罢工集会，禁止了人民的一切示威游行，摧毁了人民的一切进步组织，对所有敢于反抗的人民进行残酷的镇压。

德国法西斯大肆掠夺被占领国家的一切财物。

戈林曾指示其部下说："你一发现有什么东西可能是德国人民所需要的，就必须像警犬一样追逐，一定要把它弄到手。"

因此，德军每到一处，都把大批的粮食、牛羊、工业设备、木材、矿产、金银珠宝，以及珍贵的艺术作品搜刮到手，源源不断地运往德国。

德国法西斯把成千上万的和平居民从各个地区像牛马一样赶到德国，迫使他们在工厂、矿山、建筑部门做各种繁重的体力劳动。如果拒绝到德国去，就要遭到枪杀。

在战争期间，被送到德国去的劳力有 750 万人，其中有不少是未成年人。

德国法西斯强迫 200 多万战俘担负各种劳役，其中至少有 50 万人被分配到兵工厂去劳动，另一些人被迫为前线背负弹药，挖掘战壕。

世界向何处去

德国法西斯实行疯狂的种族灭绝政策，大批大批地屠杀各国和平居民，特别是犹太人。斯拉夫等当地民族被看成是下等民族。

波兰在大战中，被德军用各种方法杀害的有530万人，被送到德国当劳工的有250万人。

法西斯在德国本土、波兰和其他许多国家建立了纳粹集中营。

在集中营里，纳粹有计划地大批屠杀犹太人和战俘。

集中营里建造了毒气室。人们被剥去衣服，剃光头发，摘下戒指，敲去金牙，排着队成批地被赶进毒气室。

在华沙西南160公里处的奥斯威辛集中营，每天约有1万人通过毒气室被处死。在这里被毒死或处死的总共有300多万人。

希特勒法西斯分子还用活人当作动物做医学试验，用人皮做灯罩、手套，用人的脂肪做肥皂，骨灰做肥料。在纳粹集中营里，人们不过是一群供屠宰的鸡豕，随时有被焚尸灭骨的危险。

到战争结束前夕，希特勒意识到自己的末日即将来临，下令把集中营的囚犯全部处死，不准放走任何一个犹太人、纳粹政敌、反种族主义者。

这是人类文明史上最黑暗的一页。法西斯的手上沾满了人民的鲜血。

对所有敢于反抗纳粹的人，法西斯实行疯狂的报复政策。纳粹曾通告被占领国家的人民：杀死一个德国人，就要杀死50个人来报复。

1942年6月，纳粹党卫队头目海德里希在捷克斯洛伐克被刺身死。法西斯遂制造了举世震惊的利迪策暴行，将利迪策村中192名16岁以上的男子全部杀死，把203名妇女和105名儿童全部送进集中营进行虐杀和迫害。最后把土地夷平，围上铁丝网，作为对捷克斯洛伐克人民的警告。

九、不能忘记的惨痛教训

在对待被占领国家的人民方面，意大利法西斯的罪行也是骇人听闻的。他们在阿尔巴尼亚、希腊和南斯拉夫，把成千上万的人投进监狱，把这些国家的财物大批地劫回本国。

日本法西斯的野蛮和残暴较之德意法西斯毫不逊色。

他们通过没收接管、横征暴敛、明抢暗夺的手段，大肆掠夺资源和财富，把他们所需要的一切抢走。

占领中国东北后，他们把各个煤矿、工厂占为己有，源源不断地采煤、炼铁，搜括各种原料和战略物资，然后运往日本。

为了加快运输各种物资，同时也是为了迅速运送军队的战略需要，他们在东北修建了铁路系统。

日军驻扎在中国各地，需要大量的粮食，这些粮食都是强迫中国的农民提供的。

恢复被炸毁的建筑物的责任，也落在中国人身上。

菲律宾盛产木材、大米和锡及其他各种矿藏，日本源源不断地掠夺，以满足太平洋战争的需要。

马来亚盛产的橡胶，也被日本占有。

日本法西斯到处抓劳工，下煤窑、修铁路、挖战壕和从事军工生产。据不完全统计，仅从华北就驱使600万人到东北当劳工。仅1944年，就有23万名中国青壮年被抓到日本当苦力。

劳工的工作、生活条件极差，经常受到虐待，生病得不到救治，很多人被迫害致死。在大同、开滦、淮南、抚顺等煤矿，留下了一个又一个万人坑。

日本侵略者对东南亚人民也普遍实行无代价的强制劳动，强迫人民修公路、修碉堡。

为了修筑缅泰公路，从缅甸、泰国、新加坡强征几十万劳动力。

被征民夫备受饥饿、疾病、鞭笞和刺刀的折磨。成千上万人被夺去生命。这条公路因此被称为"死亡公路"。

日本从爪哇强征 50 万人服劳役，其中 30 万人被送往国外，23 万人死于异国他乡。

日本法西斯实行疯狂的屠杀政策。

他们在东北制造无人区，把老百姓赶到形同畜圈的"人圈"中，严加控制。

在华北、华中、华南进行大扫荡，实行烧光、杀光、抢光的"三光"政策，制造了一系列骇人听闻的惨案。

日本侵略军占领南京时，到处杀害平民和战俘，尸体抛入江中。这次暴行持续 6 周之久，遭残害的中国军民达 30 万人，大火烧了数十天，二分之一的房屋被烧毁。日寇所到之处，尸横遍野，火光烛天。

战争，使无数的难民过着流浪生活。

日军占领长沙，把大片的房屋变为废墟。

从 1933 年起，日本法西斯在哈尔滨附近建立了细菌工厂——"石井机关"，后称"731 部队"，用活人代替动物，培植制造霍乱、鼠疫、天花等细菌，并在中国各地进行扫荡时大量布撒。

虐待俘虏是日军的另一个罪行。日军攻占菲律宾后，俘虏了巴丹岛的美军及菲军 5.3 万人，强迫他们在烈日下向距离 100 公里的马尼拉实行急行军，这就是著名的"巴丹岛死亡急行军"。在东京审判时，受害者出庭作证，诉说他们遭到殴打，砍伤脖子，被命令集体下海，然后从背后开枪。

物极必反。法西斯作恶作到极端，也必然走向灭顶之灾。

九、不能忘记的惨痛教训

德、意、日法西斯的疯狂冒险,给全世界一切爱好和平、自由和独立的人民造成了无法言状的灾难。因此,也不能不遭到世界人民的强烈谴责和反抗。各种反法西斯力量逐步建立广泛的联盟,与德、意、日侵略者展开了决定人类命运的大决战。

1942年1月1日,美、英、苏、中等26国代表在华盛顿签署《联合国家宣言》,保证用自己全部的经济、军事力量对法西斯国家作战,援助反法西斯的同盟国家,并约定不得与敌人单独缔结停战协定或和约。《宣言》的签订,标志着世界反法西斯统一战线的最后形成。

1942年7月至1943年2月,苏联红军与德国军队之间展开了规模空前的斯大林格勒战役。在总面积近10万平方公里的区域内,双方有时参加战斗行动的部队达200万人以上。

德军为占领斯大林格勒,每天出动大量部队实行集团冲击,还有上千架次的飞机轮番轰炸。

苏军最高统帅斯大林发出"寸土不退"的命令。苏军将士视死如归,浴血奋战,与德军拼死争夺每一寸土地、每一个街区、每一条街道、每一幢房屋甚至每一片化为平地的废墟。有的地方反复十几次易手。

到1943年2月2日,斯大林格勒战役以苏军的辉煌胜利而告结束。在200天时间内,德军总共损失150万人和大量武器装备。

苏军在斯大林格勒的胜利,最终粉碎了德军在苏联战场上的攻势,使第二次世界大战发生了有利于反法西斯同盟国方面的根本性转折。

1943年2月,德国居民自战争以来第一次听到教堂的丧钟代替了往日的胜利进军声。这丧钟是为在斯大林格勒城下的德军阵亡者志哀,但实际上是宣告德国法西斯走向末日的转折点已经到来。

1943年7月,德军在库尔斯克地区发动新的攻势,企图制造一个"德国的斯大林格勒",但苏军集中大量兵力,给了德军以沉重的打击,结果以歼灭敌军50余万人的辉煌胜利而告结束。随后,苏军趁势发动秋季攻势,在南部和中部战场全线出击,迫使德军节节败退。

非洲战场。英国军队与德意军队在沙漠上展开激战。1942年10月13日,英军在蒙哥马利将军指挥下,在埃及发起阿拉曼战役,击溃隆美尔的德军,迫使其撤退2000多公里。11月8日,英美联军在北非登陆,发起北非战役,将德军赶出了非洲。盟军俘获25万德军。

1943年7月10日,美英军队在西西里岛成功登陆。意大利法西斯政权危机四伏。墨索里尼的战争政策首次受到大议会的谴责。7月25日,墨索里尼被捕。曾经支持过他的人,现在上街游行反对他。新组阁的巴多里奥政府结束了法西斯的统治。9月3日,意大利向盟军投降。10月13日,意大利正式退出法西斯轴心国,并宣布对德作战。

墨索里尼被关押起来,从一个岛转移到另一个岛,最后的地点是一个高山滑雪场的旅馆。人们几乎忘记了他,但希特勒没有忘记他。9月13日,希特勒派遣一支特别突击队把他营救了出来。墨索里尼心灰意冷,想回家乡安度晚年,但希特勒救他,是要他东山再起。墨索里尼被送回意大利北部,组织政府,宣布成立社会共和国,但已成为一具傀儡和僵尸。

太平洋战场,1942年5月的珊瑚海之战,使日本的侵略锋芒首次受挫。

随后,美日海军进行中途岛战役。日本损失大型航空母舰4艘、重型巡洋舰1艘、飞机253架,以及大多数飞行员。所向无敌的日本

九、不能忘记的惨痛教训

海军终于承认了失败。美军开始掌握海上主动权。

1943年11月22日至26日,美、英、中三国首脑在埃及开罗举行会议,签订了敦促日本投降的《开罗宣言》。

1943年11月28日至12月1日,斯大林、罗斯福和丘吉尔在伊朗的德黑兰举行三国首脑会议,确定了对德作战的方针。

1944年,苏联红军连续发动10次重大的战略性战役,给德军以10次歼灭性打击,不仅解放了苏联的全部领土,而且跨出国境,进入东欧各国,矛头直指法西斯老巢。

1944年6月6日,美英联军在艾森豪威尔将军指挥下,成功地渡过英吉利海峡,在法国诺曼底登陆,正式开辟了欧洲第二战场,使德国处在两个战场的夹攻之中。

整个欧洲群起而攻之,盟军大机群飞临德国本土,不分昼夜地轰炸纳粹老巢。德国也终于尝到了当年格尔尼卡、华沙、伦敦悲惨恐怖的滋味。

希特勒越来越处于歇斯底里状态。许多德国将军越来越认为是希特勒把德国送上了毁灭的道路。纳粹走向分崩离析。一些军官发动七二〇事件,试图用定时炸弹炸死希特勒,但没有成功。军官们受到清洗和报复。

为德国立下赫赫战功的隆美尔元帅也受到怀疑。他被希特勒用毒药毒死。而后,又为他举行葬礼,希特勒写信给他的妻子,虚伪地表示慰问。

法国共产党和戴高乐将军领导的反法西斯武装发动起义,与盟军配合,向德军发动进攻。8月,解放了巴黎。凯旋门重又扫除了它的耻辱。

1945年2月,斯大林、罗斯福、丘吉尔在苏联克里米亚的雅尔塔举行三国首脑战时第二次会议,研究和确定了彻底打败德国的军事计划,并就战后安排达成了协议。

反法西斯同盟各国大举向德国进攻。1945年4月25日,苏美军队在易北河胜利会师。

丘吉尔把占领柏林看作首要的政治目标,强烈要求担任盟军总司令的艾森豪威尔抢先占领柏林。但艾森豪威尔认为这将使美军多付出10万人的代价,而且雅尔塔已规定柏林将分区占领,即使苏联占了也得让出来。因此,他拒绝了丘吉尔的要求,将占领柏林这一要付出极大牺牲的事留给了苏联。

1945年4月,盟军在意大利也发动全线进攻。驻意德军决定撤退。墨索里尼与游击队在米兰谈判,墨索里尼无条件投降。他最后决定随德国人出逃。他混入一辆德国人的卡车,穿上一件德国人的灰色大衣作伪装。在一个小山村,汽车被游击队截住了。游击队查获了他和他的情妇。游击队总部在查明了墨索里尼的身份后,对他执行了死刑。这是1945年4月28日。

墨索里尼的尸体被运往米兰,抛在广场上展览。人们倾城而出,表达对他的憎恶。墨索里尼的尸体被倒吊在路灯杆上。这是他最后一次占据舞台的中央。

4月29日,德军投降。5月2日,意大利的军事行动结束。

1945年4月16日,苏联红军开始攻克柏林的战役。26日,猛攻柏林。希特勒和纳粹首领们躲在地下的钢骨水泥工事里指挥战争。他的精神已经崩溃,靠服用麻醉剂维持。

盟军的进攻在他脖子上套上了绞索。在最后覆灭之前,希特勒下了三道命令。第一,彻底毁掉德国,不给盟军留下一房、一瓦、一粮、一草。但德军将士第一次也是唯一的一次拒绝执行他的命令。第二，在总理府的秘密地下室里，希特勒和他的情妇爱娃·布劳恩正式举行了婚礼。第三，他完成了他一生中最后一次行动，1945年4月30日，也就是他56岁生日的第10天，婚礼后的36小时，他在地下室里用手枪对准自己的嘴巴"嘭嘭"两枪，一命呜呼了。爱娃也服毒自杀，躺在他的旁边。他们的尸体放在总理府的院子里，浇上汽油，在大火中熊熊燃烧，化为灰烬。

当日，苏军攻占柏林的国会大厦。

5月1日，戈培尔先后毒死自己的6个孩子，然后自杀，结束了罪恶的一生。

5月2日，苏军攻克柏林。

5月7日，约德尔将军来到盟军总部，签署投降书。

5月8日，在柏林郊区卡尔斯霍尔斯特的苏军总部，德军最高统帅部代表凯特尔元帅正式签署了无条件投降书，欧洲的反法西斯战争胜利结束了。

1945年7月17日至8月2日，斯大林、杜鲁门、丘吉尔在柏林附近的波茨坦举行三国首脑第三次会议。7月26日，中、美、英三国发表公告，促令日本立即无条件投降。

美军在太平洋地区向日军发起反攻，逐渐逼近日本本土。B25轰炸机的机群越过波涛汹涌的太平洋，轰炸东京。在太平洋岛屿上建成机场后，美国超级空中堡垒B29轰炸机实施了对日本本土的大轰炸。猛烈的轰炸使日本的首都东京陷入绝境，大多数建筑都成为废墟。日本人受到沉重的打击。

1945年7月，美国在新墨西哥州附近的荒原上，进行首次原子弹爆炸试验，获得成功。

8月6日，装载着原子弹的B29轰炸机从马里亚纳岛起飞，进入日本广岛上空，投下第一颗原子弹，两分钟内，就使一座大城市变为废墟。8月9日，又在长崎投下了第二颗原子弹。

8月8日，苏联对日宣战。在此之前，斯大林迫使中国答应举行蒙古独立公投，否则将不出兵。8月9日至9月2日，苏军出兵中国东北对日作战，进行远东战役。中国军队包括共产党领导下的八路军新四军也大举反攻。

8月15日中午，日本天皇向全国发布诏书，宣布接受波茨坦公告。日本实际无条件投降。

1945年9月2日，在东京湾的"密苏里号"美国战列舰上，举行了隆重的签降仪式。日本外相重光葵等人代表日本方面在投降书上签字。随后，接受投降的盟国代表也先后签字。至此，反法西斯的第二次世界大战宣告结束。

第四集 正义审判

在几千年的文明史上，人类总共经历了14500余场战争，约有40亿人丧失了性命。但是，只是在20世纪，才接连出现了两次具有世界规模的战争。

由法西斯挑起的第二次世界大战，是人类历史上规模最大，也是损失最大、灾难最大的一场战争。

法西斯是这场战争的罪魁，是法西斯主义给世界带来了恐怖性的大灾难。

第二次世界大战，如果从1939年9月1日全面爆发到1945年9

月 2 日结束，历时六年零一天。战场席卷各大洲 60 多个国家，约占世界 80% 以上的 17 亿人口。战争行动遍及亚洲、欧洲、非洲、大洋洲 40 个国家，约 2200 万平方公里的地区和广阔的海洋。

参战的军队多达 1.1 亿人，直接用于军费的开支总额约 13520 亿美元。

战争使无数人失去了生命。据不完全统计，军队死亡 2210 万人，居民死亡 3430 余万人，合计死亡 5600 多万人，约占交战国总人口的 3%，其中 1200 万人死于法西斯的集中营。

整个战争期间，约有 600 万犹太人惨遭希特勒法西斯杀害。

被纳粹德国俘虏的苏联红军有 575 万人，但战争结束时生还的只有 100 万人。

各国死亡人数，苏联为 2000 万，波兰 600 多万，南斯拉夫 170 多万，法国 60 多万，美国 40 万，英国 37 万。

中国从 1931 年起就遭日本侵略，受到的损失也最大。日本法西斯在侵略中国的 14 年中，惨杀中国军民 2000 余万，使 1 亿人流离失所。中国领导人宣布，战争期间，中国军民总计伤亡 3500 万人，直接经济损失 1000 亿美元，间接经济损失 5000 亿美元。

法西斯也使本国人民遭到严重灾难。在法西斯轴心国中，德国死亡 700 万人，日本死亡 200 万人，意大利死亡 40 万人。在 1924 年出生的每 100 名德国青年中，被打死或者失踪的有 25 人，残废的有 31 人，受伤的有 5 人，失去劳动能力的有 2 人。

在战争中，苏联约有 1710 座城镇和 7 万多个村庄被破坏和烧毁，3.2 万多个工业企业、62 座高炉、213 座平炉、6.5 万公里铁路和 4100 个车站被炸毁和破坏。

中国所遭受的财产损失难以计数。日军侵略中国时，所到之处，杀人放火，无恶不作。在震惊世界的南京大屠杀中，大火烧了30天。其他如芜湖、常州、扬州、太原、临汾等城市，都被纵火焚烧。

即使日本自己，在战争后期，被毁或半毁的房屋达240余万户，无家可归者达800余万人。遭到轰炸的城市64个，建筑物平均被毁40%。特别是美军对广岛、长崎的原子弹袭击，使两座城市荡然无存。

据苏联《军事史百科全书》统计，各国经济和财政损失如下：
美国 3500 亿美元
英国 1500 亿美元
法国 1000 亿美元
苏联 2000 亿美元
中国 无法估计
德国 3000 亿美元
意大利 500 亿美元
日本 1000 亿美元
其他参战国 3500 亿美元
总计 16000 亿美元

加上直接军费消耗，总共损失4万亿美元。

法西斯的恐怖暴行和对人类造成的灾难，决三江之水，流毒不尽；罄南山之竹，书罪无穷。

制造了这场空前大灾难的法西斯罪犯，理应受到正义的审判。

1943年10月30日，苏、美、英三国外长在莫斯科发表《关于德国在被占领的欧洲所作的暴行的宣言》，宣布，三国决定在战后"将战犯解回他们犯罪的国家"，接受有关国家法庭的审判。

1945年7月17日至8月2日，柏林附近的波茨坦，苏、美、英三国首脑举行会议。出席的有斯大林、杜鲁门和丘吉尔及三国的外长。

会议主要议题，是讨论战后欧洲安排和处置战败德国问题。三国首脑决定逮捕"战争罪犯……，纳粹领袖，支持纳粹之有力人物、纳粹机构及组织中之高级官员"；"摧毁纳粹党暨其附属与监督之机构，解散一切纳粹组织，并确保此等机构组织不得以任何形式复活。所有纳粹军人之活动及宣传必须制止"。

会议期间，中、美、英三国政府首脑发表《促令日本投降之波茨坦公告》，其中宣布："吾人无意奴役日本民族或消灭其国家，但对于战争人犯，包括虐待吾人俘虏者在内，将处以法律之严厉制裁……"

7月，苏、美、英、法四国代表在伦敦开会，讨论组织国际军事法庭，审讯和惩处纳粹主要战犯问题。四国签署《关于控诉和惩处欧洲轴心国主要战犯的协定》，决定设立一个国际军事法庭，负责对犯有破坏和平罪、破坏战争法规罪和反人道罪的战犯进行审判。

1945年11月10日，国际军事法庭在纽伦堡开始审判纳粹领导人和主要战犯。

审判官由英国、法国、苏联和美国的代表组成。

法庭所展示的罪证，是一张欧洲的地图、一瓶毒气、一个用真人皮做的灯罩和一个萎缩了的人头。

法西斯大独裁者希特勒已经死亡。第三帝国的宣传部长戈培尔和党卫军头目希姆莱也已先后自杀身亡。因此，受审判的不是第二次世界大战的元凶,而是他们的共谋者。

坐在被告席上的有21人,他们以前曾以同样的次序坐在纳粹党代会的主席台上。但秋风萧瑟今又是,只是换了人间。

他们中间有第三帝国的国防委员会主席希特勒的全权继承人、纳粹第二号人物赫尔曼·戈林。他在第一次世界大战中曾经是著名的战斗机飞行员,后来追随希特勒,策划制造了著名的国会纵火案,大肆迫害进步人士。他曾任航空部长和空军司令,指挥对英国的大轰炸。

鲁道夫·赫斯,曾经是希特勒形影不离的秘书,为希特勒炮制了《我的奋斗》一书,也是纳粹党副领袖,继戈林之后被任命为希特勒的第二继承人。1941年5月10日,他自己驾驶飞机前往英国,跳伞降落后被俘,一直被拘押。他飞往英国的原因,一直是个难解之谜。

里宾特洛甫,第三帝国的外交部长,在国际舞台上玩弄了无数外交骗局,为纳粹德国组成了法西斯轴心,是侵略成性、不讲信用道义的纳粹外交的标志。希特勒称他是"我的'俾斯麦第二'"。

党卫军头目希姆莱如果没有死去的话,肯定是要被押上审判台的。他曾经对千百万欧洲人民操有生杀大权,并且经常毫无人性地行使这种大权。1945年5月,他被英军俘获。当一位英国情报官员命令检查他的口腔时,他咬破了藏在牙龈小洞里的一个剧毒氰化钾胶囊,在1—2分钟内便一命呜呼了。

纽伦堡国际军事法庭对主要战犯的起诉书指出,德国政府和德军最高统帅部执行了系统地谋杀和虐待平民的政策。

起诉书列举了法西斯强盗令人发指的杀人罪行:
在迈丹尼克集中营有150万人被杀害;
在奥斯维辛集中营有400多万人被杀害;

在棱贝格地区有 70 万苏维埃公民被德国法西斯分子杀害；

在斯大林格勒地区有 7 万人受到毒刑和屠杀；

在克里米亚地区有 14.4 万居民被驱赶到货船上，并被淹死；

在棱贝格地区的亚诺夫集中营里，两个月之内就有 8000 名儿童被杀害；

在盖世太保的监狱里，有 2 万捷克斯洛伐克人被杀害；

除了对数百万欧洲人的直接屠杀外，还通过掠夺、通过饥饿的办法间接屠杀了数以千百万计的人民。

纳粹战犯们几乎都把责任推到已经死去的希特勒头上，声称自己仅仅是执行命令。但是证人们的大量证词，以及各种各样的物证，包括他们亲手下达的枪杀俘虏、屠杀和平居民的命令，无情地驳倒了他们的辩解。

经过 10 个月的审讯，1946 年 10 月 1 日，国际军事法庭宣布对他们的判决。在 22 名被起诉的主要战犯中，戈林、里宾特洛甫、凯特尔、罗森堡等 12 人被判处死刑。赫斯、雷德尔、施佩尔、邓尼茨等人被判处有期徒刑或终身监禁，巴本、沙赫特和弗立茨则得到赦免。

法庭还判决纳粹党领导集团、党卫队、保安处和盖世太保为犯罪组织。按法庭宪章的规定，这些犯罪组织的成员，将由苏、美、英、法四国国内法庭或者德境占领区法庭进行审判，但美国并没有完全遵守这一规定。战后初期，美国中央情报局等机构，庇护和招募了数百名纳粹分子，使他们逃避了人民的惩罚。

1946 年 10 月 16 日凌晨 1 点 11 分，里宾特洛甫走上纽伦堡监狱死刑室的绞架。

接着，凯特尔、卡尔登勃鲁纳、罗森堡、弗朗克、弗立克、施特莱彻、赛斯－英夸特、沙克尔和约德尔也一个一个地被押上绞架。

但戈林骗过了行刑队，他在轮到他之前两小时，吞下了他偷偷带入狱中的毒药，从而选择了他自己的死亡道路。

第三帝国终于彻底毁灭了。希特勒及其同伙的名字被钉在了历史的耻辱柱上。

根据《波茨坦公告》的规定，日本战犯也必须交付法庭进行审判。

1945年9月11日，美军占领当局逮捕日本战犯。

头号战犯是发动侵略战争的罪魁东条英机。当美军前往准备逮捕他时，他企图自杀，用手枪对着医生已用木炭在他胸部画出的心脏部位开了一枪，但子弹侥幸地从心脏旁边穿了过去。东条英机随即被送往美军医院抢救。曾为他提供B型血液的一位军士长说："我希望让他活着接受法庭的审判，叫他如此舒舒服服地死去太便宜他了。"

11月19日，美军司令部第二次发布战犯名单，共11人。

战犯们被关押在巢鸭监狱。

12月2日，第三次公布的战犯达59人。

12月6日，公布了第四批战犯名单。

同一天，被任命为首席检察官的济楠检察官率领38名陪审团等有关人员抵达日本。

12月16日清晨，侵华时期的首相、曾三次组阁的文官最高负责人近卫文麿服毒自杀。

日本共产党举行了声讨战犯人民大会。

九、不能忘记的惨痛教训

1946年1月19日,盟军最高统帅部成立了由中国、苏联、美国、英国、法国、荷兰、加拿大、澳大利亚、新西兰、印度和菲律宾11国代表组成的远东国际军事法庭,负责对日本战犯的审判。

1月22日,麦克阿瑟公布了远东国际军事法庭条令。其内容与纽伦堡国际法庭公布的内容基本相同。

4月29日,公布了起诉书以及对28名四级战犯的起诉。

5月3日,远东国际军事法庭正式开庭,战犯被押往法庭。

开庭第一天。旁听席,被告席,审判席。

审判团共11人,审判长是澳大利亚的维伯。在执行法官宣布开庭后,维伯讲话。

起诉书指出,从1928年1月1日到1945年9月2日期间,日本内外政策被置于罪恶的军阀统治和操纵之下。这个政策是挑起严重的世界纠纷和侵略战争的根本原因,是严重损害热爱和平的各国利益和日本国民自身利益的根本原因。

法庭用6个月的时间对日本17年的历史分阶段进行控告和证据调查,辩护人也进行了反驳。在长达一年的辩论中,从前皇帝到护士各个阶层众多的证人,均被作为历史的证人带到法庭,回答法庭和辩护人的询问,就像在挖掘日本一个时代的历史。日本的侵略政策及其行径,被法官们一层层剥去伪装的画皮,暴露在光天化日之下。

8月16日,伪满洲国傀儡皇帝溥仪也从西伯利亚被押送到东京法庭作证。

南京大屠杀事件也在调查之列。被告是1937年至1938年任日军华中派遣军司令官的松井石根。

一位名叫乔治·马季的神父出庭作证说:"1937年12月23日,

世界向何处去

日本侵略者们占领南京后,对中国的市民即刻开始无法目睹的残忍的大屠杀。开始,日本兵是分散地,后来是成群地进行为所欲为的大屠杀。以后,就有组织、有计划地进行大屠杀。他们有的用来复枪、机枪、刺刀杀戮成百上千的市民。据一个妇女说,她目睹自己的丈夫被日本兵绑后扔进池塘里,他无法挽救,被淹死了。"

法庭指控,日军在南京屠杀了 26 万人至 30 万[①]人,强奸了 2 万余名妇女。

远东国际军事法庭从 1946 年 5 月 3 日第一次开庭,到 1948 年 11 月宣判止,对 28 名甲级战犯进行了长达两年半的审理工作。共开庭 818 次,审判记录 48412 页,有 419 人出庭作证,有 779 人书面作证,受理证据 4300 条(件)。

审理结束,宣判之前,罪犯在全世界摄影师面前曝光。

与此同时,亚洲一些国家对乙级和丙级战犯也进行了审理,对罪大恶极者处以了死刑。

1948 年 11 月 4 日,法庭开始宣读判决书。判决书共 10 章,长达 1213 页,仅朗读就用了一周的时间。

判决书确认了日本的对内对外政策都是以准备和发动侵略战争为目的的,以达到用武力统治世界。法庭判定,从 1931 年开始的对华战争是侵略战争。法庭还确认,日军的暴行是有组织的,而且是按上级的命令执行的。

---

① 据远东军事法庭估计,日本人在南京杀害的非战斗人员数量超过 26 万,虽然有人说,实际数字是 35 万。1995 年,美国众议院在《关于日本的战争犯罪》决议中指出,日军在南京大屠杀中屠杀了 30 万以上的中国人。2022 年 7 月,由中共党史出版社出版的《中国共产党的一百年》一书中这样表述:1937 年 12 月 13 日,日军占领南京后,进行了长达六周的骇人听闻的血腥大屠杀,中国军民被枪杀、焚烧、活埋以及用其他方法处死者,达 30 万人以上。

九、不能忘记的惨痛教训

对被告进行宣判的日子终于来到了。开庭前,宪兵对法庭每个角落都进行了搜查,特别是对被告椅子下和桌子中进行了搜查。

旁听席上坐满了人。记者席上云集了全世界的摄影家。

维伯审判长判定每个被告有罪。

随后休息15分钟。

下午3点50分,审判官入席。

维伯审判长宣布:"远东国际军事法庭继续开庭。根据第15号审判条例,远东国际军事法庭宣判有罪的被告们应受的刑罚。"

原陆军大臣和文部大臣荒木贞夫,判处终身监禁;

日本法西斯间谍头子,九一八事件的策划者和组织者,历任高级指挥职务的土肥原贤二,判处绞刑;

南京大屠杀的参与者桥本欣五郎,终身监禁;

1940年至1944年任侵华派遣军司令官的畑俊六,终身监禁;

曾任首相的平沼骐一郎,终身监禁;

曾任首相兼外务大臣的广田弘毅,判处绞刑;

奴役中国东北的主要罪魁星野直树,终身监禁;

曾任关东军参谋长、中国派遣军参谋长的坂垣征四郎,判处绞刑;

内大臣兼日皇枢密顾问木户幸一,终身监禁;

曾任关东军参谋长、陆军省次官的木村兵太郎,判处绞刑;

曾任首相的小矶国昭,终身监禁;

曾任华中派遣军司令、内阁参议官的松井石根,判处绞刑;

曾任陆军大臣和关东军司令的南次郎,终身监禁;

曾任海军次官的冈敬纯,终身监禁;

驻柏林大使大岛浩,终身监禁;

曾任陆军省军务局局长的佐藤贤了,终身监禁;

曾任驻莫斯科、伦敦、南京汪精卫政府大使和外务大臣的重光葵，监禁 7 年；

曾任海军大臣的岛田繁太郎，终身监禁；

曾任内阁企划院总裁和内阁参议官的铃木贞一，终身监禁；

曾任驻柏林、莫斯科大使和外务大臣的东乡茂德，监禁 20 年；

战争罪魁东条英机，绞刑；

缺席的贺屋兴宣、白鸟敏夫、梅津美治郎被分别判处终身监禁。

至此，东京审判全部结束，时间是 1948 年 11 月 12 日下午 4 点 12 分。

12 月 23 日，东条英机等 7 名被判绞刑的战犯，在东京巢鸭监狱内，一个个相继走上绞刑架，结束了他们罪恶的一生。美国、澳大利亚、苏联和中国的代表监督了行刑。

世界法西斯，终于走完了它们从崛起到覆亡的罪恶道路。

法西斯覆灭了，但历史留给人们的教训却永远值得深思！